wenn dein didgeridoo
und dieses buch
verschiedener meinung sein sollten
trau dem didgeridoo

David Lindner

TRAUMZEIT

Das Geheimnis des Didgeridoo

Traumzeit-Verlag

Traumzeit-Verlag

www.traumzeit-verlag.de
info@traumzeit-verlag.de

Bitte bedenke: Der Traumzeit-Verlag ist ein sehr kleines Unternehmen. Es wurde vom Künstler und Autor David Lindner gegründet, um nicht von der Macht und Willkür der groflen Verlagskonzerne und Medienunternehmen abhängig zu sein. Projekte in Wort und Klang zu einem fairen Preis für sehr kleine Kundenkreise zu realisieren, ist oft wirtschaftlich riskant. Das massenhafte Kopieren von Ideen, Inhalten, Bildern und Klängen erschwert es uns sehr, unsere Visionen zu Deinem Nutzen in ansprechender Weise zu realisieren. Kennst Du noch einen Verlag, der sich die Mühe macht und ein umfangreiches, gebundenes, vollfarbiges mit CD versehenes Buch zum Thema herausbringt?!
Bitte nicht Kopieren. Sonst gibt es bald nur noch die Großen, nur noch Mainstream oder nur noch Einzeltäter, die Dir kopierte Mappen als Buch verkaufen. Du bist doch auch keine Kopie, oder?!
Danke für Deine Kooperation.

Layout/Illustrationen: Ansgar-M. Stein, Hannover
Titelfoto: Doris Lindner
Cover-Artwork: Kay Reimer, Hamburg

Die Deutsche Bibliothek - CIP-Einheitsaufnahme
Ein Titeldatensatz für diese Publikation ist bei
Der Deutschen Bibliothek erhältlich

Traumzeit-Verlag, Schönau im Odenwald
ISBN 3-933825-40-7 Buch mit CD (4.Auflage 2004)

ISBN 3-933825-07-5 Lehr-Video Teil 1, Für Einsteiger
ISBN 3-933825-08-3 Lehr-Video Tei 2, Für Fortgeschrittene
ISBN 3-933825-09-1 Lehr-Videos Teil 1 & 2 im Set

ISBN 3-933825-01-6 Buch und CD (Erstausgabe)
ISBN 3-933825-02-4 Buch (Erstausgabe)

Inhalt

Viertes Kapitel: Spieltips für ambitionierte Anfänger

Fünftes Kapitel: Spielanregungen für fortgeschrittene Spieler

Sechstes Kapitel: Serviceteil

Einleitung

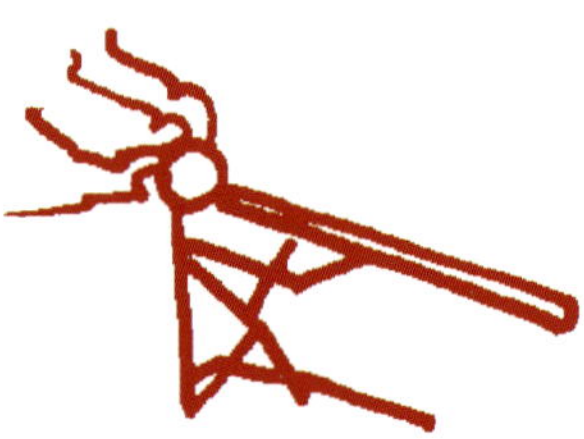

Vorwort

Dieses Buch entstand, weil ich in meinem Leben unendlich reich beschenkt worden bin und das Bedürfnis in mir verspüre, dieses Geschenk weiterzugeben.

Ich bin ein nach schulischen Kriterien musikalisch unbegabter Mensch. Ich kann eine Note nicht von einer Oktave unterscheiden und habe es nie vermocht, ein klassisches Instrument wie Klavier oder Gitarre zu erlernen.

Anfang der 1990iger begegnete mir dann eine ganz neue Musik. Ich hörte in einer Klangreise bei Friedrich de Vries das erste Mal Didgeridoos, Klangschalen und Gongs. Ich war zutiefst berührt. Nur einen Tag später gab Friedrich mir inmitten einer Menschenmenge eine Klangmassage und öffnete mein Herz vollends für die Seele der Musik. Nicht für Noten, Oktaven und Griffe pauken, sondern für die Essenz: den Klang und das Bedürfnis, ihn an andere Menschen weiterzugeben. Noten lesen kann ich immer noch nicht, aber ich habe entdeckt, dass ich Klänge über alle Maßen liebe und diese Liebe in anderen Menschen wecken kann.

Ich bin sehr dankbar für dieses Geschenk.

Als der Didgeridoohändler Udo Elfert mir 1996 das erste Mal begegnete, schlug er mir vor, ich solle doch ein Lehrbuch schreiben. Schon wenige Stunden später wusste ich: Es sollte ein Buch werden, dass neben der Lehre auch von dem Geist berichten soll, den das Didgeridoo vermitteln kann. Die Poesie der Klänge. Das Herz der Musik.

Es gibt wohl kaum ein anderes Instrument, das es dem Spieler in so kurzer Zeit ermöglicht, eine derartige Wirkung bei sich selbst und den Hörern hervorzurufen wie das Didgeridoo. Dieses Instrument trägt das Potential in sich, die Welt des Spielers zu verändern.

Ich beschreibe den Weg des Didgeridoo in Westen. Er ist inspiriert von den Aborigines und ihrer großen und lebendigen Kultur, aber er imitiert ihren Weg nicht.

Wenn ich im Zusammenhang mit dem Didgeridoo über Spiritualität spreche, so steht sie immer für den Geist, für das in Worten nicht Fassbare. Es ist in jeder beseelten Musik zu hören, nicht nur in den Klängen des Didgeridoo.

In der Musik liegt etwas verborgen, das Dir von der Weisheit des Lebens erzählen kann. Ich möchte Dich anregen, hinter die Dinge zu hören. Hinter die Klänge. Dort, in der Stille, liegt der wahre Geist der Musik und vielleicht des Lebens verborgen. Ich möchte Dich inspirieren, Deinen eigenen Weg des Hörens und Spielens zu suchen.

Dank sagen ist mir wichtig, denn es sind viele Menschen, die zu diesem Buch beigetragen haben. Also der Reihe nach:

Zuerst Dank an Friedrich de Vries, der mir nicht nur die Ohren, sondern gleich den ganzen Körper für die wunderbare Welt der Klänge öffnete.

Dank an Udo Elfert, der den Funken in mir entzündete, dieses Buch zu schreiben. Wahrlich, es ist ein Flächenbrand daraus geworden. Auch für die Unterstützung bei der Arbeit am Manuskript der ersten Auflage Dank an ihn.

Besonderer Dank gilt meiner Frau Doris. Sie belebte immer wieder mein Bewusstsein für den Weg, wenn ich in meiner männlichen Sicht für das endlos weit entfernte Ziel des fertigen Buches zu verzweifeln drohte. Es ist ein Geschenk, ihr Mann sein zu dürfen!

Ich danke ganz besonders dem Alten Volk. Wäre sein Lebenswille nicht so stark, sein Wissen von der Welt nicht so tief, uns allen wäre das wunderbare Geschenk ihrer weisen Kultur und des Didgeridoo nicht erhalten geblieben.

Der stillste und tiefste Dank aber gebührt der Kraft, die alles erschaffen hat. Ich bin erfüllt von Freude, Stolz und Ehrfurcht, ein Teil dieses gigantischen Traumes zu sein.

Danke allen, die mir auf meinem Weg begegnet sind und die, in welcher Weise auch immer, zu diesem Buch beigetragen haben.

Der letzte Dank geht an meine Leser. Ohne ihren Willen zu lernen und ihre Welt zu erweitern wäre dieses Buch ohne Sinn. Danke dafür.

Seit der ersten Auflage dieses Werkes ist viel Zeit vergangen. Ich ging mit dem Didgeridoo und durch es einen Weg, dessen Sinn und Zusammenhang ich noch nicht wirklich erfassen kann. Inzwischen ist der Traumzeit-Verlag zu dem ersten Fachverlag für Didgeridoo überhaupt geworden und führt in seiner dritten Publikation *Das Didgeridoo-Phänomen* den wohl wichtigsten Buchtitel der bisherigen weltweiten Didgeridoo-Geschichte in die Öffentlichkeit. Auch auf dem Gebiet der Klangschalen, der Gongmusik und gerade in diesen Tagen zum Obertongesang, zur Klangmassage und weiteren Themen lege ich im Verlag einige der umfassendsten und am aufwendigsten gestalteten Bücher vor, die es gibt. Ich trage dies mit einigem Erstaunen vor, denn ich bin bei weitem lieber Maler und Feng Shui-Berater als ich Verleger bin. Doch scheinbar ist es mein Weg, für diese schönen und wichtigen Projekte die Plattform anzubieten.

Aus diesem Grunde muss ich hier nochmals einige *Danke schön!* anhängen.

Ein ganz besonderes *Danke schön!* gilt dem wachen Geist von Ansgar-Manuel Stein. Er hat hier nicht nur für das Layout gesorgt, sondern mich mit spitzer Feder zu wichtigen inhaltlichen Korrekturen ermahnt. Es hat dem Werk ganz sicher gut getan.

Unergründlich ist mir das Mysterium der Liebe zu meiner Frau Doris. Mein Universum atmet Erfüllung durch das Geschenk ihrer Gegenwart. Ich hätte nie geglaubt, dass diese Liebe noch wachsen kann. Doch sie tut es, mit jedem Tag, den wir älter werden. Ist das schön!

Danken will ich all den Händlern und den Lesern, die meine Bücher und meine Musik weiterempfohlen haben. Macht Euch bewusst, dass durch Eure Entscheidungen die Pforten für viele Menschen geöffnet werden, neue Erfahrungen zu sammeln, Wissen zu erinnern. Denn, so profan es auch klingen mag, ohne regelmäßige Umsätze ist es völlig unmöglich andere Autoren und Künstler zu veröffentlichen. Ihr kauft und verkauft mehr als ein Produkt. Hier ist wirklich noch eine Vision drin.

Danke!

David Lindner

im April 1999 in Heidelberg und im Januar 2004 in Schönau

Einleitung

Ich habe mich in *Traumzeit* nicht an all zu viele Konventionen irgendwelcher Art gehalten und bin keinen pädagogisch-didaktischen Modellen gefolgt, sondern allein meiner Intuition.

Erlaube mir das DU. Didgeridoo spielen ist zu persönlich und intim, ich leite Dich zum sirren, brabbeln, krieschen und quocken an. Es würde einfach blödsinnig klingen, Dich da noch zu siezen.

Ich habe Sprache so niedergeschrieben, wie ich sie spreche. Oft lautmalerisch, manchmal flapsig, häufig habe ich neue Wörter kreiert. Es gibt keine Sprache für die Klänge des Didgeridoo, nur Annäherungen.

Fremdwörter habe ich so wenig wie möglich verwendet. Sie täuschen allzu leicht Wissen vor. Ich habe die neuen und alten und keine Rechtschreibregeln genutzt, just wie ich Lust hatte. Sprache ist nicht heilig. Sie ist ein Reich der Sinne.

Du findest bei mir den Didgeridoo-Spieler neben der Zuhörerin. Die Leserin neben dem Übenden. Wunder Dich ruhig, dass der Mensch hier und dort eine 'sie' ist. Ich erlebe Wirklichkeit so, meine Sprache ist ihr gefolgt.

Ich benutze häufig den Begriff 'das Alte Volk'. Es klingt für meine Ohren respekt- und würdevoller als Aborigines. Es gibt wahrscheinlich kein Kulturvolk, das älter ist, als das der Aborigines. Das trägt schon Poesie in sich. Mein Ausdruck ist geboren aus tiefer Ehrfurcht.

Zu einigen Themen habe ich offen und provokativ meine Meinung gesagt. Es ist überflüssig, dass am Ende des zwanzigsten Jahrhunderts noch Menschen behaupten, im Besitz der Wahrheit zu sein. Dass Journalisten, Autoren und Forscher so tun, als gäbe es in irgendeinem Bereich des Wissens und der Erfahrung einen hundertprozentigen Konsens. Wenn alle Menschen einer Meinung sind, und nur einer zweifelt, so ist die Wahrheit des Einen nicht weniger wert, als die der Masse. Wer das in Frage stellt, denkt inquisitorisch. Ich spiele da nicht mit.

Ich trage hier zahllose Informationen aus anderen Büchern und Gesprächen zusammen. Da die Fakten meist gleichzeitig in verschiedenen Quellen vorkommen, verzichte ich auf einen Einzelnachweis, außer wenn ich wörtlich ganze Sätze übernommen habe. Ich bitte Dich, die Quellenliste zu lesen. Alle empfohlenen Werke haben in besonderer Weise zu meinem Buch beigetragen. Sollte ich unautorisiert oder fehlerhaft zitiert haben, werde ich diese Auslassung selbstverständlich in der Folgeauflage korrigieren.

Traumzeit möchte Dich in jeder Hinsicht anregen. Es ist mit viel Liebe gemacht und mit dem Mut zu Fehlern. Benutze es wie ein Spiel, nicht wie ein Dogma. Diese Empfehlung gilt besonders für Männer. Sie machen gerne die „praktischen" Übungen und übersehen, dass inneres Wachstum überaus praktisch ist. Versuche, meinen vielleicht etwas ausgefallenen Ideen hier und dort zu folgen. Nimm Dir immer wieder die Zeit, schließe die Augen und höre. Lausche. Öffne Dein Herz für den Puls der Ewigkeit, die Klänge der Traumzeit.

Das Experten-Phänomen

Die Menge der Fakten zu einem beliebigen Thema wächst in extremem Tempo. Medizinisches, chemisches und besonders physikalisches Wissen verdoppeln sich in eineinhalb bis fünf Jahren. Das Wissen über Didgeridoos und die Kultur der ersten Australier nimmt wohl nicht ganz so schnell zu. Aber immer noch zu schnell, als dass ein einzelner Mensch alles Neue aufnehmen könnte.

Es gibt Menschen, die dennoch meinen, es zu können. Ich nenne sie hier einmal „Experten". Die so genannten Experten neigen dazu, ihre Meinung als Wissen wahrzunehmen und es als solches für das richtige, das wahre, das aktuellste Wissen zu halten. Dabei geht das gar nicht. Objektivität gibt es nicht, dessen sind sich die meisten indigenen Völker seit Menschengedenken bewusst. Fakten, das meint die Wissenschaftstheorie schon etliche Jahrzehnte, sind immer subjektiv, beeinflusst vom Beobachter. Seit Heisenbergs Unschärferelation ist der Forschung bekannt, dass ein Objekt nie unabhängig vom Betrachter existiert. Unsere Wahrnehmung lässt unser Gehirn nur die Welt wahrnehmen, die es für die Wahrheit hält. Dementsprechend gibt es so viele Welten wie es Gehirne gibt. Klar, bei über sechs Milliarden Welten kann es keine Experten geben.

Ich las bei der Recherche zu diesem Buch viel Literatur zum Thema und unterhielt mich mit weit über hundert Menschen, die sich intensiv mit Didgeridoos und der Aboriginal-Kultur auseinandergesetzt haben.

Jede dieser „Quellen" konnte mir Wissen, oder besser: persönliche Erfahrung vermitteln, welche keine der übrigen Quellen besaß. Viel mehr als in ein Dutzend Bücher passen würde.

Und alle lernen ständig dazu.

Alan Dargin, ein bekannter und virtuoser Aboriginal-Didgeridoo-Musiker, spielt seit seinem fünften Lebensjahr Didgeridoo. Er sagt von sich: „Ich bin kein Experte" - und das ist sicher nicht aufgesetzt. Dargin schätzt Wirklichkeit einfach komplex ein. Warum sollte er da versuchen, sie allgemeingültig zu beurteilen? Viele Lehrer, Händler und Spieler meinen, dies zu können. Waren es vor fünf Jahren noch die Deutschen, die sich mit dieser Eigenschaft hervortaten, so lässt sich ein eindeutiger Wandel feststellen: Heute kommen mir öfters aus Australien oder Amerika Experten zu Ohren, die meinen, Bescheid zu wissen, die jedoch ganz offensichtlich kaum über den Rand ihrer großen Inseln hinausschauen.

Zumindest reden sie so.

Das ist schon ein Phänomen:

Ich habe in den letzten zehn Jahren von ungefähr hundert verschiedenen Menschen gehört, die Person XY gehöre zu den drei besten Didgeridoo-Spielern.

Nur waren diese XY sehr selten die gleichen Personen. Ich bin also in der fantastischen Lage, hundert der drei besten Spieler zu kennen.

Wenn jemand „den Besten" kennt, so meint er offensichtlich, ein allgemeingültiges Prinzip zu besitzen, um die Qualität eines Spielers beurteilen zu können. Und er ist der Meinung, alle Spieler zu kennen.

„Den Besten" zu kennen, die „Wahrheit" über die Verwendung des Didgeridoos im traditionellen Kontext zu kennen, „zu wissen", woher die Aborigines stammen, sind Äußerungen einer reduzierenden, vergleichenden und mechanistischen Weltsicht. Diese Sicht bringt Experten hervor: Selbsternannte oder solche mit Professorentitel.

Wie soll ich jemandem von der Liebe erzählen, der sie noch nie gefühlt hat? Und wenn ich noch so ein Wortvirtuose wäre, meine Schilderung wäre nie in der Lage, mein Gefühl der Liebe im Hörer wieder zu erzeugen. Genauso ist es mit dem Didgeridoo. Meine Worte können Dich nur inspirieren.

Spielen musst Du!

Ich muss Dich, lieber Leser, gleich zu Anfang darüber informieren, dass ich kein Experte bin, ja ich habe nicht einmal besonders viel Wissen über das Didgeridoo. Ich bin nur eine Art Journalist mit poetischer Ader. Dennoch oder gerade deshalb haben die von mir hier zusammengetragenen Informationen und Erfahrungen dieses Buch inzwischen als die Wissensgrundlage für den ambitionierten Einsteiger etabliert. Über das hier enthaltene Wissen sollte jeder gute Didge-Lehrer verfügen.

Mit der erfreulichen Ausweitung und Vertiefung des Wissens rund um das Didgeridoo hat sich eine neue Spezies oft technisch sehr versierter Didgeridoo-Profis etabliert. Sie verfügen über ein hohes spieltechnisches Vermögen und ganz erstaunliches Know-how und würden sich gerade deshalb nicht „Experten" nennen. Unter diesen in der Regel sehr netten Menschen gibt es auch einige wenige, die auf allzu gefühlvolle oder spirituell orientierte Didgeridoo-Spieler in der Art reagieren, dass sie diese als Spieler minderen Wissens und Könnens gern veralbern oder ihnen gar mit böser Nachrede begegnen.

Lass Dich nicht verunsichern von diesen manchmal etwas lautstarken Rüpeln. Lärm macht nur wer Angst hat im Dunkeln. Spiele Dein Spiel. Gehe Deinen Weg. Lass Dich nicht beirren.

Und gehst Du den Weg der Freude durch Technik oder wählst Du den Pfad der Freude durch spirituellen Gebrauch des Didgeridoo, so denk dran: Es ist Dein Weg und er hat keine Gültigkeit für jemand anderen.

Sein und sein lassen ist eine weise Haltung, um miteinander umzugehen. So kannst Du viele liebenswürdige Menschen in der Didgeridoobewegung kennen lernen. Sie schätzen es, sich zu treffen und zu spielen und zu fachsimpeln und zu spielen und zu erzählen und zu spielen und zu spielen und zu spielen und – zu spielen.

Das Geheimnis

Hunderte von Didgeridoo-CDs sind auf dem Markt. Konzerte füllen kleine Hallen und große Kirchen. Workshops allerorten. Im Sommer in fast jeder Einkaufszone ein Didger beim Spielen. Nicht zuletzt dieses Buch aus dem ein Verlag wurde. Rund um die Jahrtausendwende boomte das Didgeridoo regelrecht und erobert sich seitdem beständig seine Stellung in der westlichen Musikkultur.

"A couple of thousands" erzählt Alistair Black, australischer Großhändler und Musiker, würden jedes Jahr alleine nach Deutschland verkauft. Adjat Lesmana, Großhändler aus Bali, ist ganz offen, wenn er über die Exportzahlen seines Unternehmens spricht: Wir können davon ausgehen, dass alleine in Indonesien jedes Jahr zwischen 100.000 und einer halben Million Didgeridoos für den Weltmarkt hergestellt werden. Zahlen, die erstaunen.

Das ist kein Trend, der von einer werbekräftigen Industrie künstlich hergestellt wurde. Es ist eine Bewegung von unten. Ob Deutschland, Schweiz und Österreich oder Amerika, Großbritannien, Holland,

Polen, Norwegen, Spanier oder Japan. Didgeridoos in aller Ohr, an aller Munde.

Ich habe viele Didgeridoo-Spieler nach dem genauen Grund gefragt, warum sie das Instrument und seinen Klang so mögen. Die meisten waren erst einmal sprachlos. Junge Menschen sagen oft: „Das klingt geil", oder gar „cool" wenn sie ein Didgeridoo hören. „Geil" und „cool" sind Kurzformeln für etwas, was mich sehr bewegt, für das ich aber keine Worte habe.

"Es klingt mystisch" sagen viele junge und ältere Menschen und das sind nicht etwa nur Ökos und Esoteriker, es sind genauso Rentner und Hausfrauen, Manager und Yuppies, Programmierer, Technofreaks und Musikantenstadelfans. „Mystisch" ist wieder ein Ausdruck für etwas, wofür ich keine Worte und Begriffe habe, womit ich wahrscheinlich noch keine oder nur vage Erfahrungen gemacht habe. Und 'mystisch' sagt im gleichen Atemzug: Bedeutungsvoll.

Wir haben keine Worte für den Klang des Didgeridoo. Keiner, dem ich begegnete, hatte Antworten. Es ist neu für unsere Erfahrung. Wir finden: Es klingt bedeutungsvoll.

Offensichtlich setzt sich diese Assoziation über Sozial-, Kultur- und Altersgrenzen hinweg. Es ist kein Kreis eingeweihter Spezialisten oder 'Freaks', der diese Worte benutzt. Es ist der Durchschnittsbürger.

Die Besucher von Didgeridoo-Konzerten und Workshops passen in so gar kein wissenschaftliches oder verkaufsstrategisches Schema. Über die Hörer und Spieler dieses Instruments lassen sich genauso wenig Aussagen machen wie über den Klang.

Die Flut der Workshops und die Verkaufszahlen machen das umso spannender.

Warum zieht das Instrument die Menschen so an?

Was ist das Geheimnis des Didgeridoo?

Ich versuche nicht, hier eine Antwort zu finden. Ich stelle nur eine Fülle von Informationen, Fakten und Erfahrungen zur Verfügung. Mit jedem neuen Aspekt, den ich entdeckte, nahm meine Verwirrung zu: Ich fand keinen Bereich rund ums Didgeridoo, für den es nur EINE Wahrheit gab. Je mehr Informationen ich recherchierte, desto zahlreicher wurden meine Fragen, desto größer wurde das Geheimnis. Was nach der Arbeit an diesem Buch, ja an inzwischen drei Büchern bei mir übrig bleibt, ist ein Bewusstsein dafür, dass ich nicht abschätzen kann, was das Wesen eines Dinges, was die Seele eines Prozesses ist. Das Didgeridoo hat mich gelehrt, meinem Hören zu trauen. Das Auge tastet

Oberflächen ab, es sieht ein hohles Stück Holz. Das Ohr lässt die Welt in mich hinein. Es hört den Klang des Didgeridoo und wundert sich.

Schaue ich mir die einzelnen Kapitel, wenige Fakten isoliert für sich an, so sind da eben einige ungelöste Fragen. Trete ich aber einen Schritt zurück und versuche das Ganze zu überblicken, so sehe ich eine Unmenge von Ungeklärtem. Ob es die Herkunft, die Verwendung, die Physik, die Medizin oder die Wirkung auf die Menschen unseres Kulturkreises ist, immer bleiben Fragen, Fragen, Fragen.

Wenn ich noch einen Schritt zurücktrete, dann sehe ich: Dieses Instrument gibt Menschen Kraft, Entspannung, Heilung und Spaß. Und keiner kann genau sagen, warum.

Wenn mich hundert Antworten zu tausend neuen Fragen führen, dann fange ich an, mich zu wundern. Mein Herz aber sucht nicht weiter, sondern wiegt sich sanft im Meer der Musik.

Wenn jede Antwort zehn neue Fragen birgt, dann ist es sinnvoll, irgendwann aufzuhören zu suchen. Wo mehr ist, als wir alle fassen können, da beginnt ein neues Bewusstsein. Ein Bewusstsein, dass Geheimnisse wieder Sinn machen und die Welt viel größer und tiefer und weiter ist, als wir eben noch zu wissen glaubten.

Das Didgeridoo ist eine Pforte von vielen in eine Welt voller Wunder. Ein Tor, gebaut aus Tönen.

Reich beschenkt wird, wer es zu durchschreiten wagt …

Zwei Mitglieder des Gälpu-Clans aus der Familie Gurruwiwi mit zeremonieller Bemalung ihres Volkes.
Foto mit freundlicher Genehmigung von Thomas B. Willie

1

Die Hüter des Didgeridoo

1.1. Die Verbindung zum Ursprung

Ich werde in diesem Buch viel über das Didgeridoo erzählen. Ich möchte Dich inspirieren, dieses wunderbare Instrument zu spielen und Deine Fähigkeiten zu erweitern. Und vielleicht siehst Du es auch wie ich: Hinter dem Didgeridoo, hinter seinen Klängen verbirgt sich viel mehr, als physikalische Schwingung. Musik ist etwas ganz Besonderes, und das Didgeridoo ist Musik.

Wenn wir es heute spielen können, ist das nicht selbstverständlich. Das Didgeridoo wurde uns von den Ureinwohnern Australiens überliefert. Wäre dieses Volk und seine Kultur nicht so voller Kraft und Spiritualität, es hätte den Angriffen der Invasoren nicht so lange standgehalten und wäre längst untergegangen. Ich freue mich und bin dankbar, dass ich heute Didgeridoos spielen und mein Können weitergeben kann.

Ich fühle die Verbindung zwischen dem Ursprung des Didgeridoo und meinem Spiel. Zwar spiele und erfahre ich etwas Eigenes auf dem Instrument, doch dass ich es spielen kann, verdanke ich den Aborigines. Es bin traurig darüber, wie sehr dieses Volk hat leiden müssen, um zu überleben. Seine Kultur und das Didgeridoo sind ein Geschenk. Es hat mein Leben bereichert.

Ich fühle mich in der Verantwortung, nun etwas für das alte Volk zu tun, mit meinen bescheidenen Mitteln. Also werde ich davon schreiben, was sie mir geschenkt haben. Keine kalten Fakten, sondern den Puls der Hoffnung, dass es mehr gibt, als eine Welt.

Die Aborigines

"Die Aborigines" zu schreiben, ist im Grunde nicht korrekt . Australien ist ein Kontinent mit einem Vielfachen der Fläche Deutschlands. So wie „Die Deutschen" auch nur in Statistiken gibt, begegnet man ihnen, auf der Straße wohl nie. Ebenso ist es bei „den Aborigines". Ein Volk mit ehemals über fünfhundert Clans, mehr als dreihundert Sprachen und geschätzt sechshundert Dialekten lässt sich nicht mit „die Aborigines" einordnen. Als politisch korrekt wird der Ausdruck „indigene Australier" von vielen Aborigines wahrgenommen.

Ich bitte zu beachten: Wann immer ich den Begriff dennoch benutze, ist es wegen der Verständlichkeit und wegen des Sprachflusses. Denk aber bitte immer daran. Es gibt sie nicht wirklich. Sprache ist nur ein träumender Abdruck der Wirklichkeit ...

Denk bitte daran, dass ich keine Anthropologe oder Archäologe bin. Meine Art, die Dinge zu beschreiben, ist poetischer Natur. Meiner Erfahrung nach kann sich Wissenschaft der Leidenschaft des Lebens nur annähern. Poesie jedoch ist zu allen Zeiten und in allen Welten ein pulsierender Ausdruck des Lebens gewesen. Er berichtet von der höheren Essenz dessen, was sein könnte.

Und manchmal auch von dem, was tatsächlich ist.

1.2. Der Umgang mit fremden Kulturen

Die meisten Bücher und Menschen nähern sich der Kultur der indigenen Australier von sich aus, das heißt aus der persönlichen Sicht des subjektiven Beobachters. Das kann ich auch nicht anders.

Ein "Problem" haben wir Beobachter in der Regel: Den Ursprung in unserem „zivilisierten" Kultursystem. Es ist recht wahrscheinlich, dass die Substanz unseres Denkens eine andere Struktur hat als die der Beobachteten, in diesem Fall der Aborigines.

Die Art und Weise wie ein Mensch die Welt sieht und sie beurteilt, hängt maßgeblich von der Struktur seiner geistigen Wahrnehmung ab. Theorien der Hirnforschung und Psychologie zufolge kann ein dominantes Denken innerhalb einer Kultur die geistigen Strukturen eines einzelnen Menschen über die eigene Erfahrung hinaus prägen. Seine Möglichkeiten, die Welt zu sehen, sind zu einem erheblichen Teil davon abhängig, wie schon Generationen vor ihm die Welt sahen.

Es ist klar, dass jede Bemühung, einen Indianer oder einen Aborigine zu verstehen, an so einer Prägung nicht unbedingt scheitern muss, jedoch oft nur schwer möglich ist.

Bei meinen Recherchen fiel mir auf, dass viele Autoren vermittelten, durch den Kontakt mit Aborigines könne ein unmittelbarer Eindruck ihres Lebens erfasst werden. So gibt es eine Unzahl von Büchern und Menschen, die nach zwei Wochen oder zwei Monaten bei den Aborigines vorgeben, ein authentisches Bild von deren Kultur vermitteln zu können. Sie scheinen häufig zu übersehen, dass sie meist nur den äußeren Eindruck aufnehmen und weitergeben. Die innere Struktur, die diesen äußeren Handlungen, zugrunde liegt, die zum Beispiel in Zeremonien oder dem komplexen Verwandschaftssystem der indigenen Australier sichtbar werden, lassen sich kaum in zwei Wochen oder zwei Monaten erfassen. Als innere Struktur bezeichne ich hier die Gesamtheit der geistigen und emotionalen Prozesse einer ethnischen Gruppe beziehungsweise einer Einzelperson.

Der Besuch bei einem Volk lässt mich zum Beispiel einen rituellen Tanz beobachten und wenn ich weit komme, wird mir auch erklärt, was für eine Bedeutung dieser Tanz hat.

Wir kennen es fast alle aus der Schule: Die Lehrer haben uns den Akt der körperlichen Vereinigung beschrieben und, wenn sie mutig waren, erwähnten sie neben dem biologischen Zweck auch, dass optimaler Weise Liebe im Spiel sein kann oder sollte. Punkt.

Was haben wir da wirklich erfahren von dem Tanz der Aborigines, von dem Tanz der liebenden Sexualität? Nur einen Teil. Ganz sicher nicht das Ganze.

Ich halte es für unmöglich, authentisch über eine Kultur wie die der Aborigines zu schreiben oder zu erzählen, außer wenn das, was ich wiedergebe, als Ausdruck meines unmittelbaren Erlebens dargestellt wird. Das hat wahrscheinlich wenig mit dem zu tun, was ein Aborigine erlebt. Ich bin überzeugt, dass sehr vieles, von dem was ein indigener Australier erlebt, gar nicht von einem Angehörigen unserer Kultur nachempfunden werden kann, da unsere geistig-emotionalen Strukturen andere sind. Authentizität heißt entweder ich erfahre unmittelbar (so wie durch die Worte eines Aborigines) oder sie betont die Subjektivität der Wahrnehmung und wird auf diesem Wege authentisch.

Ich finde es überaus wichtig, fremden Kulturen zu begegnen und von ihnen zu lernen. Wir werden aber immer scheitern, wenn wir Fakten von ihnen lernen wollen und aus dem Auge verlieren, das ein Faktum von der wahren Substanz eines Prozesses so gut wie nichts wiedergibt. Das eben beschriebene Beispiel aus der Schule hinkt da kein bisschen.

Durch den Besuch bei verschiedenen Clans der Ureinwohner oder durch das Lesen von dreißig verschiedenen Büchern engagierter Anthropologen oder anderer Forscher, die viele Clans besucht haben, kann ich sehr wohl eine Menge wichtigen Wissens zusammentragen. Einen abschließenden und objektiven Eindruck von einer so komplexen Kultur wie derer in Australien bekomme ich natürlich nicht.

Ich habe mich daher entschieden, äußere Fakten hier nur aufzulisten, wenn es um die Begegnung des Alten Volkes mit unserer Kultur geht. Im Übrigen versuche ich über den inneren Eindruck zu berichten, den ich von dieser Kultur habe. Damit respektiere ich, dass im Leben anderer Menschen etwas verborgen liegt, was ich wahrscheinlich nie werde entschlüsseln können.

Ich akzeptiere, dass da mehr ist, als ich je werde begreifen können.

Aborigines ist ein Ausdruck, den weiße Menschen den Ureinwohnern Australiens gegeben haben. Er leitet sich von 'ad origin'- 'vom Ursprung' ab.

Die Aborigines (und nur als Adjektiv wird Aboriginal gesagt) nennen sich je nach Stamm. So heißen sie sich im Südosten Koori, im Südwesten Nyungar, im Süden Nanga, in der westlichen Wüste Wonghi, Yolngu im Arnhem-Land und Murri im südlichen Queensland. In Westaustralien, der Pilbara Region nennen sie sich Yamadji. Immer heißt das übersetzt soviel wie `Menschen´. Viele andere Namen gibt es, aber es gibt nicht Deutsche und Russen und Irakis. Es gibt Menschen.

Weit über den Verstand

"Unser Geist ist voll gestopft mit Angst, weil wir uns vergeblich bemühen, eine Welt mit dem Verstand zu begreifen, die weit über den Verstand und die äußere Erscheinung hinausreicht."

Johanna Lambert (21)

1.3. Vom Ursprung der Aborigines

Beim Lesen vieler Bücher über die Kultur der Ureinwohner Australiens fiel mir häufig etwas auf: Fragestellungen zum Alter der australischen Kultur werden in vielen Publikationen aus archäologischer, nicht aber aus soziokultureller und spiritueller Sicht gestellt. Damit suggerieren diese Titel, gerade wenn sie sich für die Belange der Aborigines stark machen, die eine Sicht sei substanzieller als die andere. Es scheint mir fraglich, ob dem so ist.

Die archäologische Sicht

In der Forschung war man sich bisher weitgehend einig, das Australien während einer Eiszeit von den ersten Menschen erreicht wurde. Demzufolge war der Wasserstand der Weltmeere viel niedriger als heute. So wäre es kein großes Problem für die frühen Menschen gewesen, den Kontinent über die indonesischen Inseln mit Hilfe einfacherer Boote in wenigen Tagen zu erreichen. Es existieren jedoch immer noch entschieden mehr Fragen als Antworten zum Thema „Besiedlung Australiens".

Ich möchte kurz das etwas wacklige Fundament beschreiben, auf dem diese Theorie baut.

Als die „*WasserstandwarniedrigMenschenkamenüberdasMeer*"-Theo-

Micki von der White Cookatoo Group präsentiert ausdrucksstark vor westlichem Publikum einen Tanz seines Volkes.

(Bild mit freundlicher Genehmigung von Ur-Laut, Heidelberg)

rie entworfen wurde, ging die Forschung davon aus, dies sei in einer Eiszeit vor ungefähr 20.000 bis 25.000 Jahren geschehen. Nun wurden schon bald Artefakte menschlicher Anwesenheit in Australien gefunden, die deutlich älter als 25.000 Jahre waren.(24) Die Forschung verschob ihre Theorie einfach auf eine Eiszeit von vor 55.000 bis 60.000 Jahren. Die letzte Zahl findet sich noch immer in den meisten Büchern über die Kultur der Aborigines.

In der Paläoanthropologie gilt die Theorie vom Ursprung der Menschheit in Afrika als die gemeinhin gültige Version von den Anfängen des Menschen. Doch es ist nur eine Theorie.

So gibt es Forscher in Asien, die behaupten Beweise dafür gefunden zu haben, dass Asien die Ursprungsregion der ersten Menschen ist und von dort die Besiedlung der Welt begann. Die Afrika-Theorie wird von Europäern und Amerikanern vertreten. Jede Seite verfügt über Beweise, die von der anderen Seite ignoriert werden. Offensichtlich geht es um mehr als nur um Fakten.(24)

Es gibt einige Forscher, die vermuten, dass die ersten Menschen aus Australien kamen. Robert Lawlor gibt in seinem bemerkenswerten Buch „Am Anfang war der Traum“(24) diese These wieder. Nach Lawlor wurde 1987 ein Stück menschlichen Knochens in der Wüste Zentralaustraliens gefunden. Dieser wurde auf über 150.000 Jahre datiert. Da gab es keine Eiszeiten. Die Periode der Vergletscherungszyklen begann vor ungefähr 120.000 Jahren.

Warum, fragt Lawlor, sollten sich Menschen in einer Eiszeit in die Richtung des Eises bewegen, in diesem Falle also Richtung Süden?

Die Entdecker Australiens trafen auf indigene Menschen mit dunkler bis hellbrauner Haut. Mit blonden Haaren. Mit grünen Augen. Mit kaukasischen, negriden oder mongoliden Gesichtszügen. Wo sonst auf der Welt gibt es das? (24)

In einem indianischen Schrein in Nordamerika wurde ein Stein gefunden, der nur in Australien vorkommt. Der Stein wurde vor der Entdeckung Australiens gefunden. Wie kam er dahin? (24)

In den Mythen und Märchen vieler Völker der Erde kommen schwarze Schwäne vor. Bei der Entdeckung Australiens fanden die Europäer wirklich schwarze Schwäne.(24)

Geologische Bohrungen in den siebziger Jahren ergaben einen interessanten Befund: Vor 120.000 Jahren stieg der Anteil verbrannten Holzes stark an. Haben die Aborigines schon damals die noch heute genutzte Methode der Brandrodung zur Landkultivierung verwendet? (24)

Der Kern jeder Wissenschaft ist Zweifel und ihr Fruchtfleisch ist die Theorie. In Medien und Büchern wird dies aus populistischen Gründen jedoch regelmäßig verschwiegen.

Warum nur wissen wir in Deutschland mehr über die Afrikatheorie? Wahrscheinlich, weil unsere Forscher dort arbeiten. Asiaten wissen mehr über die Theorien ihrer Forschung. Und in Australien leben und regieren und forschen wiederum Europäer oder deren Nachkommen. Es gibt keinen wissenschaftlichen Zweig, der nicht mit der Beeinflussung des Wissens durch wirtschaftliche oder hierarchische Verknüpfungen zu kämpfen hat. Das klingt natürlich polemisch. Doch wenn eine seriöse Zeitschrift wie *GEO-Wissen* über die Paläoanthropologie berichtet, dann klingt das mehr wie ein Dokumentation über Dieter Bohlen und seine Streitereien mit Thomas Anders oder irgendeiner seiner Verflossenen als wie ein Bericht über ernstzunehmende Wissenschaftler.

Kurz vor Drucklegung der ersten Auflage dieses Buches gelangt ein *GEO-Wissen*-Magazin zu dem Thema „Die Evolution des Menschen“(15) in meine Hände. Vieles darin widerspricht der Theorie, Australien sei die Wiege der Menschheit. Und tut es genau genommen doch nicht.

Im ‘GEO’ wimmelt es nur so von Theorien über den Ursprung des Menschen. Jede Theorie hat ihre Beweise. Die Erforscher dieser Beweise mögen sich gegenseitig oft nicht so gerne. Die Gegner werden als „Fossil-Fuzzis“ oder „Fundstellen-Schlächter“(15) bezeichnet. Sie klauen schon mal ein Knochenstück oder legen eines dazu. Die „Sponsoren“ der Archäologie, so erfahre ich, „fördern nur Berühmtheiten“(15).

Trotzdem wird nach einigen hundert „vermutlich“ und „vielleicht“ die Theorie, wir kommen aus Afrika, als Wahrheit herausgestellt. Ist das schlüssig, eine Meinung für wahr zu erklären, nur weil die meisten Menschen mit der besten Lobby sie glauben? Die Erde war ja auch nie eine flache Scheibe, obwohl die damalig beste Lobby, die Kirche, es allen glauben machen wollte.

Eine kleine, spektakuläre Notiz befindet sich im ebenfalls in besagtem GEO-Heft: Der Archäologe Mike Morwood fand auf der Insel Flores mehr als ein Dutzend primitiver Steingeräte, die auf über 700.000 (ja, siebenhunderttausend!!!) Jahre datiert werden. Diese Insel war damals, ob Eiszeit oder nicht, ziemlich nahe an Timor. Und Timor lag noch näher an Australien. Die Funde werfen die Theorie auf, dass schon der Homo erectus Wassergefährte baute. (15)

Doch intelligente Vorfahren dürfen dort nicht vor so langer Zeit gelebt haben, denn anspruchsvolle technische, kulturelle und kreative Fähigkeiten werden von den angloamerikanischen Forschern „Trend"-mäßig (ZITAT!) seit gut 100.000 Jahren nur dem *Homo sapiens* zugetraut. Nicht früher. (15) *GEO* resümiert, die neue Hypothese hätte weitreichende Konsequenzen für die früheste Kulturgeschichte, würde sie sich bestätigen.

Ergänzend zur vierten Auflage dieses Buches möchte ich über zwei sehr spannende Dokumentationen berichten, die am 26.12.2003 beim TV-Sender Phoenix ausgestrahlt wurden: Inzwischen gilt die Theorie vom "dummen" *Homo erectus* als fragwürdig. Es sind ganz neue Fragen zum Thema Besiedlung Australiens und Besiedlung Amerikas über Indonesien beziehungsweise über die Beringstraße aufgetaucht.

So fand man in Australien in tiefen Höhlen, die von zeitgenössischen Aborigines als Orte der Ahnengeister gemieden werden, tiefe Steinritzungen mit Symbolen, die auf rund 28.000 Jahre Alter datiert wurden. Diese Symbole stehen in Zusammenhang mit Symbolen europäischer urzeitlicher Funde nicht aber mit der heutigen Kultur der australischen Ureinwohner und ihrer Kunst und Symbole.

In Amerika wurden Feuersteinwerkzeuge gefunden, die in Art und technischer Ausarbeitung denen gleichaltriger europäischer Funde entsprechen, für die es aber keine Vergleichsfunde in Afrika oder Asien gibt. Noch gilt die Theorie als zu unglaublich, aber einige Forscher fragen sich, ob die Vorfahren der Indianer womöglich aus Europa kamen.

Und ich frage mich, wie die Kunst der frühen Europäer in australische Höhlen kommt?

Überaus spannend zeigten besagte Dokumentationen weitere neuerliche Funde in Australien: Es wurden Feuerstein-Steinbrüche entdeckt. Noch vor vier Jahren galt Australien als Holzkultur, in der es gar keine Artefakte (Werkzeuge, Waffen, Kunstgegenstände) aus Stein geben kann!

Die Datierungen erfolgen heute mit hoher Genauigkeit mittels Gammaspektrometer und Luminiszenzbestimmung. Die Feuersteinwerkzeuge in Australien werden auf definitiv 60.000 Jahre Alter datiert. Damit gerät die Theorie, Australien wurde von 60.000 Jahren besiedelt an den Rand ihrer Logik. Denn die Forscher sind noch gar in die tiefsten und damit ältesten Schichten dieser Steinbrüche vorgedrungen. Es ist nur noch eine Frage der Zeit, bis ältere Funde auftauchen werden. Es ist hochwahrscheinlich, dass die Geschichte der Menschheit in zehn oder hundert Jahren völlig neu gedacht werden muss ...

All dies sind rein archäologische Fragestellungen und sie zeigen in ihrer Fülle und Verworrenheit, dass wir heute nicht annähernd genau wissen, wie und wann Australien besiedelt wurde.

Die soziokulturell-spirituelle Sicht

Die Archäologie beschäftigt sich mit einer nicht mehr lebenden Vergangenheit. In der Welt der indigenen Australier existiert jedoch eine quicklebendige Vergangenheit. Sie haben andere Methoden als die Archäologen, um Geschichte zu überliefern.

Fragt man einen Alten der Aborigines, woher sein Volk stammt, dann erzählt er wahrscheinlich, dass sein Volk schon immer in Australien war. Er wird wohl behaupten, dass er und seine Leute direkt aus der Traumzeit seiner Ahnen entsprungen sind.

So erzählen alte Menschen, die einer Kultur entstammen, die wahrscheinlich seit Jahrtausenden wenn nicht Jahrzehntausenden stabil ist. Das ist ein für uns unvorstellbarer Zeitraum. Kulturelle Stabilität ist unserer Kultur unbekannt. Um es mit den Worten Johanna Lamberts zu sagen: „Schaffen unsere Normen Königreiche und Regierungen, die unaufhörlich gestürzt, zerstört und ausgetauscht werden“[21].

Wir wollen in diesem Kapitel den Hütern des Didgeridoos begegnen. Ich finde, es ist an der Zeit, ihnen mit Respekt und Achtung zu begegnen. Es fällt mir schwer die vielen Bücher und Forschungen zu akzeptieren, wenn sie einzig unsere Art Zeit und Raum und Wissen zu messen als Richtwert heranziehen, um einen Eindruck der indigenen Kulturen Australiens zu vermitteln. Wenn sie den Worten der Alten nicht lauschen. Wenn sie ignorieren, das dieses Kulturvolk seinen Ursprung nicht nur in einer noch recht unklaren archäologischen Vergangenheit hat, sondern vielmehr auch in einer spirituellen Vergangenheit, die so weit zurückreicht, das sie sich einer genauen Forschung und unserer Vorstellung entzieht.

Die Grundlage für das Wissen der Aborigines und die Stabilität ihrer Kultur ist ihr Bewusstsein, vom Ursprung abzustammen. Wie kann ich den Wirklichkeitsgehalt dieses Bewusstseins in Frage stellen auf Grundlage von „Vermutlichundvielleicht“-Theorien, die auf einer ganz anderen Wahrnehmung der Welt beruhen? Da würde ich doch etwas vermischen. Wenn ich einem neuen Wesen begegne, dann begrüße ich es doch nicht mit einem Radiokarbonmessgerät, sondern mit einem Handschlag und der Frage, wie es ihm und seinen Leuten so geht. Wie sollen sich zwei Menschen näher kommen, wenn der eine davon überzeugt ist, das der andere ein Hirngespinst als Grundlage seiner Identität hat, beide aber im Grunde von zwei verschiedenen Welten erzählen?

Es scheint mir hilfreich, wenn wir uns bewusst machen, dass es (mindestens) zwei verschiedene Wahrnehmungen gibt, um Geschichte und Zeit zu messen. Mich persönlich beeindrucken das Alte Volk und seine Kultur. In ihr liegt das Geheimnis Jahrtausende dauernder Stabilität verborgen. Ich höre den Worten der Alten zu. Sie klingen fremd für viele Ohren, denn sie bauen nicht auf wissenschaftliche Daten sondern auf eine Überlieferung, die den Ursprung der Dinge, den Ursprung des Seins in der geistigen Welt erkennt. Damit deckt sich das Wissen der Ureinwohner Australiens mit dem Wissen nahezu aller schamanischen Kulturen allüberall auf der Erde. Vor der Materie steht der Geist. Vor der Ausführung steht die Idee. Die Idee wird in einer anderen Welt gedacht (oder geträumt) als der Welt naturwissenschaftlicher Messungen. Und so erstaunen die Worte der Ureinwohner, denn sie erzählen uns in eigenen Worten von der Wiege der Menschheit – dem Ursprung allen irdischen aber gewiss allen menschlichen Daseins im geistigen Kontinuum einer vieldimensionalen Wirklichkeit jenseits unserer Raum- und Zeitvorstellungen.

Wir nennen diese Wirklichkeit „Traumzeit". Wörtlich gesehen geht, wie Wighard Strehlow in *Wüstentanz* bemerkt, der Begriff „Traumzeit" auf einen Übersetzungsfehler der Forscher Baldwin Spencer und F.J.Gillen vom Anfang des Jahrhunderts zurück. (32)

1.4. Die Tragödie -
Entdeckung und Völkermord

Der Name *James Cook* ist zu einem Synonym für die Entdeckung und Erstbesiedlung Australiens durch die Europäer geworden. Dabei ist der englische Kapitän lange nicht der erste Weiße gewesen, der australischen Boden betrat.

1616: Den ersten unfreiwilligen Kontakt mit Australien hatte der holländische Kapitän Dirk Hartog: Er lief mit seinem Schiff auf eine Sandbank. Als Beweis seiner Anwesenheit hinterließ er eine Zinntafel.

1623: Kurz darauf landeten wiederum Holländer und benannten den Landstrich, den sie kartographisierten, nach einem ihrer Schiffe Arnhemland. Die ersten Kontakte der Holländer mit den Einwohnern Australiens waren nicht sehr angenehm, sie wurden von den Aborigines angegriffen. Auch drei weitere Landungen brachten den Holländern nur wenige Information über Land und Menschen und sie zeigten kein weiteres Interesse an Australien.

1705: Die Aborigines der Tiwi-Inseln feierten 1995 ein denkwürdiges Ereignis und werden dies sicher 2005 wiederholen: Ihre Vorfahren hatten dem gelandeten Kapitän Maarten van Delft und seiner Besatzung alles Hab und Gut geklaut, einschließlich der Kleider, und sie anschließend verjagt. Für die zeitgenössischen Aborigines ein wichtiger Teil der Geschichte: Sie hatten sich mit Erfolg gegen die ersten Weißen zur Wehr gesetzt.

April 1770: Erst nach 65 Jahren tauchten offiziell wieder Europäer an Australiens Küste auf. Diesmal war es James Cook, der sich auf einer Forschungsreise in der Botany Bay bei Sydney einfand, um astronomische Beobachtungen zu unternehmen. Verliefen hier die Begegnungen mit den Ureinwohnern ebenfalls unfreundlich, so fand Cook an der Küste von Queensland friedliche Einwohner, die er als "angenehme Menschen" bezeichnete.

Joseph Banks, ein Wissenschaftler hohen Ranges, der Cook begleitete, empfahl der britischen Regierung nach der Reise, einen Vorposten in der Botany Bay zu errichten.

1788: Acht Jahre später landete eine Flotte von elf Schiffen unter Arthur Phillips mit tausend Mann Besatzung in Australien. Am 26.Januar gingen siebenhundert Gefangene und dreihundert Soldaten und Matrosen an Land. Der erste Siedlungstrupp setzte sich aus verurteilten Verbrechern und ihren Bewachern zusammen. Mit dieser Landung begann die Tragödie der indigenen Australier.

Der Name James Cook steht für die Mentalität der Weißen, die nicht fragten, ob sie das ihnen fremde Land betreten durften, sondern es einfach einnahmen. Cook annektierte Ostaustralien. Er nannte es "terra nullius", unbesiedeltes Land. In dieser Doktrin wird deutlich, was die Europäer von Lebensformen, die nicht ihren Vorstellungen von Zivilisation entsprachen, hielten.

Über die tatsächliche Bevölkerungszahl bei Ankunft der ersten Siedler gibt es keine einheitlichen Aussagen. Die englischen Geschichtsschreiber gingen früher von 300.000, einige sogar von nicht mehr als 100.000 Einwohnern aus. So versuchte man die folgenden Massaker zu relativieren. Es gibt Schätzungen, die von 750.000 bis einer Million Ureinwohnern ausgehen.

Einhundert Jahre nach Ankunft der Engländer waren es wohl kaum mehr Fünfzigtausend. Es wurde kein Krieg geführt, sondern ein erbarmungsloser Vernichtungsfeldzug, der in seiner Brutalität in Nichts dem gegen die Indianer Nordamerikas nachstand. Wer den Waffen nicht zum Opfer fiel, wurde durch eingeschleppte Krankheiten, gegen welche die Aborigines keine Abwehrkräfte besaßen, dahingerafft.

Es ist eine Sache, davon zu lesen: Da fanden Massaker statt. Details machen bewusster, was geschah. Noch in den zwanziger Jahren dieses Jahrhunderts wurde ein Kopfgeld für den Abschuss von Aborigines gezahlt. Zehn Dollar für einen Erwachsenen, fünf für ein Kind. Es soll Männer gegeben haben, die gut daran verdienten. Die Literatur berichtet von einem Spezialisten, der die Kinder bei den Fußgelenken nahm und sie mit dem Kopf gegen Bäume und Steine schleuderte, um beim Töten Kugeln zu sparen. Ganze Gruppen wurden zusammen getrieben, in Pferche gesperrt und dann abgemetzelt. Es galt bei manchen Siedlern als Mode, Tabaksbeutel aus Hodensäcken erlegter Aborigines zu besitzen. Ganze Gruppen wurden abgeschossen, um einige Aboriginefrauen zu entführen. Nach ihrer "Benutzung" wurden auch sie "entsorgt".

Bei all diesen Bestialitäten handelte es sich zumeist um staatlich geduldeten oder sogar geförderten Völkermord.

Die Aborigines räumten in den seltensten Fällen kampflos ihr Land. In einer Art Guerilliataktik fügten sie den Siedlern und Soldaten erhebliche Verluste bei. Doch gegen die Übermacht der Feuerwaffen und der Menschenflut aus Europa hatte das Alte Volk dauerhaft nicht die geringste Chance. Jeder Gegenwehr wurde fünfzigfach vergolten. Diese Praktiken hielten sich bis ungefähr in die 1920iger Jahre.

Ghillar Ghillar Michael Anderson, ein indigener politischer Aktivist, Lehrer und Clanführer, berichtete auf einem Vortrag in Berlin über eine biologische Kriegsführung der Briten: Seinen Quellen zufolge wurden die Ureinwohner von den Besatzern mit Decken beschenkt. In diesen Decken waren während der Überfahrt nach Australien kranke oder gar tote Passagiere eingewickelt gewesen. Die verseuchten Geschenke enthielten damit Krankheitserreger, denen die Immunsysteme der Ureinwohner schutzlos ausgeliefert waren.

Decken und Viren wurden von den Ureinwohnern auf ihren "Walkaabouts", den rituellen Wanderungen, durch weite Teile des Landes getragen. Ghillar Ghillar zufolge waren viele Clans bei Ankunft der Besatzer in den entlegenen Winkeln Australiens schon vollständig ausgelöscht.

Nach diesem Zeitalter der Barbarei war der bewaffnete Widerstand der Aborigines nahezu völlig gebrochen. Die Regierung gab nun der Völkervernichtung eine zivile Form. Barbarisch bliebt sie trotzdem.

Seit 1880: Die Überlebenden der Massaker wurden in Reservaten kaserniert und all ihrer Rechte beraubt. Halbblut-Aborigines wurden oft in Missionen untergebracht. Durch die christlichen Lehren trennte man sie von ihrem `Irrglauben´. Die Missionare "verliehen" sie auch gerne als kostenlose Arbeitskräfte an Siedler. In wenigen Ausnahmen wurden die Missionen ihrer christlichen Lehre gerecht und sie stellten die ihnen angeschlossenen Lager für die Aborigines als eine Art Schutzzone vor den Übergriffen und den Massakern der Polizei und der Siedler zur Verfügung.

Ab 1930: Eine besonders abartige Kampagne der Regierung begann: die Assimilationspolitik. Das bedeutete nichts anderes, als das Halbaborigines von ihren Eltern getrennt wurden. Ganze Generationen wurden so ihres Ursprungs, ihrer Familie und ihrer Heimat beraubt. Wollte ein Halbblut Rechte, so musste er sich von der Aboriginal-Kultur trennen: Keine Tänze, keine Musik, keinen Kontakt zu Angehörigen schwarzer Hautfarbe. Die Menschen wurden zwischen den Siedlern ausgetauscht, sie hatten den Status Leibeigener. Staatliche "Protektoren" sicherten die Rechte der Assimilanten. Das heißt, sie sorgten dafür, dass die Aborigines sich ohne großen Widerstand in den Prozess der Assimilation einfügten. Unzählige Menschen wuchsen auf ohne Eltern, ohne Volk, als billige Arbeitskräfte für die Geld- und Landgier der Weißen. Man nennt sie „*die gestohlene Generation*".

Die Vernichtung des Alten Volkes begann nicht mit der Invasion in 1788. Sie begann lange vorher im Denken einer europäischen Weltherrschaft des Kolonialismus. In der Art der weißen Menschen, die Welt zu sehen.

Das Alte Volk hat dies alles nicht nur überlebt, sondern ist noch immer voller Lebenswillen. Viele der traditionell aufgewachsenen Ureinwohner versuchen heute wieder, den Entwurzelten und ihren Kindern ihre ursprüngliche Kultur zu lehren. Das kann nur imponieren und zeugt von der ungeheuren Vitalität dieser Menschen und ihrer Kultur.

1988 feierten die weißen Australier das Jahr der Entdeckung ohne die Aborigines in besonderer Weise zu erwähnen. Für die Aborigines wurde dieser "Tag Australiens" zum "Tag des Trauerns". (5, 24, 29, 33)

Selbstverständlich ist ein Ureinwohner Australiens Kraft seiner Herkunft und Geschichte nicht gleich ein guter Mensch. Viele indigene Menschenrechtler Australiens verwehren sich gegen glorienumhüllte Übermensch-Darstellungen ihres Volkes, wie sie im Roman „Traumfänger" von Marlo Morgan ein gar zu einseitiges, heiligenartiges Bild der „edlen Wilden" zeichnen. Sie nennen es gar rassistisch, indigene Australier per se als „die wahren Menschen" oder die „weiseren und besseren Menschen" darzustellen.

Genauso ist es rassistisch anzunehmen, die Moral, das ökologische, soziale oder spirituelle Bewusstsein eines Ureinwohners sei grundsätzlich besser als das jedes „modernen Menschen". Es gibt unter den Ureinwohnern ebenso raffgierige, böse, neidische, verlogene Menschen wie es sie unter Deutschen, Amerikanern, Chinesen, Arabern, Chilenen, Tibetern, Afrikanern und sonst wem gibt.

Doch das halte ich für selbstverständlich. Das Dunkel in den Menschen kann uns wohl kaum inspirieren. Allein deshalb schreibe ich hier lieber vom Licht. Denn Inspiration zum Guten hin kann doch nie von Übel sein.

1.5. Die Tragödie II – Das Denken der Weißen

Die Ursache für die Bestialität im Umgang mit den Aborigines oder anderen indigenen Völkern der Erde und mit der Natur selbst lag nicht daran, dass die Menschen vor hundert Jahren brutaler, kampflüsterner oder allgemein aggressiver waren. Sie machten vielmehr einen Unterschied zwischen sich und den Ureinwohnern, ja allem was lebte. Dieser Unterschied wurde naturwissenschaftlich begründet: Es gab für die „zivilisierten" Menschen wesentliche Grundprinzipien, nach denen sie Leben beurteilten. Diese Denkweise fußte auf der Schule des Philosophen Descartes und des Physikers Newton, die eine klare Trennung von Mensch und Umwelt als real propagierten. Die Wertigkeit von Leben wurde durch die Anwesenheit von Intelligenz, gemeint war die Quantität des Denkens, eingestuft. In dieser Tradition des Denkens war die Evolutionstheorie nach Darwin die vorherrschende Meinung. Die

Aborigines waren für die einen daher „Kreaturen“ minderer Intelligenz, die das Bindeglied zwischen Affe und Mensch darstellten - sozusagen ein Relikt der Evolution. Sie galten dem Tier also gleich und konnten dementsprechend wie Tiere behandelt werden: abschießen, einpferchen, arbeiten lassen. Eine andere Auslegungsvariante der Evolutionstheorie behauptet, der Kampf der Arten um das Überleben sichert dem Stärkeren sein Überdauern, die unterlegene Art aber wird verdrängt. Dass der angeblich ‘dümmere und schwächere schwarze Mensch’ von den Weißen verdrängt wurde, war in der vorherrschenden Denkweise also völlig normal.

Nur sehr langsam ändern sich diese Ansichten.

1967 erhielten die Aborigines die australische Staatsbürgerschaft. Den Menschen, die seit Urzeiten dort leben, wurden nun erst auf dem Papier die Rechte der Bürgerschaft gegeben. Durch ein nur für sie gültiges Gesetz, was im Grunde bedeutet: Es waren nicht die gleichen Rechte. Die Assimilationspolitik brauchte noch einige Jahre, bis sie aufgegeben wurde.

Erst zehn Jahre später billigten weiße Menschen dem Alten Volk in Nordaustralien wieder Landrechte zu. Noch **1988** wurde der Tag der „Landnahme“ großartig gefeiert, ohne den Aborigines Tribut zu zollen. **1992** wurde nach einem hartem Kampf das Mabo-Urteil, benannt nach dem Hauptkläger Eddi Mabo, verkündet: Die „terra nullius“-Doktrin wurde aufgehoben.

Noch heute müssen die Aborigines um jedes Stück Land erbittert kämpfen. Insbesondere, wenn multinationale Konzerne Bodenschätze abbauen wollen, verläuft der Kampf der Schwarzaustralier nicht immer erfolgreich. Es ist also noch gar nicht so lange her, das sich für die Aborigines etwas geändert hat.

Viele Menschen sind noch immer der Meinung, das Denken erhebe sie über die übrige Natur und macht sie zur Krone der Schöpfung. Noch immer meinen viele, je technisch intelligenter ein Wesen ist, desto höher entwickelt ist es auch. Ein Boote bauender *Homo erectus* bringt diese ganze Ansicht in Gefahr. Und die soziale Kompetenz einiger dunkelhäutiger Menschen in Australien auch. Für viele sind Ureinwohner immer noch ‘primitiv’, genauso wie sie das Didgeridoo als primitives Instrument bezeichnen. Diese Haltung zeugt nicht von Intelligenz, sondern einzig vom Unwissen und Arroganz seiner Bewahrer.

Diese sehen sich noch immer getrennt von ihrer Umwelt, glauben, sie objektiv, von außen, beurteilen zu können. Zwar ist seit Heisenbergs

Unschärferelation wissenschaftlich klar, das es eine Trennung von Subjekt und Objekt nicht gibt - das Denken gestaltet gar die Reaktionen des Objektes mit - aber das ist im Bewusstsein vieler Menschen noch immer nicht umgesetzt.

Janine Roberts meint in ihrem politisch engagierten Buch *Nach Völkermord: Landraub und Uranabbau*, wir Deutschen seien mitverantwortlich am Landraub in Australien. Warum? Weil ein guter Teil des Urans für deutsche Atomkraftwerke aus australischen Minen kommt. Vom Land, das eigentlich den Aborigines gehört. Unser Energiehunger trägt zur Vernichtung einer Kultur bei. So wie der Energiehunger aller industrialisierten Völker die Grundlagen indigener Völker weltweit vernichtet.

Der überwiegende Teil der mir bekannten Buchtitel zum Thema kennt in „den Aborigines" nur Jäger und Sammler, oft fälschlicherweise gar als Nomaden bezeichnet. Sie kennen keine Siedler, keine Ackerbauern. Warum?

Laut Roberts fanden einige Forscher zu Beginn der Entdeckung Australiens Siedlungen von Aborigines, aus Stein gebaute Häuschen und bewirtschaftete Felder.

Knapp vor Drucklegung der vierten Auflage konnte ich einen weiteren Titel recherchieren, der Aufhorchen lässt: *Die Entwicklung der Siedlungen der Aborigines in Australien bis zur Gegenwart* von Marc Lenzen im Ibidem-Verlag. Ein ganzes Buch widmet sich den Siedlungen der Aborigines vor und nach der Ankunft der Briten.

Die *Terra Nullius*-Doktrin baute auf der Tatsache, Australien sei bei der Ankunft Cooks unbesiedeltes Land gewesen. Wie unangenehm für die Regierung, dann doch Siedlungen und Ackerbau an anderer Stelle vorzufinden. Und wie einfach für eine Regierung, die Untersuchungen zu fördern, die nach „Nomaden" forschen und nicht nach Siedlungsartefakten. Wenn auch von Regierungen und Königreichen nichts anderes zu erwarten ist, so finde ich es schon traurig, wenn selbst bemühte Fachliteratur diese Propaganda wiedergibt.

Hat sich unser Denken wirklich verändert oder wehren sich die Urvölker in den letzten Jahrzehnten nur, unterstützt von einer kleinen Zahl sozial und politisch engagierter weißer Menschen? Letztlich werden jede Gottheit, jeder Glaube, die Natur, jedes althergebrachte Wissen und natürlich jedes menschliche Aufbegehren den beiden Götzen Geld und Naturwissenschaft untergeordnet.

In den sechziger Jahren testeten die Briten in Australien einige Atombomben im so genannten unbesiedelten Land. Für die Vorwarnung und Entfernung der Aborigines aus dem Testgebiet war ein einziger Beamter zuständig. Er löste das Problem indem er Schilder mit der Aufschrift „Für Unbefugte Betreten verboten" aufstellte. In englischer Sprache, versteht sich.

Vor einigen Jahren testeten die Franzosen Atomwaffen auf Mururoa, nicht weit von Australien. Dank Greenpeace mit weltweiter Aufmerksamkeit. Warum testen die Franzosen im Pazifik statt in der Provence, wenn sich das Denken der Weißen geändert haben soll?

Viele sind nach wie vor der allgemeinen Ansicht, dass das Denken die Substanz ist, die ein Wesen ausmacht. Sie sind der Meinung, dass es quantitative und inzwischen auch qualitative Maßstäbe gibt, nach denen sich die Wertigkeit von Leben, Prozessen und Vorgängen naturwissenschaftlich einschätzen lässt. Aufgrund dieser Einschätzung gestalten sie ihre Beziehung zur Umwelt.

Wir haben Ozonlöcher, Giftmülldeponien, Atommeiler und -Bomben, ein Gesundheitssystem, das über 100 Milliarden DM jährlich für ernährungsbedingte Krankheit aufwenden muss. Wir haben Sozialprobleme und seit 1945 weit mehr Tote in den weltweiten Kriegen als im zweiten Weltkrieg. Wir haben kaum noch die Hälfte der einstigen Regenwaldflächen und dafür jedes Jahr zwei Prozent mehr Wüste. Es verhungern jährlich zigtausend Menschen, während in Europa Milch und Äpfel vernichtet werden müssen. Wir haben Wissenschaftler, Wissen und die Macht, die Welt zu verändern und verbringen unsere Zeit mit Mobbing, Machtspielen und schweren Depressionen, wenn die Wirtschaft mal ein wenig hängt. Jeder weiß, dass es noch viel mehr Probleme gibt und es werden jeden Tag mehr.

Aber nur sehr wenige Menschen kommen auf die Idee, die Ursache dieser Probleme könnten nicht die Politiker oder die Industrie oder der „von Natur aus böse" Mensch sein, sondern vielleicht die Art und Weise, wie wir die Welt sehen und beurteilen.

Es geht nicht darum, sich in typisch intellektueller Manier schuldig zu fühlen und selbst zu geißeln, sondern darum, nach neuen Wegen für die Zukunft zu suchen.

Noch immer geht die Mehrheit der zivilisierten Menschheit davon aus, eine naturwissenschaftliche Herangehensweise könne der Weg sein, die auf uns zukommenden Probleme zu bewältigen. Sicherlich haben wir ohne Wissenschaft keine Chance. Wenn wir aber weiterhin so einseitig auf die Unfehlbarkeit von Statistiken, Tabellen und Studien bauen, werden wir scheitern.

Wir werden es nicht schaffen, wenn wir uns bei den Aborigines Tips fürs Didgespiel holen, der Computer, den ich gerade zum Schreiben benutze aber mit Atomstrom läuft. Aus Uran vom Land der Aborigines (meiner läuft inzwischen mit Strom von Greenpeace-Energy).

Ich habe keine Lösung für diese Probleme. Man muss nicht kochen können, um festzustellen, dass eine Suppe versalzen ist. Ich weiß aber, dass wir uns ändern müssen. Was immer den Aborigines widerfährt, wird auch uns ereilen. Wir müssen erkennen, dass Geld und Naturwissenschaft nur Werkzeuge sind. Wenn wir sie zu Göttern machen, beten wir in ihnen Götzen an.

Es gibt kluge Menschen, die sagen, die Lösung unserer Probleme beginnt mit einer Veränderung unserer Weltsicht, unseres Denkens. Und einige meinen, wir müssen uns mehr auf das Hören der Welt einlassen, statt sie immer nur mit den Augen zu beurteilen.

Ich bin ein Poet, ein Träumer. Ich glaube, das Didgeridoo trägt die Kraft in sich, dem Denken eine neue Richtung zu geben. Es bedarf nur eines Menschen, der bereit ist zu spielen. Nicht zu lernen.

Zu spielen. (24, 29)

Der große Schock

"Der große Schock für die Naturwissenschaft des 20. Jahrhunderts bestand darin, dass Systeme nicht durch Analyse verstanden werden können. Die Eigenschaften der Teile sind keine Eigenschaften an sich, sondern lassen sich nur im Kontext des größeren Ganzen verstehen."

Fritjof Capra, Lebensnetz (7)

Wünschelrute

Schläft ein Lied in allen Dingen,
Die da träumen fort und fort,
Und die Welt hebt an zu singen,
Triffst du nur das Zauberwort.

Joseph Eichendorff

1.6. Die Traumzeit

Mehr als eine Philosophie

Der Traumzeitmythos, so schreiben die meisten Autorinnen, sei der „Glaube der Aborigines".

Glauben ist in unserer Kultur, im Realitäts- oder Wahrheitsgehalt weit unter *Wissen* eingeordnet.

Unser Verständnis vom Begriff *Wissen* baut in weiten Teilen darauf, was NaturWISSENschaften beweisen können. Das heißt, auf den derzeit aktuellen Theorien, denn Wissenschaft arbeitet grundsätzlich nur mit Theorien. Wie zu Anfang dieses Buches schon erwähnt, verändern sich die Theorien aber alle paar Jahre. Was wir zu wissen vermeinen, ist - das hat auch die Neue Physik hinlänglich bewiesen- nur eine Projektion unseres Inneren. Also eher ein „*Glaube*".

Der „*Glaube*" der indigenen Australier von der Traumzeit überdauert nun seit wahrscheinlich einigen tausend Jahren, vielleicht viel länger. Er hat diese Kultur beständig gemacht über Zeiträume, die sich unserer Vorstellung entziehen. Wenn ein *Glaube*, im Vergleich zu unserem naturwissenschaftlichen *Wissen* in seiner extremen Kurzlebigkeit, so lange das Überleben und die geistige Fortentwicklung einer Rasse begleitet und begünstigt, ja vielleicht erst ermöglicht hat, dann kann ich ihn nicht mehr „*Glaube*" nennen. Das Wissen des alten Volkes hat eine Quantität und Qualität, die ihresgleichen sucht. Es ist eine Frage der Achtung, diesen *Glauben* bei der Übertragung in unsere Sprach- und Gedankenwelt *Wissen* zu nennen.

Die Traumzeit ist ein dynamischer Prozess, der auch heute noch fortdauert. Sezieren wir ihn hier nicht linguistisch, sonst stirbt er. Ich behalte ihn bei, wie es sich in der Literatur auch eingebürgert hat und gehe auf ihn zu wie auf etwas Lebendiges: Ich versuche sein Wesen zu erfassen, nicht seine Details.

Zu Beginn der Traumzeit lag die Erde als öde leere Fläche da, ein Ball von uriger Substanz. Unter seiner Oberfläche schliefen die Ahnen. Irgendwann durchbrachen die Ahnen, Gestalten von unermesslicher Größe und Macht, die Erdoberfläche. Sie begannen das Land zu gestalten, indem sie dort lebten, liebten, kämpften und starben.

Eine zentrale Ahnenfigur ist die Regenbogenschlange. Sie findet sich im Schöpfungswissen aller Ureinwohner Australiens. Der Schlange Namen sind viele wie die Sprachen dieses Volkes.

Die Ahnen also schufen das Land. Wo die Schlange die Erde durchstieß mag ein Wasserloch sein. Ihr Weg durch das Land formte hier einen Hügel, dort ein Flussbett.

Zwei andere Ahnen mögen sich bekämpft haben. Der eine stürzte im Kampf und warf ein Gebirge auf. Der andere blutete aus einer Wunde und seitdem ist die Erde an dieser Stelle rot. Ein Stein mag von einem Gegenstand zeugen, den einst ein Känguruahne dort hinlegte. Ein besonderer Wald wuchs, wo eine Echse schlief.

Unermesslich ist die Zahl der Figuren, und unüberschaubar sind die Geschichten, die sie erlebten. Sie formten das Land, indem sie, Heroen gleich, über es hinweg zogen. Irgendwann war die Zeit der Ahnen gekommen, ihr Werk war vollbracht und sie zogen sich wieder unter die Erde zurück oder gingen in die Sternenwelt über, wo sie nun friedlich ruhen.

Vielleicht ist es kein Zufall, das in dem Land, in dem vor Jahrtausenden dem Didgeridoo ähnliche Bronzehörner gespielt wurden (siehe Kapitel 2.14) auch Geschichten aus grauer Vorzeit bis in die Gegenwart überliefert werden, die erstaunliche Parallelen zu dem Wissen der Aborigines liefern. Gemeint ist Irland.

Viele kennen die Bilder des „Giant´s Causeway", einer surreal anmutenden Felsformation in Nordirland. Hier baute einst der Riese Fin MacCool einen Damm über das Meer, um zu seiner Geliebten in Schottland zu gelangen. So eine der vielen irischen Geschichten, die das Land beschreiben. Wie nahe lagen Irland und Australien beisammen zu einer Zeit in der Analogien das Leben zeichneten?

Die Ureinwohner sind sich bewusst, dass sie und das Land direkte Nachfolger der Ahnen sind. Sie sind unmittelbar aus dem Wirken der Ahnen entstanden. In der gleich folgenden der Geschichte von Oodgeroo Noonuccal sind sie sogar direkt aus den Ahnen transformiert, das heißt sie sind nichts anderes als menschgewordene Ahnen. Alles, der Mensch, das Land, jedes Tier und jedes Ding sind eine direkte „Wiedergeburt" eines Ahnen. Die Verbindung ist meiner Einschätzung nach elementar. Die Identität eines Aborigines ist verwoben mit dem Wissen, das er aus diesem Land erwachsen ist, aus den Taten der Ahnen. Die Verbindung mit dem Land, auf dem er gezeugt, geboren und initiiert wurde, ist absolut. Sie übersteigt unsere Vorstellung. Die Traumzeit ist also nicht vorüber, sondern lebt, in allem was ist, fort.

Die Menschen als Nachfolger der Ahnen haben das Recht und die Pflicht das Land „zu hüten". Das heißt, die Aborigines müssen nach Gesetzen handeln, welche die Ahnen einst vorlebten. In den Geschichten, die sie austrugen und durch die sie die Welt schufen, wurden gleichzeitig die Gesetze geschaffen, wie die Welt erhalten werden kann.

Wenn die Aborigines nun diesen Gesetzesgeschichten folgen, die ihnen hinterlassen wurden, ist ihr Leben bis ins kleinste Detail strukturiert. Es gibt kaum ein Ereignis, für das die Ahnen nicht eine Verhaltensgeschichte hinterlassen hätten. Indem sie diese Gesetze befolgen, halten die zeitgenössischen Ureinwohner den Schöpfungsprozess in Bewegung, er bleibt unmittelbar und lebendig. Nicht nur im täglichen Leben, sondern besonders in den Ritualen und Tänzen, in der Kunst und allem, was sie schaffen, erzeugen die Aborigines in jedem Augenblick eine Wiedergeburt der Traumzeit.

Auf den „Walkabouts" ziehen die Aborigines oft über tausende Meilen die „Songlines" entlang durch ihre Welt. „Songlines" sind die Wege, welche die Ahnen einst durch das Land nahmen. Sie sind gespickt mit Geschichten oder besser: mit Liedern. Denn die Ahnen sangen die Welt ins Leben. Die Schöpfer waren Musiker!

Die indigenen Australier singen auf dem Weg die Geschichten nach und erhalten sie so und durch Tänze und Begegnung mit den Menschen anderer Clans am Leben.

Die Geschichten und Lieder sind aber auch auf materieller Ebene äußerst praktisch. Sie zeichnen eine überaus exakte Topographie des Landes! Jeder Berg, jedes Wasserloch, jeder Stein von auffälliger Erscheinung hat eine Traumzeitgeschichte. Jedes Lied beschreibt verblüffend genau ein Stück Land. Jede Geschichte erzählt, wie es entstanden ist, wie es strukturiert ist, wie die Menschen es pflegen können und was sie besser bleiben lassen, wenn sie nicht die Ordnung stören wollen.

Mehrere Lieder aneinandergereiht ergeben ein Netzwerk von Karten. Jeder Aborigine bekommt im Lauf seines Lebens die Verantwortung über viele Geschichten und damit das Wissen über das zugehörige Land.

Geschichte und Land und Mensch sind Eins. Die Existenz und die Fortdauer der Traumzeit liegt damit in seinen Händen.

Wird ein Aborigine von seinem Land getrennt oder wird das Land zerstört, so hat dies katastrophale Folgen für seine Identität. Der völlige psychische und physische Ruin können die Folge sein. Stirbt ein Aborigine bevor er sein Wissen über das Land weitergeben konnte, so entsteht ein unwiederbringliches Loch innerhalb einer gigantischen geographischen wie spirituellen Landkarte.

Ich möchte dies nochmals hervorheben: Die Schöpfung, das Land und der Mensch sind Eins. Durch das Wirken der Menschen nach den Gesetzen der Traumzeit lebt diese fort.

Und eine letzte Analogie: Wir haben alle in der Schule gelernt, das einst eine unermesslich große Energie das Universum durch den Urlaut *Big Bang* erschuf. Dieses Ereignis treibt immer noch ganze Sternensysteme mit ungeheurer Geschwindigkeit durch den Raum. Ebenso heizt es unsere Sonne. Es lässt aber auch unsere Erde rotieren. Es blüht in jedem Baum. Es pulsiert in jeder unserer Zellen, in jedem Atom. Irgendwo ist diese Energie hergekommen, die alle Materie und alles Leben bewegt. Dieses 'woher' liegt nach Einschätzung vieler Astrophysiker im Urlaut. Dieses Klangereignis vor Milliarden Jahren versorgt immer noch alles mit Energie!

Wer erzählte das erste Epos von vielen tausend Seiten?

Die Lieder des alten Volkes sind von gigantischem Ausmaß. Ein einzelner Mensch kann oft mehrere hundert Lieder mit unzähligen Strophen wiedergeben, wobei jedes Wort von immenser Bedeutung ist und keine Fehler gemacht werden dürfen. Der Umfang dieser Lieder liegt sicher über dem der Bibel. Und jeder Aborigine hat ja seinen eigenen Zyklus.

Wer hat das System der Aborigines entwickelt? Wie kann ein Volk ohne Kommunikationstechnologie die detaillierte Landkarte eines Kontinents in Geschichten zeichnen? Wie viele Variationen der Weltsicht wurden auf breiter Basis getestet bis die Aborigines empfanden: Die Traumzeit ist es! Schon vor hunderttausend Jahren und mehr muss das Denken der Menschen extrem differenziert und bewusst gewesen sein. Wenn die Traumzeit von den ersten Menschen Australiens kommen soll und nicht von den Ahnen, dann wird der frühe Mensch in seinen geistigen und spirituellen Fähigkeiten von weiten Teilen der Forschung unterschätzt.

Wenn wir Eichendorffs Zauberwort finden würden, vielleicht könnten wir den *Big Bang*, den Ursound noch klingen hören, denn er ist die energetische Substanz, aus der alle Prozesse des uns bekannten Universums ihren „Saft" beziehen.

Die Traumzeit der Aborigines sagt nichts anderes in bildhafterer Sprache und ist ihre tägliche Realität: Schöpfung findet ohne Unterbrechung statt. Und wir erschaffen diese Welt weiter in allem, was wir denken und tun. Das ist keine Mythologie, sondern ein poetisches Bild für die aktuellsten physikalischen Theorien, die unsere westliche Kultur hervorbringt!

Du wirst in zahlreichen Bücher und in Magazinen und im Fernsehen sehr häufig auf die Aussage treffen: Die Traumzeit ist vorbei. Daran erkennst Du, dass die Autoren sich nicht mit indigenen Australiern unterhalten haben. Die Ureinwohner wissen alle: Die Traumzeit ist eine Parallelwelt zur der Unseren aus der ständig Schöpfung hervorgeht und die so lange fortbestehen kann, wie es Menschen gibt, die den Kontakt zu ihr aufrechterhalten.

1.7. Eine Traumzeitgeschichte

Der Beginn des Lebens. **Von Oodgeroo Noonuccal.**

In der Traumzeit lag die Erde in tiefem Schlaf. Nichts wuchs. Nichts bewegte sich. Alles war ruhig und still. Die Tiere, Vögel und Reptilien lagen unter der Erdkruste und schliefen.

Eines Tages erwachte die Regenbogenschlange aus ihrem Schlummer und bahnte sich einen Weg durch die Erdkruste, wobei sie die Steine beiseite schob, die ihr im Wege lagen.

Als sie sich durchgezwängt hatte, blickte sie um sich und zog in allen Richtungen durch das Land. Sie reiste weit und weiter, und wenn sie müde wurde, rollte sie sich zusammen und schlief. Sie hinterließ schlingernde Spuren auf der Erde und den Abdruck ihres schlafenden Körpers. Nachdem sie die ganze Erde bereist hatte, kehrte sie an ihren Ursprungsort zurück und rief den Fröschen zu: „Kommt heraus!"

Die Frösche brauchten lange, um unter der Erdkruste hervorzukommen, denn ihre Bäuche waren schwer vom Wasser, das sie während ihres Schlafes dort gelagert hatten. Die Regenbogenschlange kitzelte ihre Bäuche, und als die Frösche lachten, floss das Wasser über die Erde und füllte die Spuren auf, die die Regenbogenschlange auf ihrer Wanderung hinterlassen hatte - und so entstanden die Seen und die Flüsse.

Daraufhin wuchs das Gras, und Bäume sprossen hervor, und so begann das Leben auf der Erde.

Alle Tiere, Vögel und Reptilien erwachten und folgten der Regenbogenschlange, der Mutter des Lebens, durch das Land. Sie waren glücklich auf der Erde, und ein jedes lebte und jagte mit seinem eigenen Stamm. Die großen und kleinen Känguru- und Emustämme lebten in den Ebenen. Die Reptilien-Stämme lebten zwischen den Felsen und Steinen, und die Vogel-Stämme flogen durch die Lüfte und lebten in den Bäumen.

Die Regenbogenschlange erließ Gesetze, die alle befolgen sollten, aber einige waren streitsüchtig und wurden zu Unruhestiftern. Die Regenbogenschlange schimpfte mit ihnen und sagte: „Jene, die meine Gesetze achten, will ich großzügig belohnen. Ich werde ihnen einen menschlichen Körper geben. Sie, ihre Kinder und ihre Kindeskinder sollen diese Erde für immer bewohnen. Dies soll ihr Land sein. Jene aber, die meine Gesetze missachten, werde ich bestrafen. Sie werden zu Steinen werden und nie mehr über diese Erde wandern."

So wurden die Gesetzesbrecher in Steine verwandelt und erstarrten zu Bergen und Hügeln, um für ewige Zeiten über die Stämme zu wachen, die zu ihren Füßen jagten.

Aber denen, die ihre Gesetze achteten, schenkte sie einen menschlichen Körper und gab jedem von ihnen sein eigenes Totem: nämlich des Tieres, Vogels oder Reptils, von dem er abstammte. So erkannten sich die Stämme an ihre Totems: Känguru, Emu, Rautenschlange und viele, viele andere. Und damit niemand hungern musste, befahl sie, dass kein Mensch Tiere seines eigenen Totems essen dürfe, sondern nur solche von anderen Totems. Auf diese Weise gab es genug Nahrung für alle.

So lebten die Stämme miteinander in dem Land, das die Regenbogenschlange - Mutter allen Lebens – ihnen gegeben hatte, und sie wußten, dass es immer ihr Land sein würde und dass niemand es ihnen jemals wegnehmen sollte.

Abdruck mit freundlicher Genehmigung der Edition Isele.(23)

1.8. Verwobenheit des Lebens
und sein Ausdruck in der Sprache

Um Dir die Dimensionen indigener Weltsichten näher zu bringen, lade ich Dich zu einer Reise in die Welt der Sprachen ein. Ich habe mich einige Zeit mit indianischen, indigenen und alten Kulturen und ihren Sprachen beschäftigt und fand bei einigen australienerfahrenen Autoren die Bestätigung, dass die Sprache der Aborigines ähnlich strukturiert ist. Sprachen liefern eine Art DNS-Code der Weltsicht der Menschen, die sie sprechen.

Die Welt der Aborigines besteht aus einem für uns schwer durchschaubaren Geflecht von Beziehungen. Ein einzelner Mensch steht in Beziehung zu seiner Familie, seinem Clan, dem Land, auf dem er wandelt und allem, was ihn umgibt. Er befindet sich in Beziehung zu seiner Geschichte, zur Traumzeit, zu den Lebewesen, die das Land besiedeln, zu dem Wasser, das er trinkt und zu dem wärmenden Feuer in der Nacht.

In Beziehung stehen heißt auch: Was ich bin und wie ich denke, fühle und handle hat direkte und indirekte Rückwirkung auf die Familie, den Clan, das Land und die Geschichte, ja auch auf das Brot, das ich esse. Die Aborigines wissen, dass ihre Art die Welt zu sehen die Welt mit formt. Und die Art der Welt wiederum hat Rückwirkungen auf ihr Denken und Handeln. Nichts existiert getrennt vom anderen, alles hat prozesshaften Charakter.

Indigene Völker weltweit, so auch die Ureinwohner Australiens, wissen schon seit Jahrtausenden: Es gibt keine getrennt voneinander ablaufenden Prozesse. Physikalisch gesehen gibt es keinen Vorgang, der nicht auf das gesamte uns bekannte Universum Auswirkungen hat, keinen Prozess, der nicht mit der Gesamtheit des Seins in vielfältiger und nicht vorhersagbarer Verbindung steht.

In indigenen Sprachen findet sich dieses Bewusstsein der Zusammenhänge wieder. Sagt ein Ureinwohner ‘Brot’, so würde das Wort für ihn gleichzeitig ausdrücken: Das Brot war einst Getreide und Wasser. Getreide und Wasser kamen vom Land. Dieses Land wurde von den Ahnen geschaffen. Auch heißt ‘Brot’ zugleich: Es wird mich nähren, durch meine Verdauung gehen und wieder auf das Land fallen. Ein Zyklus fließt in meinen und verlässt ihn wieder, um sich mit anderen Zyklen zu treffen.

Es würde nicht heißen „Auf dem Stein liegt ein Brot". Das Brot befindet sich vielmehr in Beziehung zu dem Stein, zu der Luft, die es umgibt, zu mir, der ich das Brot sehe und vielleicht Hunger bekomme. Und das ganze wäre dann nicht in besitzanzeigender Form möglich, denn das Alte Volk kennt keine Wörter, die Besitz anzeigen. Es ist weniger „mein Brot", als „Brotich".

Das ist wohl kaum fehlende Komplexität in der Sprache, wie es viele Anthropologen lange glaubten.

Das Wort für „Brotich" ist ein ganz anderes Wort als für „Brotonkel". Das erste Brot ist vielleicht gleich Verdauung, denn ich habe Hunger, das zweite Brot mag vertrocknen, denn der Onkel mag gar kein Brot. Zwei völlig verschiedene Brote im Grunde. In unserem Kultur-greis sehen wir aber das Brot abstrahiert, das heißt ohne Bezug auf das, was es einst war und was es wird durch mich oder meinen Onkel. Das ist vereinfachend, es erlaubt uns wissenschaftlich zu denken. Real ist es nur aus einem eigenen Blickwinkel.

Vielleicht denkt er auch daran, ein Brot selbst zu backen. Dann heißt Brot für ihn auch: Das Gefühl des Teiges an den Fingern und der Duft der Hefe. Oder er denkt an ein Weizenfeld, auf dem sich Kornblumen und Klatschmohn blau und rot in der Sommersonne wiegen und so ist Brot für ihn auch: Schönheit an einem warmen Sommertag.

Klatschmohn und Hefeduft sind also miteinander verwoben. Aber wir hätten das beinahe vergessen, haben es schon aus unserer Sprache verbannt.

Ein Sprachwissenschaftler sagte mir, in unserer Geschichte habe es lange eine andere Sprache gegeben. Bei den Germanen noch lag das Boot nicht einfach am Ufer. Es fand sich in Beziehung zum Fluss und zum Ufer und zu mir.

Hier heißt es nicht „ich denke an meinen Onkel", sondern „Onkeldenkenich". Der Onkel ist genauso wenig vom Denken getrennt wie ich. Wenn ich an meinen Onkel denke ist das ein dynamischer Prozess der auf mich, das Denken und meinen Onkel Wirkungen hat.

Es gibt bei den Aborigines auch keine Wörter für den Verlauf der Zeit, wie wir sie kennen. Zeit vergeht nicht. Zeit ist ein geistiger Prozess, der Übergang von einem subjektiven Zustand in eine gegenständliche Form. Oder: Die Bewegung des bewussten Denkens vom Traum zu einer materiellen Wirklichkeit. Auch diese Wahrnehmung deckt sich übrigens mit dem Wissen vieler Schamanen in aller Welt und mag als

Hinweis auf die schamanische Realität der Traumzeit gelten. Zeit ist für das Alte Volk eine innere Entwicklung, die äußerlich sichtbar wird.

Bevor ich diese Worte niederschreibe, muss ich sie denken (oder träumen). Bevor du sie lesen kannst, muss die Druckerin sie drucken. Sie druckt aber nie, ohne diesen Prozess vorher zu denken. Und bevor du liest, musst du sie auch lesen wollen, was ja ebenfalls gedacht wird. Zeit heißt Geistiges in die Tat umsetzen. Und schon verwebt sich der Begriff, denn wenn ich jemandem Böses tue, ist eine ganz andere Zeit Wirklichkeit geworden, als wenn ich ihm voller Freude Didgeridoos vorspiele. Zeit ist also auch immer subjektiv.

Ebenso fehlt die Vorstellung für den Raum, wie wir ihn kennen, bei den alten Australiern. Raum ist für sie keine Entfernung. Es ist keine Trennung zwischen mir und dem Brot oder mir und dem Onkel.

Das Brot und ich und mein Onkel, wir sind Bewusstsein, wir sind materielle Wirklichkeit. Der unsichtbare Raum dazwischen ist so etwas wie das Unbewusste.

Unsere Sprache ist geprägt von der Überzeugung, dass es eine Trennung der Objekte voneinander und vom Subjekt, also uns, den Betrachten des Objektes, durch einen leeren Raum gibt. Die Sprachen der meisten Ureinwohner kann diese Vorstellung nicht realisieren. Sie ist damit psychisch und physisch entschieden genauer als unsere Sprache. Weil wir etwas nicht sehen, haben wir es aus der Sprache und dem Denken verbannt. Wie sind auch ein Seh- und weniger ein Hör-Kultur.

Kategorisierungen kommen in den Sprachen vieler Ureinwohner nicht vor. Wir sagen „Baum“ zu allem was einen Stamm, Äste, Wurzeln und Blätter oder Nadeln hat. Dann hauen wir ihn um, egal wie alt oder wie schön er ist oder wo er steht. Indigene kennen Bäume oft nicht. Sie wissen aber von Birken, Eichen, Ahorn oder, um in Australien zu bleiben: Eukalyptus.

Der Eukalyptus ist nicht wie die Eiche. Er hat eine ganz andere Beziehung zu allem was ihn umgibt. Auch zu mir, der ich ihn sehe.

Der Begriff „Baum“ ist eine Abstraktion in der Sprache und damit im Denken. Wenn ich aber Eiche sage, dann denke ich an ihr Wesen und das ist ganz anders als das der Birke. Wer das für Blödsinn hält, der sollte sich an einem lauen Sommertag mit geschlossenen Augen eine Stunde unter eine große alte Eiche setzen und lauschen. Anschließend geht er unter eine große Birke und sitzt auch dort eine Stunde, ohne zu schauen, nur mit dem Hören beschäftigt.

Was hörst Du? Bäume? Oder zwei Arten mit dem Wind zu reden? Zwei Arten zu leben?

Probier es mal, es ist so eine schöne Übung. Es könnte Dir „die Bäume" nehmen. Und ich bin sicher, Du bekommst Eichen und Birken geschenkt.

Die Sprachen von Ureinwohnern gehen jedoch noch viel tiefer. Die Birke, deren Blätter ausschlagen, heißt nämlich anders, als die Birke, die gerade blüht. Die alte große Birke heißt anders als die junge kleine Birke. Eine zehn Jahre alte Eiche ist etwas ganz anderes als eine tausendjährige Eiche. Beide nennen wir aber Eiche. Wir brauchen eine Vielzahl von Worten, um so eine alte Eiche zu beschreiben. Die tiefe und knorrige Rinde, ihre weit ausladenden Äste, die vielen Verwinklungen ihrer Zweige, ihr gigantisches Blattwerk. Die vielen Vögel und Insekten, die hier zwitschern, rumsurren und krabbeln. Bei den Aborigines, den Indianern, ja bei den alten Kelten hieß diese Eiche einfach anders als der junge Stamm mit zehn Äschen. Jedes Wort gab eine andere Persönlich-weit wieder.

Es ist auch nicht immer nur eine Wandlung des Wortes, zum Beispiel. Bürka statt Birke. Die Alte unterscheidet sich im Wort von der Jungen wie die Birke von der Eiche.

Spiegeln solche Sprachen nicht enormen geistigen Reichtum?

Differenziertheit der Weltwahrnehmung ist den meisten indigenen Völkern zu Eigen und oft nicht nur als spirituelle Einstellung, sondern praktisch: Die Eskimos kennen über sechzig Wörter für Schnee. Das ist wichtig für ihr Überleben. Bei Stämmen in Südamerika fanden sich über dreihundert Wörter für verschiedene Grüntöne. Das ist sinnvoll, wenn man im Dschungel lebt.

Ein Sommerbaum heißt anders als der Herbstbaum, weil er Früchte trägt und zugleich „Duft, Bienen, Früchte ernten, satt sein" bedeutet. Wie sinnvoll.

Das alles hat nichts damit zu tun, dass unsere Sprache nicht ebenfalls ein fantastisches Abenteuer wäre. Sie gibt die für unser bisheriges Leben nötigen Zusammenhänge wieder. Wir haben sehr differenzierte Ausdrücke für die Benutzung technischer Geräte wie der Computer. Das Bankenwesen hat ein ganz eigene Sprache geschaffen und jede Wissenschaft für sich. Erst das machte unsere intellektuellen und technischen Errungenschaften, so zum Beispiel in der Medizin, möglich.

Heute erkennen viele Menschen, dass wir viele komplexe und verwobene Prozesse völlig aus dem Blick verloren haben, während wir uns so sehr auf Details konzentrierten. Das beschert uns Umweltkatastrophen, Medikamentenmissbrauch und soziale Probleme. Wir haben über das Trennen der Welt unsere Sicht für das Ganze verloren. Früher war das wichtig, doch jetzt müssen wir von den Menschen alter Völker lernen, das Ganze wieder in den Blick zu bekommen. Oder in das Gehör.

Die Sprache vieler indigener Völker gibt uns einen Eindruck der Verbundenheit alles Seienden mit dem Leben des Einzelnen.

Die Änderung des Namens kommt nicht nur bei einer Eiche vor. Auch das Kind hat einen anderen Namen, als der Initiierte, und hier heißt der junge Mann anders als der weise Greis. Ein spielendes Mädchen ist ein ganz anderer Mensch als sie es in vierzig Jahren sein wird, wo sie womöglich einige Kinder bekommen und viele Dinge erlebt und gelernt hat. Im Grunde schlüssig, dann auch den Namen zu wechseln.

Ein Aborigine hat ein persönliches Totem. Vielleicht das des Emus. Stirbt ein Aborigine, so darf sein Name geraume Zeit nicht mehr benutzt werden. Der Name des Verstorbenen wird tabu. Gleichzeitig muss ein neuer Name für das Emu gefunden werden. Die Emus sind nun andere als zu der Zeit, da sie das Totem des verstorbenen Menschen waren.

Ich finde das ist eine wunderschöne Vorstellung: Nach meinem Ableben kommen alle Freunde und Verwandten zusammen und suchen ein neues Wort für einen Teil ihres Lebens. Sie gestalten ihre Sprache um, variieren und bereichern sie, weil etwas sich verändert hat in ihrer Welt. Ich empfinde das als Poesie.

Jede Eigenschaft hat auch eine spirituelle Komponente für die Aborigines. Es gibt keinen Vorgang in der materiellen Wirklichkeit, der nicht gleichzeitig auch spirituelle Aspekte darstellt oder ausdrückt. Auch das steckt in der Sprache alter Völker. Das Leben verwoben zu sehen und sich bewusst zu sein, dass menschlicher Geist nicht ausreicht, die Komplexität dieser Verwobenheit jemals zu überschauen.

Wenn ich zugebe, dass ich Wahrheit nie erkennen kann, da sie auch im kleinsten Phänomen mehr Aspekte enthält, als ich erfassen kann, dann gehe ich wahrscheinlich sorgsam und respektvoll mit der Welt um.

Würden die Weißen einsehen, dass sie das Prinzip Leben und das Prinzip Schöpfung nicht ganz durchschauen, sie würden vielleicht die

Wälder am Amazonas nicht abholzen und sie würden sich hüten, Menschen anderer Kultur oder Hautfarbe in Konzentrationslager zu sperren oder ihre Hoden als Tabakbeutel zu verwenden. Genauso wenig würden sie Schlachthäuser haben und Millionen Hühner in einer Halle. Die Skandale aus der jüngeren Vergangenheit rund um den Komplex Tierherstellungs-, und Verwertungsindustrie mit ihren Auswüchsen BSE, Gift und Seuchen zeigen, wie sehr weit wir uns vom ganzheitlichen Denken und Fühlen entfernt haben. Inzwischen befürchtet die Forschung Hühnerviren, die sich mit menschlichen Grippenviren kreuzen und mal eben eine Pandemie über die Welt bringen könnten. Schöne neue Welt!

Würden wir Minen bauen, wenn uns unsere Sprache ständig erinnern würde, dass Mine bedeutet: Zerfetzte Leiber, verstümmelte Kinder, unglückliche Menschen?

Was für einen Sinn macht es, Authentizität damit zu beweisen, dass ich schon einige Wochen bei den Aborigines gelebt habe? Wenn ich innerhalb meiner Sprache, meines Denksystems bleibe, kann ich wenig wirklich Wahres berichten.

Habe ich aber mein Leben dort verbracht und die Sprache gelernt und bin mit allen Rechten und Pflichten versehen worden, wäre ich noch in der Lage, Dir von dieser Welt zu erzählen? In unserer Sprache?

Ich glaube Authentizität ist eine Lüge der „Experten". Authentisch kann nur sein, was ich direkt erlebe. Und auch nur für mich. Deshalb habe ich hier nicht einzelne Wörter erklärt. Ich habe versucht, den Unterschied in unseren Sprachen schemenhaft und symbolisch darzustellen. Die Wirklichkeit ist viel differenzierter.

Es ist eine Frage von Achtung und Respekt, einzusehen, dass es strukturelle und spirituelle Unterschiede in unseren Sprachen und damit Weltwahrnehmungen gibt. Und das bedeutet, wie so oft in diesem Buch: Es gibt nicht eine Wahrheit. Es gibt so viele, wie es Menschen gibt.

Vor der Ankunft der Weißen gab es über dreihundert verschiedene Sprachen in Australien, fünf- bis sechshundert verschiedene Dialekte. Es wäre nicht klug anzunehmen, dass hier dargestellte gelte überall für alle Aborigines. Heute sprechen noch weniger als zehn Prozent der Uraustralier ihre indigenen Sprachen.

"Wenn alles mit allem verbunden ist - wie dürfen wir dann jemals hoffen, irgend etwas zu verstehen? Da alle Naturphänomene letztendlich miteinander verbunden sind, müssen wir, um irgendeines zu erklären, alle anderen verstehen, was offenkundig unmöglich ist."

Fritjof Capra, Lebensnetz (7)

1.9. Eine neue Sicht

Dies ist ein Buch über ein Instrument, was hat Politik hier zu suchen? In den vergangenen Jahren ist gerade dieses Kapitel das am häufigsten kritisierte des Buches gewesen. Doch die Kritik war immer bedeutend diffuser und wütender als die polemischsten Absätze in meinem Werk. In der neuesten Veröffentlichung *Das Didgeridoo-Phänomen* gehe ich tiefer darauf ein, dass ein guter Teil der weltweiten Didgeridoo-Bewegung „Ethik, Moral und Engagement" auf seine Fahnen schreibt. Doch jene, die am lautesten schreien, sind oft am meisten hinter dem Geld her, sind am skrupellosesten in der bösen Nachrede und ihr Neid gegenüber denen, die ihre Träume zu leben wagen, färbt ihre Gesichter grün. Vergiss nie, 99% der Menschen, die Dich über Australien und Didgeridoos informieren, verdienen ihr Geld mit eben diesen Themen. Es gibt faktisch keine objektiven Menschen innerhalb der Didgeridoobewegung, ich bin es selbstverständlich auch nicht.

Ich kann Dir nur empfehlen, Deinem Herzen zu trauen. Das ist der einzige Ort, an dem keiner vor hat, Dich zu täuschen.

Ein kluger Mensch sagte einmal, wer schweigt, macht sich mit schuldig. Und ein anderer kluger Mensch meinte, man könne nicht unpolitisch sein. Wenn man nicht politisch ist, unterstützt man immer die, welche an der Macht sind. Und das ist sehr wohl eine politische Haltung.

Ein Lehrbuch zum Thema Didgeridoo kann nicht unpolitisch sein. Wenn es sich der Illusion der Neutralität hingäbe, wäre es ohne Seele geschrieben. Es gibt dererlei Bücher schon reichlich. Wem helfen technische Details schon, sich menschlich zu entwickeln?

Die meisten indigenen Völker der Erde sind bedroht oder bereits ausgerottet. Das ist kein Ergebnis vergangener Prozesse. Die Ausrottung geht aktiv und in einem Höllentempo weiter.

Wir sind alle für eine gerechte Behandlung des Alten Volkes, wir alle wollen die Erde schützen. Aber reicht es, eine Meinung zu haben?

Fritjof Capra betont in seinem Werk, die globale Krise sei eine Krise unserer Wahrnehmung der Wirklichkeit. Und er bietet eine neue Sicht der Welt auf der Grundlage der Neuen Physik.

Joachim-Ernst Berendt hebt in seiner Arbeit hervor, die globale Krise werde kein Ende finden, wenn wir uns weiterhin so sehr auf unsere Augen verlassen, anstatt unseren Ohren zu trauen.

Wir müssen unsere Wahrnehmung verändern oder die Menschheit wird scheitern.

Nicht der Nachbar muss sich ändern, nicht die Politiker oder irgendwelche Wirtschaftsbosse. Wir müssen uns ändern. Du und ich.

Das der einzelne nichts tun kann, ist eine Lüge der Mächtigen und sie ist bequem für die Unzufriedenen, wenn sie nicht wagen wollen, sich zu engagieren. Wenn sich jeder nur ein bisschen ändert, wird am Ende eine Menge anders sein.

Vertrauen wir unseren Gefühlen und nicht den Worten von Wissenschaft, Politik oder Kirche.

Fangen wir an, unsere eigenen Gedanken zu denken. Gehen wir abseits ausgetretener Pfade. Finden wir unseren Stil.

Das Didgeridoo kann hier ein mächtiger Weggefährte werden.
Du wirst es bald erleben, wenn Du bereit bist, los zu gehen …

2

Das Didgeridoo und sein Weg in die moderne Musikkultur

2.1. Das Didgeridoo:
Namen, Meinungen, Instrumente

Der in den deutschsprachigen Ländern am häufigsten benutzte Name für das in diesem Buch beschriebene Holzblasinstrument ist eindeutig *Didgeridoo* (sprich: Dittschjärriduh), abgekürzt „Didge". In vielen englischsprachigen Ländern findet man zudem die Schreibweise *Didjeridu*, kurz Didj, noch recht häufig.

Didjeridu gilt manchen als die „korrekte" Schreibweise, da es die Schreibweise der ersten wissenschaftlichen Erwähnungen war. Doch die Wirklichkeit gesprochener Sprachen orientiert sich nicht an wissenschaftlichen Ideen sondern am „Straßen- und inzwischen Datenstraßenjargon" und so kann man heute ohne weiteres sagen, das die Schreibweise *Didgeridoo* sich weltweit klar durchgesetzt hat.

Der Name *Didgeridoo* ist lautmalerisch entstanden, es handelt sich um ein „Comic-Wort". Wahrscheinlich empfanden die weißen Namensgeber bei der Suche nach einer Bezeichnung für das ihnen unbekannte Instrument einen Rhythmuslaut mit der Stimme nach.

Heute bezeichnet man so ziemlich alle Instrumente nicht nach der Form oder dem Material als Didgeridoo, sondern nach der Art des Anspiels. Wird mit schwirrenden Lippen auf einem Hohlraum der charakteristische Grundton erzeugt, spricht inzwischen jedes Kind, auch wenn es sich um ein Plastik- Keramik- oder Betonrohr handelt, genauso von einem Didgeridoo wie bei einem Originalinstrument aus Australien.

In den Kulturen der Ureinwohner Australiens gibt es wohl über vierzig Namen für das „Didgeridoo".

Ein von vielen Aborigines benutzter Name ist *Yedaki*. Weitere Namen sind *Morlo, Mudburuja, Ngorla, Yili-Yiki, Ulpirra, Ilpirra, Uluburu, Ihambilgbilg, Kanbi, Ganbi, Ganbag, Djalupi, Djalupun, Gunbark, Mako, Larwah, Djungirinny*. Der Tiwi-Stamm nennt es *Aritjuda*. Die Lardil sagen *Gurrmurr*. Das Volk der Nunggubuyu sagt *Ihambilgbilg*. Die Benutzung dieser Wörter durch nichtindigene Spieler ist umstritten. Die Sprache der Aborigines widersetzt sich Klassifizierungen und Einordnungen, wie sie bei uns üblich sind und kaum ein Balanda (so nennen die indigenen Australier die Weißen gerne) weiß, was die Worte genau bedeuten.

Fachlich versiertere Spieler nutzen gerne das Wort *Yedaki* in deutscher Sprechweise, um auf den Ursprung des Instrumentes im Norden Australiens hinzuweisen (oder um sich durch Nutzung eines vermeintlichen Fachjargons von "Nichteingeweihten" abzuheben).

In *Das Didgeridoo-Phänomen* schreibt Djalu Gurruwiwi, Senior Elder und Hüter des Didgeridoo, *Yiḏaki* und gesprochen wird es in etwa wie 'Yirlhdaki' mit nach hinten oben gebogener Zunge.

Bei dem einen Clan leitet sich das Wort für das Didgeridoo vom Wort für *Emu-Hals* ab. In einer anderen Region gibt es keine Emus, hier steht es schlicht für 'Hals'.

Häufig besteht ein symbolischer Zusammenhang zur Gestalt der Regenbogenschlange, einer zentralen Ahnenfigur der australischen Traumzeit.

Ganbag mag bei einem Stamm wohl Didgeridoo heißen; keine fünfhundert Kilometer weiter sagen die Menschen aber zu den Klanghölzern, die als Rhythmusstöcke benutzt werden *Kanbag*. Das zwei so verschiedene Dinge nahezu gleiche Namen haben mag für uns verwunderlich erscheinen, hat jedoch tiefe Logik und spiegelt das komplexe und ganzheitliche Weltbild dieses Volkes.

Ich benutze das Wort Didgeridoo. Das klingt weich, rund und melodisch. Jeder weiß, was gemeint ist. Ich finde, es passt zum Instrument.

Über das Didgeridoo gibt es kaum seriöse Literaturquellen. Mythen, Ideen, Meinungen und Theorien rund um das australische Instrument sind immer noch sehr präsent. Der allgemeine Bildungsstand zum Thema Didgeridoo hat sich - nicht zuletzt durch das Engagement vieler westlicher, östlicher und indigener Didgeridoo-Lehrer, die Bücher des Traumzeit-Verlages wie auch durch zahllose informativ gemachte Internetseiten - in den letzten fünf Jahren entschieden verbessert. In der öffentlichen Diskussion bestimmen aber nach wie vor Emotionen, Meinungen und monetäre Interessen den Informationsaustausch mit.

Einige dieser Meinungen werden von in der Einleitung beschriebenen Experten vorgetragen, andere von versierten "Forschern" und viele von Aborigines verschiedener Clans. Eines haben diese Meinungen gemeinsam: Sie sind verschieden.

Meinem Wissen nach gibt es keine hundertprozentige Klarheit über irgendeine Frage in Sachen Didgeridoo. Oft nährt eine Quelle hundert Multiplikatoren und eine Halbwahrheit oder gar Lüge sitzt so fest im Sattel.

Es gibt also ganz verschiedene, sich zum Teil widersprechende Informationen rund ums Didgeridoo. Welche die richtigen sind, kann ich nicht immer beurteilen. Das mag jeder für sich selbst tun. Ich habe hier mein Wissen und meine Erfahrung kombiniert mit dem von vielen anderen Menschen. Möge es Dich inspirieren, Deinen eigenen Weg zu finden und diesen nie als eine universelle Wahrheit in die Welt zu posaunen.

Das Didgeridoo ist ein so genanntes Windinstrument. Es gehört zur Gruppe der Aerophone und ist im traditionellen Sinne ein von Termiten ausgehöhlter und von Menschen mehr oder weniger nachbearbeiteter Baumstamm. Es wird mittels einer speziellen Anblastechnik gespielt. Didgeridoos zeichnen sich durch einen obertonreichen Klang aus und werden in einer Atemtechnik, der Zirkularatmung (auch Zirkulier-, Zirkulär-, Kreis- oder Permanentatmung) geblasen, die es einem geübten Spieler ermöglicht, ohne Unterlass und ohne dass der Ton abbricht zu spielen.

Da es kein im herkömmlichen Sinne „hergestelltes“ Instrument ist, sondern eher „wächst“, klingt kein Didgeridoo absolut identisch. Zwar kommen Übereinstimmungen bei einzelnen Tönen zweier Didgeridoos vor, doch reagiert jedes Instrument auf den gleichen Spielimpuls mit einem unterschiedlichen Sound. Wie kein Fingerabdruck dem anderen gleicht, sind Millionen Didgeridoos absolut einzigartig.

Seit einigen Jahren werden in Europa, Amerika und Australien auch Didgeridoos aus anderen Materialien hergestellt. Einige dieser von Hand oder Maschine gefertigten Instrumente können nahezu hundertprozentig in Klang und Anspielverhalten übereinstimmen.

Wenn Du Dir ein australisches Didgeridoo aus Eukalyptusholz zugelegt hast, dann besitzt Du ein einmaliges und individuelles Geschenk der Natur. So, wie Du Dir Deine eigene Meinung bilden solltest, kann dieses Instrument Dich lehren, Deinen eigenen Weg der Musik und des Atmens zu finden.

2.2 Das Alter des Didgeridoo

Es gibt keine verlässlichen Angaben darüber, wie alt das Didgeridoo genau ist. Obwohl die Mythenbildung gerne den „Esoterikern" zugeschrieben wird, sind es wohl mehr die knallharten Händler, die nach wie vor die Legende vom ältesten Instrument der Menschheit aufrecht erhalten und sich mit diesem „Mystik"-Effekt das ehrfürchtige Erbeben der dann zahlenden Kundschaft sichern.

Die ältesten Artefakte, die auf die Gegenwart des Didgeridoo in Australien hinweisen, sollen, nach naturwissenschaftlicher Methode gemessen, ein Alter von ungefähr 1000 bis 2000 Jahren haben.

Es handelt sich hierbei um ganze sechs Höllenzeichnungen in der Region um Maningrida. Von sechs datierten Fakten abzuleiten, das Didgeridoo sei nicht älter als zweitausend Jahre, wäre nicht ganz korrekt. Wenn Leonardo da Vinci seine legendär lächelnde Mona Lisa 1503 bis 1506 gemalt hat, wäre das der Beleg, das erst seit diesem Zeitpunkt Frauen auf so süffisante Weise lächelten? Sonst hätte es ja schon vorher jemand so gemalt.

Wir wissen also: Das Didgeridoo ist mindestens zweitausend Jahre alt, könnte aber bedeutend älter sein, denn ein Künstler malt oft Sachen, die Jahrtausende vor ihm keiner gemalt hat. Doch die diversen Quellen, die dem Didgeridoo ein Alter von vierzig- und sechzigtausend Jahren zuweisen wollen, erbringen allesamt nicht den geringsten Beweis, mit dem sich dieses Alter belegen ließe.

Etwas anderes ist es natürlich, wenn wir einen indigenen Australier über das Alter des Didgeridoo befragen. Die Überlieferungen dieser Menschen kennen keine Kalender wie die unseren. Für ihre Wahrnehmung ist Geschichte auch immer eine Art Evolution des spirituellen Kontinuums aus dem sie entsprungen sind. Und aus eben diesem zeitlosen Raum jenseits materieller Definitionen haben sie, hat die gesamte Menschheit, auch das Didgeridoo erhalten. Dieses raumzeitlose Kontinuum ist schon da gewesen, lange bevor wir Menschen kamen. Und von dort kam auch das Didgeridoo.

Das heißt: Das Didgeridoo ist *bedeutend* alt.

2.3. Verbreitung in Australien

Heute kommt das Didgeridoo überall in Australien vor, es ist geradezu ein Symbol für die Aboriginal-Kultur geworden. Da man sich zu Zeiten der Invasion mehr mit der Vernichtung der Aborigines denn mit ihrer Kultur beschäftigt hat, gibt es keine wirklich verlässlichen Aufzeichnungen zum Thema 'Verbreitung in Australien'. Viele Aboriginal-Clans wurden innerhalb weniger Jahre nach Ankunft der Weißen ausgerottet. Wer mag beurteilen, ob sie Didgeridoos hatten oder nicht?

Es gibt jedoch unter den meisten Ureinwohnern einen breiten Konsens darüber, dass Didgeridoos hauptsächlich im Northern Territory, in der Gegend der Kimberleys, des Arnhemlandes und östlich davon gespielt wurden. Die nordaustralischen Aborigines weniger Clans gelten in der öffentlichen Wahrnehmung auch des Westens ganz klar als 'Die Hüter des Didgeridoo'.

Da sich die Aborigines seit Menschengedenken auf langen Wanderungen, den Walkabouts, die Traumpfade entlang durch das Land bewegten, ist es sehr wahrscheinlich, dass Didgeridoos auch früher schon außerhalb der Clangebiete Nordaustraliens zumindest bekannt waren.

Sicher gab und gibt es regionale Unterschiede, welche Art Didgeridoos bei den verschiedenen Clans verwendet und wie sie gespielt wurden. Doch bei einst über fünfhundert Clans, von denen viele schon lange vernichtet sind, können Nachforschungen nur bedingt exakte Daten hervorbrin-

Australien:
Grün die Region, in der das Didgeridoo vermutlich seinen Ursprung hat oder zumindest vornehmlich gespielt wurde.

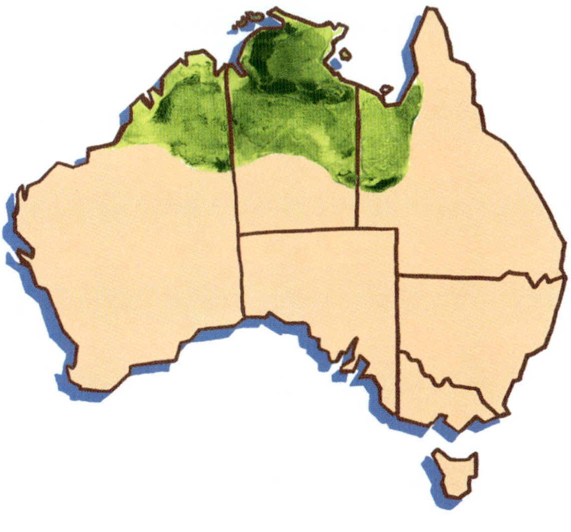

gen. Eine wirklich überzeugende historische Dokumentation des indigenen Australiens vor der Invasion wird es wohl nie geben.

Es heißt, im Arnhemland wird eine konische Didgeridoo-Form bevorzugt. Bei einem anderen Clan sollen alle Instrumente über einem Meter Länge nicht mehr als Didgeridoo gelten.

Forscher trafen zur Jahrhundertwende in Zentral-, West- und Südaustralien Clans, die auf 'Holz- und bambusartigen Trompeten' spielten. Wenn dort seit hundert Jahren Didgeridoos gespielt werden, dann würde ich aus unserer kurzlebigen Sicht der Dinge schon sagen, dass es sich um eine Tradition handelt. Nur eben weniger alt als in Nordaustralien. Trotzdem sollten wir jedem spielendem Aborigine, ja jedem spielenden Menschen, Respekt zollen. Ich finde die Tatsache akzeptabel, dass ein indigener Australier innerhalb seiner spirituellen Welt in Bezug auf das Didgeridoo ranghöher ist als wir. Egal wie schlecht er spielt oder ob er besonderes Wissen über das Didgeridoo besitzt. Wir respektieren ja auch die alten Menschen in unseren Familien, obwohl die nicht selten keine Ahnung davon haben, was die jungen Menschen heute so bewegt.

2.4. Verwendung im kulturellen Kontext

Wie, wann und wo das Didgeridoo im kulturellen Kontext verwendet wurde und wird bleibt unklar, da sich die Aborigines diesbezüglich sehr bedeckt halten. Klar ist nur: Verschiedene Clans setzen es verschieden ein.

Gebräuchlich ist es zum Beispiel als Begleit- und Rhythmusinstrument bei einigen Corroborees (Zusammenkünften mit tänzerischem und/oder musikalischen Hintergrund). Hier spielt immer nur ein Didgeridoo-Spieler zusammen mit einem oder mehreren „Songmen" oder „Songwomen". Der Sänger gibt häufig den Rhythmus mit den Klanghölzern. Manchmal schnippt der Didgeridoo-Spieler den Grundrhythmus mit dem Fingernagel am Didgeridoo oder schlägt in mit einem Holz an.

Weitere „Musiker" stampfen Rhythmen mit den Beinen oder machen „Bodyperkussion", das heißt sie schlagen Rhythmen mit den Händen auf den eigenen Bäuchen oder Oberschenkeln.

Die Verwendung des Didgeridoos im traditionellen Sinne ist immer spirituell. Da das gesamte Leben und jedes Tun und Wirken des Alten Volkes von Spiritualität durchdrungen ist, geht dies gar nicht anders.

Manch einer fragt sich auf einem Konzert auf dem Aborigines Didgeridoo spielen vielleicht. „Was ist daran spirituell? Die trinken oft Bier, machen ihre Witze und sehen gar nicht erleuchtet aus."

Meinem Wissen nach ernährt ein Mann, der im Westen mit seiner Spielkunst unterwegs ist, viele, oft Dutzende seiner Angehörigen in Australien und nimmt dafür Fremde und Entfremdung auf sich. Ich erkenne darin sehr viel „Spirit". Davon mal abgesehen ist es völlig ohne Belang, was wir im Verhalten der Ureinwohner zu erkennen oder zu verstehen glauben, wichtig scheint mir, zu akzeptieren, das wir nicht unbedingt wahrnehmen können, wie indigene Australier ihr Didgeridoo fühlen, denken und spielen. Genauso können sich ja viele Aborigines gar keinen Reim daraus machen, was bei uns im Westen mit dem Didgeridoo so alles angestellt wird.

Ein erwachsener Mann spielt das Didgeridoo nie nur zum Spaß. Kinder und Jugendliche kennen zwar *fun songs*, die sie spielen während sie das Didgen erlernen, aber spätestens nach der Initiation sind die *fun songs* ein Einspielen der erwachsenen Männer für folgende Zeremonien.

Das Didgeridoo wird, neben den Corroborees auch bei wichtigen Ereignissen wie der Beschneidung der jungen Männer oder bei Begräbnissen von einigen Clans eingesetzt. Es ist ein in jeder Hinsicht sakraler Gegenstand in einer spirituellen Welt. Und natürlich ist es als solches auch: ganz einfach ein Instrument.

Sehr häufig wird es in seiner Symbolik der Ahnenfigur der Regenbogenschlange zugeordnet und ist mal männlich in seiner äußeren phallischen Form, mal weiblich in seiner inneren aufnehmenden, vaginalen Form. Die Symbolik variiert von Clan zu Clan jedoch erheblich, eine feste Zuordnung gibt es nicht.

Die Didgeridoos werden häufig nicht aufbewahrt, sondern nur für einen Anlass gesucht beziehungsweise gefertigt und nach der Verwendung wieder an den Ort zurückgelegt, von dem es genommen wurde. Oft erhält es eine dem Anlass entsprechende Bemalung, die nur initiierte Mitglieder der Gruppe zu sehen bekommen. Die Farben werden nach dem Gebrauch wieder abgewaschen. Andere Aborigines behalten ihr

Didgeridoo ein Leben lang und geben es an ihre Nachkommen weiter.
Es soll auch Zeremonialdidgeridoos geben, die an geschützten Stellen aufbewahrt werden, um sie bei gegebenen Anlässen wiederholt zu benutzen. Das sind wahrscheinlich Didgeridoos mit besonderer Länge (ab ungefähr zwei Meter) und/oder besonderem Klang.

Befragt man ältere Aborigines zu den Themen „Heilen mit dem Didgeridoo" oder „schamanische Einsatzgebiete", so schweigen sie oder verneinen so einstimmig wie in kaum einer anderen Frage, die ihre Kultur betrifft. Die Ureinwohner Australiens und die bekannteren Würdenträger und Hüter des Didgeridoo bitten ausdrücklich darum, dass Erfahrungen, die wir hier im Westen mit unseren Didgeridoos machen, nicht zwanghaft mit dem Gebrauch der Didgeridoos im traditionell indigenen Kontext assoziiert wird. Es erschwert den interkulturellen Austausch sehr, wenn einige wenige westliche Spieler ihre persönlichen psychischen und spirituellen Erfahrungen gleichsetzen mit der Erfahrung und Nutzung des Didgeridoo durch die Ureinwohner.

Inzwischen steht aufgrund mannigfaltiger Spiel- und Wahrnehmungserfahrungen abertausender westlicher Spieler, durch die erfolgreiche Verwendung des Didgeridoo in therapeutischen und neoschamanischem Kontext sowie durch erste wissenschaftliche Untersuchungen (siehe Kap. 2.15) fest, dass Didgeridoos weit mehr als „nur Musik" produzieren. Doch diese Tatsachen weltweiter Erfahrungen stehen nicht in einem linear-kausalen Zusammenhang mit der Verwendung durch die Aborigines. Es ist allein das Ergebnis unserer Wahrnehmungen und Forschungen.

Wenn wir die Wünsche der indigenen Australier respektieren, können wir im Westen ganz unbefangen eigene Erfahrungen sammeln.

Traditionelle Spielweisen

Neben den oft temporeichen Rhythmen, welche die Aborigines bei den Ritualen und Corroborees spielen, setzen sie häufig die Stimme ein, um Tierlaute und Natursounds zu imitieren. Hierbei erreichen sie eine Qualität, die ihresgleichen sucht. Es ist wahrscheinlich auch falsch, von „imitieren" zu reden. Der Spieler versucht sich vielmehr in die Tiefe des Klanges zu versenken und sich in das Wesen des Tieres oder der Natur einzufühlen. Dabei gerät der Spieler in einen Zustand tiefster Empathie, er wird Eins mit dem Wesen, seinem Klang und dem Klang des Didgeridoos. Ein solches Spiel verändert ohne Frage massiv den Bewusstseinszustand des Spielers. Auch wird die Stimme eingesetzt, um Sprache in vielschichtiger Weise in den Didgeridoo-Sound einzubinden.

In den letzten Jahren öffnen sich viele Aboriginal-Clans zunehmend gegenüber den wissbegierigen Spielern nichtindigener Kulturen. Das Engagement indigener Gruppen wie der *White Cookatoo Group* rund um den legendären und inzwischen dahingegangenen Altmeister David Blanasi, die jüngsten Aktivitäten der Familie Gurruwiwi, der Yothu Yindi Foundation und des alljährlich stattfindenden Garma-Festivals hilft interessierten Menschen, traditionelle Spielstile zu erlernen. Diese Stile klingen für die Ohren ungeübter Hörer und Spieler anfangs oft etwas einsilbig, abgehackt oder gar verworren. Nach einer Weile des Lauschens und Lernens wird einem jedoch bewusst, das es sich um raffinierte und vielschichtige Rhythmen, Rhythmusstrukturen und Konzeptvorträge handelt, in denen sich die meist recht kurzen einzelnen Songs zu ganzen Epen verbinden. Die meistens Didgeridoo-Lieder der Altmeister wie Djalu Gurruwiwi oder einst David Blanasi klingen, selbst von den Spieler der westlichen Profigilde nachgemacht, eher wie das radebrechende Lallen kleiner Kinder im Vergleich zum Vortrag großer Poeten.

2.5. Frauen und Didgeridoos

Hieß es noch vor einigen Jahren, das Didgeridoo-Spiel sei ausschließlich männlichen Aborigines erlaubt, so finden sich inzwischen eine Anzahl Quellen, die diese Aussage in Frage stellen. Es ist aber dennoch richtig, dass in vielen Clans das Didgeridoo für Frauen Tabu ist. Es gibt viele Arten des Umgangs:

Oft gilt ein Tabu für initiierte Frauen. Kinder männlichen oder weiblichen Geschlechts spielen beide Didgeridoo, aber werden sie älter, hören die Mädchen damit auf. Auch für die Jungen ist nach der ersten Initiation damit Schluss. Wenn sie jetzt noch spielen, dann zu übergeordneten Zwecken, nicht zum Spaß.

Die strengsten Verbotsregeln gibt es wohl bei einigen Clans in Südostaustralien bei denen das Didgeridoo erst seit der Jahrhundertwende gespielt wird.

Bei anderen Clans dürfen Frauen das Didgeridoo spielen, nur nicht während der Zeremonien. Frauen stellen auch Didgeridoos her und testen ihren Klang. Es soll sogar einen Stamm in den Kimberleys geben, wo nur die Frauen spielen. Für diese Theorie habe ich zwar keine Belege, aber jeder, den ich fragte, hatte schon davon gehört.

Ein Mythos sagt, das Didgeridoo sei für Frauen, die schwanger werden wollen oder es bereits sind, schädlich. Ein bekannter indigener Didgeridoo-Spieler dagegen berichtete auf die Frage, ob die starke Zwerchfellatmung gut oder schlecht für Frauen ist: „Sie ist sehr gut, sie trainiert die Muskeln und die Babys kommen bei der Geburt 'plopp! plopp!' raus!"

Eine Freundin, die gar nichts von diesem Tabu wusste, berichtete mir erstaunt, sie hätte in ihrer Schwangerschaft intuitiv gefühlt, dass sie ihr Didgeridoo nicht spielen sollte.

Es gibt so unendlich viele Dinge, die wir nicht begreifen.

Weltweit sind die Didgeridoos zu einem Symbol für die Kultur des Alten Volkes geworden. Linda Barwick äußert in einem Artikel[22] zum Thema die Vermutung, dass der Tabumythos ein Produkt der New Age-Industrie ist. Ein Instrument, das mit Tabus behaftet ist, hat etwas Magisches. Sie meint weiter, Didgeridoos könnten ein Symbol für andere heilige Dinge sein, deren Namen nicht öffentlich ausgesprochen werden dürfen, die für uns Weiße also sehr wohl tabu sind.

Mit dem Didgeridoo achtsam umzugehen, heißt wahrzunehmen, woher es kommt und wie wichtig es für viele Menschen der Aboriginal-Kultur ist.

Doch das Didgeridoo geht weltweit seinen Weg, und es wäre sicher nicht sinnvoll, ein Tabu, wenn es bei den Aborigines besteht, mit in unsere Welt zu übernehmen. Ohne Frage entwickelt sich in den westlichen Kulturen eine eigene, weitgehend neue Identität auf verschiedenen didgeridooähnlichen Aerophonen, die in der Urform in Australien ihren Ursprung hat.

Überall werden Didgeridoos gebaut und gespielt: aus Eiche, aus Plastik und auch in der Vergangenheit Europas wurden offensichtlich „Dröhnrohre" gespielt. Dennoch ist ein achtsamer Umgang mit dem Instrument eine Frage des menschlichen Anstandes. Es tanzt ja auch keiner auf einem Altar Rock´n´ Roll, selbst wenn er Kirchen nicht mag.

Anders die Situation in direkter Gegenwart eines Aborigines, egal ob in Australien, China, Deutschland, Amerika oder sonst wo - und das gilt meiner Meinung nach nicht nur für Frauen: Wenn Aborigines anwesend sind, so ist es eine Frage des Respekts und der Achtung, sie zu fragen, ob man sein Didgeridoo spielen darf oder ob es ihre Gefühle und Gesetze verletzen würde. In der Regel antworten die Aborigines mit einem „Give me your tune!“ - „Lass hören, was Du drauf hast!"

2.6. Weitere Instrumente der Aborigines

Die gebräuchlichste Begleitung für den Sänger oder Songman oder die Songwoman ist nicht etwa das Didgeridoo, sondern sind die Klanghölzer.

Die Klanghölzer, auch *Clapsticks* oder *Paired Sticks* genannt haben nicht weniger Namen als die Didgeridoos. *Bilma* ist ein oft benutzter Name.

Sie sind aus Hartholz, zurechtgeschnitten oder in Naturform belassen und werden als Rhythmusinstrumente gegeneinander geschlagen oder auch sanft ans Didgeridoo getickt.

In Deutschland erhält man meist Klanghölzer aus Mulgaholz. Dieses ist sehr hart und zeigt eine schöne Maserung.

Je nachdem, ob die Klanghölzer mittig oder am oberen Viertel gegeneinander geschlagen werden, geben sie sattere oder sehr obertonreiche Klicks von sich.

Auch Bumerangs, in Deutschland meist als bemalte Zierbumerangs erhältlich, werden gegeneinander oder gegen das Didgeridoo geschlagen und erzeugen so den Rhythmusklick.

Weitere Instrumente sind Trommeln aus ausgehöhlten Hölzern mit Fellüberspannung, Samenrasseln, Flöten aus Knochen oder Blättern geformt. In einigen

Die Klangstäbe sind die Rhythmusgeber für Didgeridoo und Sänger

Gebieten im Norden werden Seemuscheln als Windinstrument benutzt. Sehr verbreitet ist auch die *body percussion.*

Drei verschieden gestaltete Schwirrhölzer wie sie im Fachhandel üblicherweise zu erhalten sind

Die Schwirrhölzer, auch *Bull-Roarer* genannt, sind entgegen landläufiger Meinung keine Instrumente zum Musizieren. Sie werden eher bei Zeremonien und Initiationen eingesetzt. Es sind schmale, oval geschnitzte Holzscheiben in länglicher Form, zum Teil mit Bemalung erhältlich. Traditionell wurden sie an einem Faden aus Menschenhaaren geschwungen, im Handel erhältliche Schwirrhölzer haben Fäden aus Synthetikschnüren.

Das Schwirrholz wird, an der Schnur hängend, einige Male um die eigene Achse gedreht und dann in weiten Bewegungen an der Schnur durch die Luft rotiert. Dabei entsteht nach wenigen Sekunden ein heiseres auf- und abschwellendes Surren. Du solltest auf die Hand acht geben, welche die Bewegung führt. Man bekommt schnell Blasen von dem Faden. Ebenso Achtung mit dem Kopf: Die Schwirrhölzer ändern bei jedem Umdrehungszyklus ihren Rotationswinkel. Auf jeden Fall besser draußen üben.

Beim Einsatz von Schwirrhölzern sei bitte in Anwesenheit von Ureinwohnern Australiens ebenfalls achtsam. Für viele stellt dieser Sounderzeuger einen Sakralgegenstand erster Güte dar, und es könnte sie sehr aufbringen, eines in Deinen Händen zu sehen.

Der Didgeridoo-Spieler Johannes Schildkamp erzählte mir kürzlich, er habe einen selbstgebauten *Bull-Roarer* auf einem Weg nahe einer Kuhwiese ausprobiert. Kaum erklang das heiser surrende Geräusch, wären alle Kühe aufgesprungen und eilig zum Zaun gekommen wo Johannes gerade „roarte“. Wahrscheinlich kommt daher der Name und ist wieder einmal nur ein Name des Westens: Das Schwirrholz lockt Kühe an …

2.7. Herstellung

Das original australische Eukalyptusdidgeridoo wird weniger „hergestellt“, als das es vielmehr „entsteht“. Spezielle australische Termiten fressen sich in den Stamm eines Baumes hinein und höhlen sein Inneres und manchmal auch die Äste aus. Sie kommen unterirdisch durch die Wurzel in den Stamm. Bevor die kleinen, äußerst knabberfreudigen Insekten jedoch den Baum von innen nach außen durchlöchern, ziehen sie sich zurück und suchen neue schmackhafte Eukalyptusbäume. Diese Bäume sind aus einem sehr harten Holz. Die Termiten verfügen über recht kräftige Zangen.

Manche Bäume werden bis auf über vier Meter Höhe ausgefressen. Das längste Original von dem ich gehört habe, soll 350 Zentimeter messen. Sein Klang dürfte jenseitig sein.

In Deutschland sind die meisten Didges offiziell aus Eukalyptus. Ein Australier erzählte mir, es seien viele andere Holzsorten bei den exportierten Didges, doch die würden alle als Eukalyptus deklariert, weil die Kunden diese für „originaler“ halten.

Es kommen viele Arten von Eukalyptusbäumen in Australien vor. Die für Didgeridoos am häufigsten verwendeten Sorten sind Woollybut, Red River Gum, Ironbark, Stringybarktree, Mallee, Yellow Box

Ein Rohling vor der Bearbeitung zum Didgeridoo. Hier ist gut zu sehen, dass der unbearbeitete Stamm viel zu viel Holz und damit Gewicht enthält. Er wäre ein sehr unhandliches Didgeridoo.

Gumtree und Bloodwood, aber auch andere Arten werden verwendet. In Deutschland erhält man bis vor wenigen Jahren die hellen Woollybut-Didges am häufigsten, in letzter Zeit tauchen jedoch mehr und mehr rotbraune Didgeridoos auf. Sammler und Künstler schätzen natürlich Didgeridoos aus selteneren Hölzern oder Varianten wie das „Saltwater-Didge". Es soll aus Eukalyptusbäumen sein, die in oder am Salzwasser wachsen. Das macht das Holz extrem hart. Es gibt Bauprofis die lagern ein frisch geerntetes Didgeridoo zum Härten auch in einer Salzlauge.

Ich habe mal ein Didgeridoo als Boxgumholz von einem Australier gekauft. Inzwischen sind mir aber vier andere Australier begegnet, die vier verschiedene Namen für das Holz hatten. Vorsicht mit den Experten!

Um eine hohlen Eukalyptus zu finden hält ein Didgeridoobauer auf der Suche nach Baumaterial Ausschau nach Termitenhügeln am Fuß eines Baumes. Er klopft mit einem Hartholz an den Stamm solcher Bäume. So hört er vielleicht am hohlen Klang, ob dieser bereits von den Termiten ausgefressen wurde. Manchmal schneidet er auch ein Stück Rinde ab, um an die Hartholzschicht zu gelangen und einen zweiten „Soundcheck" vorzunehmen. Klingt der Stamm hohl oder hört er es innen „rieseln" dann wird der Baum gefällt. Dabei werden Bäume

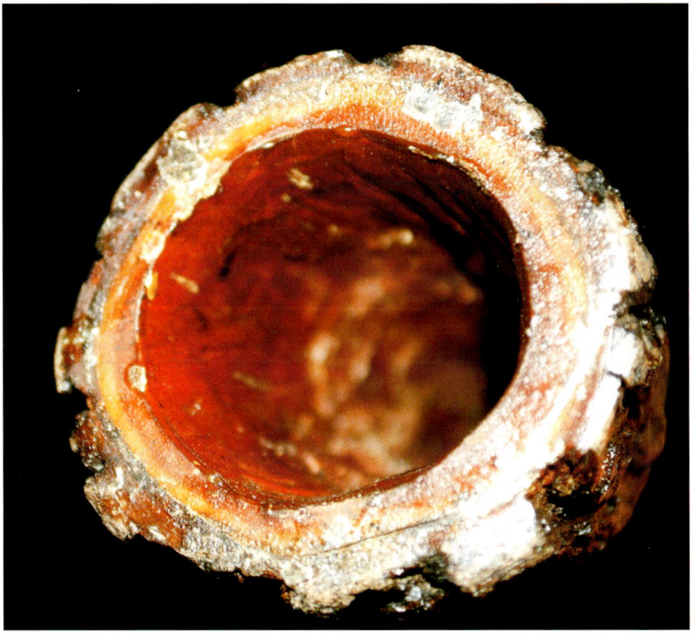

Ein Bell-End mit ausgebeiltetem Inneren und stehengelassener äußerer Rinde.

bevorzugt, die, in der Mitte geteilt, zwei Didgeridoos ergeben könnten, andere schneiden nur hohle Äste und der Baum kann weiter wachsen. Die Blanasis, berühmte indigene Didgeridoo-Bauer aus dem Norden Australiens, schneiden den Baum eher auf Hüfthöhe, so kann er erneut austreiben und aus einem Stamm werden womöglich einmal zwei. Diese Methode ist sehr viel ökologischer, als den Baum an der sich verbreiternden Wurzel zu schneiden. Die von vielen Spielern geschätzten Didges mit der nach unten hin sich verbreiternden Öffnung erfordern meist ein „Roden" des Baumes.

In den gefällten Stämmen befindet sich meist noch ein Gewebe von Gängen aus Holzspänen, welche die Termiten hinterlassen haben. Diese werden durch Klopfen oder mittels eines Stabes entfernt. Manche Didgebauer legen das Instrument auch einige Zeit ins Wasser, so weichen die Späne auf und lassen sich noch einfacher entfernen.

Vom äußeren Stamm wird mindestens die Rinde entfernt. Ist die Wandstärke des Rohlings dann noch zu dick, so kann von außen her weiteres Holz mit scharfer Klinge und/oder Schleifwerkzeug abgetragen werden.

Manche Didgeridoos werden nun zusätzlich am unteren Ende ausgearbeitet. Es wird mit Stechbeitel und Feilen der Stamm von innen ausgeschliffen beziehungsweise ausgeschnitten. Dieser untere Teil, auch *bell-end* genannt, kann, wenn er ausgearbeitet wird, die Lautstärke des

Hier hat sich ein Didgebauer die Mühe gemacht, ganze Wurzeln mit auszugraben. Ohne Frage zwei optische Highlights

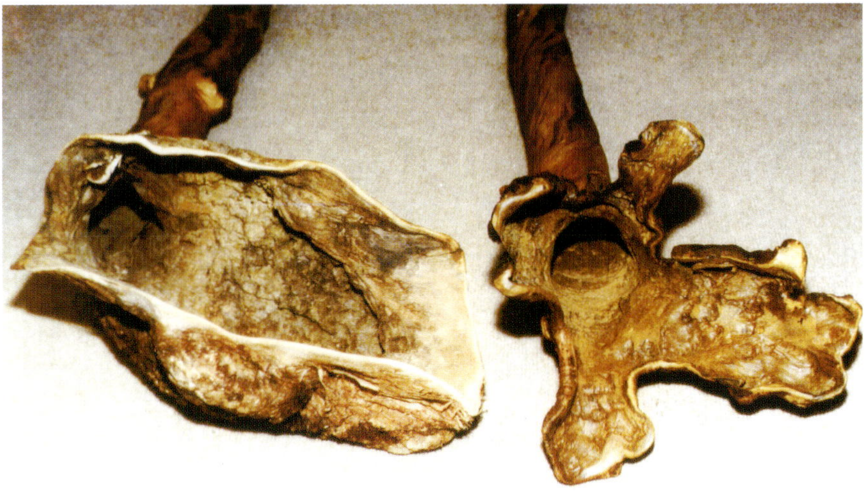

Instrumentes enorm anheben. Zudem kommen viele „Effekte" satter im Sound. Dafür sieht ein Holz, welches nicht nachgearbeitet wurde und in dem man die Struktur der Termitengänge noch erkennen kann, viel uriger aus.

Die Wandstärken der handelsüblichen Didgeridoos liegen so zwischen 0,8 und 2,0 Zentimeter. Unter 0,8 Zentimeter sind schon recht dünnwandige Didges, wobei die Wandstärke natürlich nie ganz gleichmäßig ist. Es handelt sich ja um ein Naturprodukt. Teilweise sind die Didgeridoos so dünnwandig oder so weit runter geschliffen, dass Risse entstehen oder an Astabzweigungen ganze Löcher zurückbleiben.

Löcher und Risse werden mit verschiedenen Methoden verschlossen, wobei jeder Didgeridoo-Bauer seine eigenen Vorlieben hat:

- Lacke und Kunststofffüller. Sie ergeben bombenfeste und sehr haltbare Füllungen.
- Wird das Loch zu groß, schnitzt der Didgeridoobauer einen kleinen Stern um das Loch und setzt in diesen Hohlstern eine exakte Replik und verleimt dieses. Durch die verzweigte Form des Sterns sind diese Flicken extrem haltbar.
- Spachtelmasse ist manchmal bei günstigeren Didges anzutreffen und kommt aus dem Zubehörregal des Autohandels. Sieht nicht so schön aus und dünstet gesundheitsschädliche Stoffe aus, die in den Organismus des Spielers eindringen. Spachtelmasse wird gerne bei

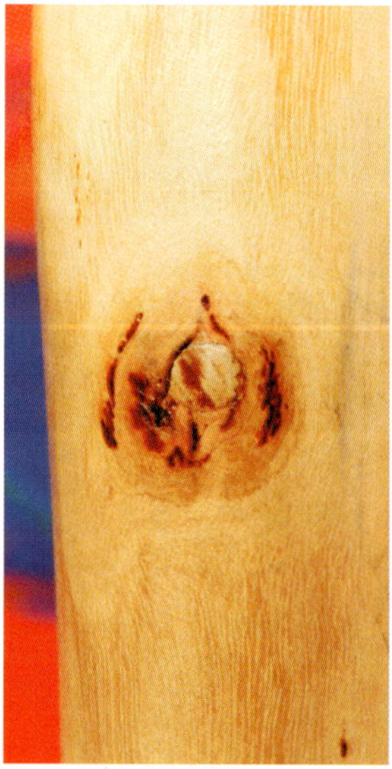

Hier siehst Du zwei Arten des Löcherflickens: Einmal mit einer Spachtelmasse 8links) und einmal mit einem Holzdübel, der in ein Astloch geklebt wurde (rechts).

Detail eines Didges mit Brandbemalung

bemalten Didgeridoos verwendet, da sie billig, haltbar und nach der Bemalung nicht mehr sichtbar ist.

Mit Bienenwachs wird kaum noch geflickt. Es lässt sich zwar gut in Risse einbringen ist jedoch nicht besonders beständig und erschwert ein nachträgliches professionelles Flicken, falls der Riss sich weiter vergrößert.

Die Ausbesserung oder das Vorhandensein von Rissen und Löchern ist kein Qualitätsmerkmal. Ich habe kaum ein Konzertdidgeridoo ohne Ausbesserung. Holz ist ein lebendiges Material und kann reißen. Das ist kein Drama, weiß Stefan Thiel, bekannter Didgeridoo-Bauer aus Siegen: „Ein Riss lässt sich flicken und danach klingt das Didgeridoo noch besser, denn eine Spannungsstelle hat sich aufgelöst".

Hier wird mit traditionellen Ockerfarben gemalt. Die Ockerklumpen werden auf einer Steinplatte mit Wasser und natürlichen Bindemitteln zu Farbe angerieben.

Nun werden einige Didgeridoos noch in verschiedenen Stilen bemalt.

Dabei stellt jedes Instrument ein Unikat dar. Auch in der Qualität der Bemalung gibt es enorme Unterschiede. Besondere Stücke, von bekannten Künstlern wie David Blanasi, Jenny Reid, Wendy Yunupingu, Tracy Jungawonga oder Frankie Lee gemalt, sind echte Kunstwerke und kosten dementsprechend. Für die Bemalung werden heute immer häufiger die haltbaren Acrylfarben den traditionellen, mit Wasser oder Pflanzensäften angerührten Erdfarben vorgezogen. Andere Didgeridoos werden brandbemalt oder „gecarvt". Bei den brandbemalten Didgeridoos werden die Bilder mit elektrischem Glühwerkzeug in das Holz gebrannt. Die „gecarvten" Didgeridoos werden in glühenden Kohlen rundherum angesengt. Anschließend schaben die Didge-Bauer die verkohlten Holzteile soweit herunter bis sich das Holz in einer nussgoldbraunen Farbe zeigt. (siehe auch Beispiele in der Didge-Galerie) Zusätzlich werden wiederum Symbole und Bilder eingebracht. Heute benutzen die Didgeridoo-Bauer modernste Technik. Im Traditionellen wird das glühende Holz mit Steinen bearbeitet.

Seine Künstler verdienen an der Bemalung einzelner Didgeridoos mehr als er am Verkauf, teilte mir Alistair Black, einer der großen Didgeridoo-Exporteure in Australien, mit. Es sind auch oft sehr schöne Stücke. Ob die Künstler überall fair bezahlt werden ist fraglich. Hier kann der Verbraucher mitwirken. Frag Deinen Händler, von wem seine Didgeridoos kommen, welcher Künstler sie bemalt hat und ob der Exporteur die *royalities* zahlt, das ist eine Art pro Stück-Gebühr. Diese Zahlung fließt in die Aboriginal-Communities und wird von diesen zu gemeinnützigen Zwecken verwendet.

Da zunehmend gefälschte Bemalungen im Handel sind solltest Du, wenn Du auf eine Bemalung eines Aborigine Wert legst, mindestens erfragen können, wie der Name des Künstlers ist, der Dein Wunschdidge bemalt hat. Auf der sicheren Seite bist Du im Grunde nur, wenn Du direkt von einem Ureinwohner kaufst oder bei einem Händler, der vor Ort in Australien einkauft und dem Du Dein Vertrauen schenken kannst.

Unbemalte Didges werden außen aus mir nicht nachvollziehbaren Gründen mit einer Klarlackschicht gestrichen, die bemalten nicht. Klarlack würde viel von der Wirkung der Malereien nehmen.

Die auf den unbemalten Didges aufgebrachten Lacke sind häufig wasserlöslich. Regnet es mal auf so ein Instrument, zeigt es gleich helle Punkte. Diese verschwinden beim Trocknen wieder. Wer besseren Lack wünscht, kann sein Didgeridoo mit sehr feinem Sandpapier abschmir-

Auf diesem Foto ist recht gut die Kante eines eingesetzten Mundstückes zu erkennen, meistens reicht der Einsatz jedoch so tief, das man mit dem Finger hineintasten muss, um zu erkennen, ob ein Mundstück eingesetzt wurde

geln und dann neu lackieren. Ich empfehle lebensmittelechten Lack zu verwenden. Die unbemalten Didgeridoos sehen lackiert zwar edler aus, aber kaum authentischer. Immer mehr Didgeridoo-Fans nehmen die Lackschicht ab und Ölen oder wachsen das Holz anschließend nur noch.

Eine weitere recht selten verwendete Methode der Didge-Bauer ist das Ausbrennen. Dazu werden glühende Kohlen in das Innere des Didgeridoos gefüllt. So brennen Vorsprünge und Gänge weg, das Holz wird gehärtet und erhält eine gleichmäßigere Innenfläche.

Zum Schluss wird am oberen Ende, dem Mundstück Bienenwachs angefügt oder ein gedrechseltes Mundstück eingearbeitet

Nur selten hat das obere Ende schon nach dem Schneiden eine Form, die ohne Wachs oder aufgesetztem Mundstück belassen wird, weil sie optimal ist, aber auch das gibt es. (Genaue Beschreibung im Abschnitt „Mundstücke“)

Die Preise für Didgeridoos sind abhängig von ihrer Größe, Qualität und der Namhaftigkeit des Herstellers und/oder des Künstlers und variieren von derzeit 140,- bis ca. 3500,- Euro. Der Preis sagt jedoch nichts über die Qualität eines Didgeridoo aus. Preise von 3500,- Euro ergeben sich durch den Bekanntheitsgrad des Bau- und/oder Bemalkünstlers.

Der persönliche Geschmack und die spieltechnischen Vorlieben jedes Einzelnen und nur bedingt das Didge sind entscheidend für die individuelle Bewertung, welches Instrument als gut empfunden wird. Jeder hat seine Vorlieben und was für den einen ein tolles Instrument ist, kann die nächste vom Klang her nicht leiden.

Zudem wir die Auswahl an Didgeridoos mit hoher Qualität langsam aber sicher geringer und das treibt den Marktwert einzelner Fabrikate mächtig in die Höhe. Ebenso haben es einige wenige indigene wie weiße Didgeridoo-Bauer verstanden, sich als „Marke“ zu etablieren und auch für ihre Didges zahlt man hier und dort schon eher Sammlerpreise als realistische „Klangwerte“.

Ein Bell-End nachgearbeitet

Links
Das Bell-End eines Einsteigerdidges. Hier kann noch nachgearbeitet werden

Mitte, v.l.n.r.
- Grobes Ausarbeiten mit dem Stechbeitel
- Nacharbeiten mit einer Holzraspel
- Glätten der Innenwände mit Schmirgelpapier

Unten
Das Ergebnis: Deutlich zu sehen, das Bell-End hat an Volumen gewonnen

(Fotos von Mad Matt´s Didgeridooshop)

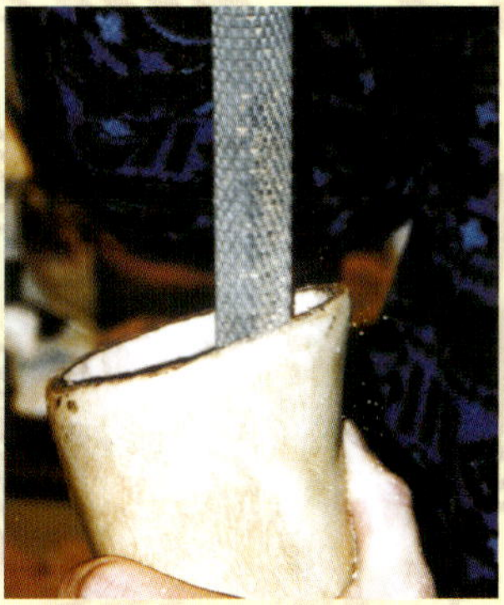

2.8. Formen

Es gibt so viele Didgeridoo-Formen, wie es Didgeridoos gibt. Jedes Holzinstrument ist ein Unikat in Bezug auf Klang, Anspielverhalten und Form. Es gibt natürlich äußere - und damit sichtbare - Didgeridoo-Formen.

Diese äußeren Formen geben jedoch nur selten Auskunft über den Klang und das Anspielverhalten der einzelnen Didgeridoos.
Wir können grob unterscheiden:

1.) Die ***zylindrische Form.*** Sie hat am Mundstück einen annähernd ähnlichen Durchmesser wie am *bell end.* (Hierzu gehören auch die meisten Bambusinstrumente und die Kunststoffrohre.)

2.) Die ***konische Form.*** Das Didgeridoo beginnt am Mundstück mit ungefähr vier bis acht Zentimeter recht schmal. Es endet mit einer

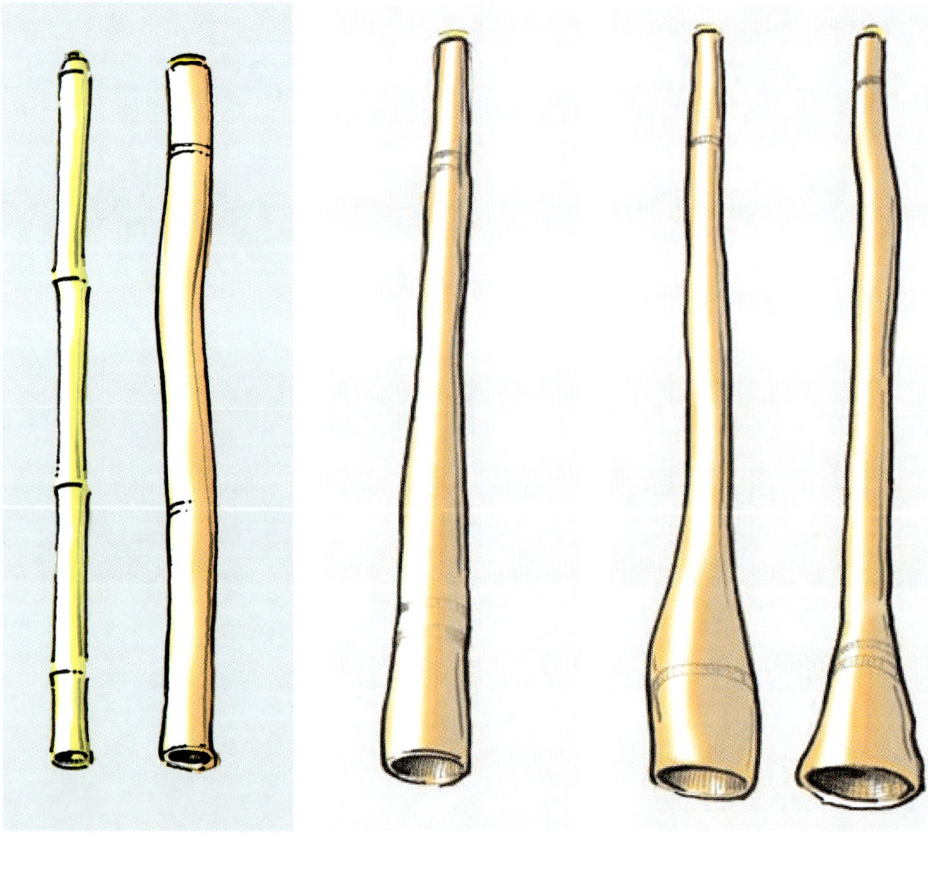

Weite von sechs bis dreißig Zentimetern. Die Weitung zwischen Mund- und Endstück verläuft gleichmäßig.

3.) Die ***Glockenform***: Das Mundstück misst ungefähr vier bis acht Zentimeter, dann verläuft das Rohr zylindrisch bis konisch weiter und mündet, fünfzehn bis vierzig Zentimeter vor der unteren Öffnung in ein glocken- oder trichterförmiges Soundende.

4.) Die ***Schlangen-*** und ***Astformen***: Nicht selten sind dies hervorragend spielbare Didgeridoos. Sie haben geschlängelte oder weit verzweigte „um-die-Ecke"-Formen und sind oft optische Leckerbissen.

5.) Die ***Doppel-*** und ***Dreifachdidgeridoos***: Hier wurde eine Astgabelung nicht abgeschnitten. Die Bohrung der Termiten hat den Baum mit abzweigendem Ast so gut ausgehöhlt, dass ein Didgeridoo in Y-Form entstanden ist. Diese Didgeridoos lassen sich durch zwei Öffnungen spielen. Während man ein Mundstück benutzt, kann das andere mit einer Hand verschlossen werden. Ebenso können mit der Hand

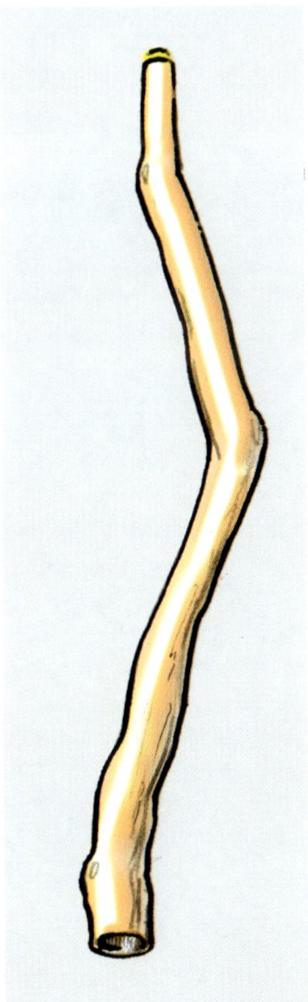

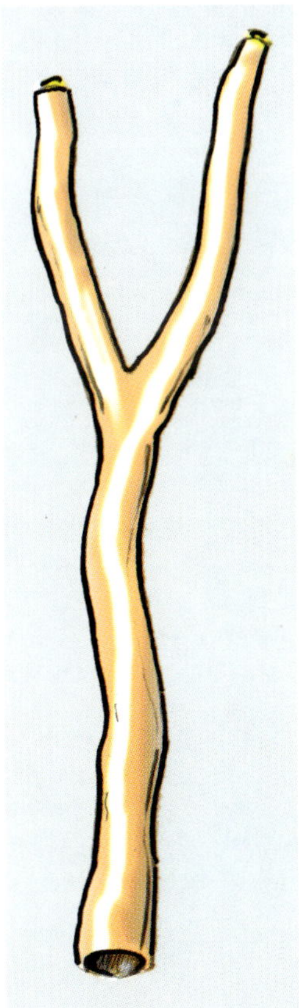

Ein exotisches Special: Didge mit Knorrenendstück gesehen bei Boing

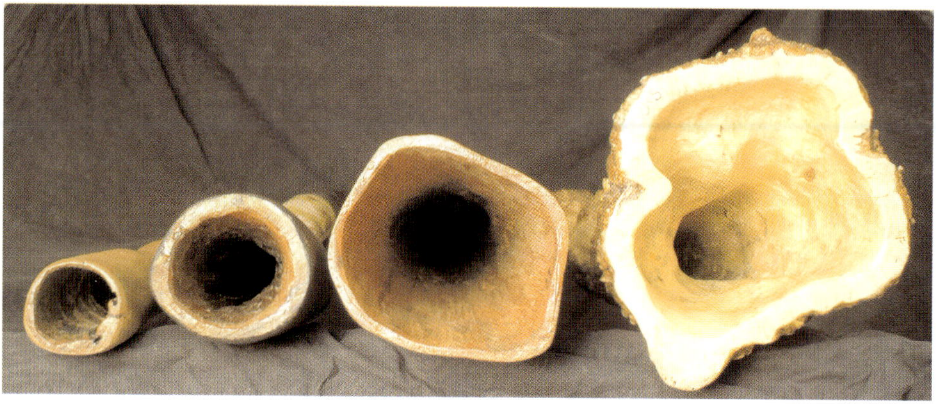

Hier siehst Du verschiedene Bell-Ends (von links nach rechts): Ein naturbelassenes Einsteigerdidge, ein Profididge mit größerer Öffnung, ein dünnwandiges Konzertdidge mit großer Endöffnung und ein Didgeridoo aus Weißbuche mit sauber ausgearbeitetem Bell-End.

perkussiver Effekte auf dem zweiten Mundstück gesetzt werden. Oder man lässt es auf. Didges mit zwei Abzweigungen, also drei Mundstücken, gibt es ebenfalls, ich habe aber noch keines gespielt.

Das Anspielverhalten und der Klang der Instrumente werden jedoch vielmehr von der unsichtbaren inneren Form eines Didgeridoo bestimmt. Über die Zusammenhänge zwischen dieser Innenform und Sounds forschen Kay Reimer und Dr. Frank Geipel, die ihr Wissen in umfangreichen Kapiteln in dem im Traumzeit-Verlag erschienen Buch *Das Didgeridoo-Phänomen* offenbaren.

2.9. Mundstücke

Dem Mundstück eines Didgeridoos solltest Du besondere Beachtung schenken. Es kann den Sound und die Spielbarkeit des Instrumentes entscheidend beeinflussen.

Traditionell sind die Mundstücke ohne Besatz oder aus reinem Bienenwachs geformt. Es ist sinnvoll, mit Bienenwachs zu arbeiten. Kunstwachse sind ungeeignet, sie sind nicht so schön formbar und enthalten Stoffe, die am Mund und auf der Haut nichts zu suchen haben und Unverträglichkeitsreaktionen wie Allergien auslösen können.

Auch beim Bienenwachs achte darauf, dass es keine Zusätze enthält.

Viele Imker schützen ihre Bienen mit chemischen Mittelchen vor Lausbefall. Die Stoffe gelangen auch in das Wachs. In Bioläden und Drogerien gibt es Wabenplatten aus Wachs guter Qualität. Wenn Du Dich ein wenig umschaust, findest Du vielleicht auch einen kleineren Imker in der Nähe, der nach biologisch-dynamischen Kriterien arbeitet und keine chemischen Keulen einsetzt. Diese Imker haben auch Wachs. Viele Didgeridoo-Händler verkaufen ebenfalls gute Qualität.

Bienenwachs ist ein phantastisches Naturprodukt. Es riecht gut und hat eine antibakterielle Wirkung.

Knete das Wachs immer mit den Händen weich, schmelze es nicht in einem Topf oder mit einem Fön. Wenn es einmal übererhitzt wurde, verändert es seine Molekularstruktur und neigt dann später bei längerem Spiel dazu, weich zu werden und am Mund und besonders gerne am Bart kleben zu bleiben.

Viele fortgeschrittene Spieler basteln sich auch Mundstücke aus Holz oder gar aus Zwei-Komponenten-Harzen.

Zu den Formen:

Die Öffnung Deines Mundstückes kannst Du mit dem Wachs optimal auf die anatomischen Eigenheiten Deines Mundes abpassen. Die häufigste Form ist der leicht ovale Kreis, bei einem Durchmesser von ungefähr drei bis fünf Zentimeter. Wenn Du es lieber kleiner oder größer magst: Forme es Dir ganz nach Deinem Bedarf. Ich setze auf meine

Ein wunderschönes Mundstück von Bau-Profi Jan-Ole Haber aus Bremen. Es setzt sich aus mehreren Holzsorten zusammen.

Didges mit großem Munddurchmesser ein sehr ovales, fast spaltförmiges Mundstück. Kann außer mir keiner so richtig drauf spielen. Also: Keine Regeln- Probieren!

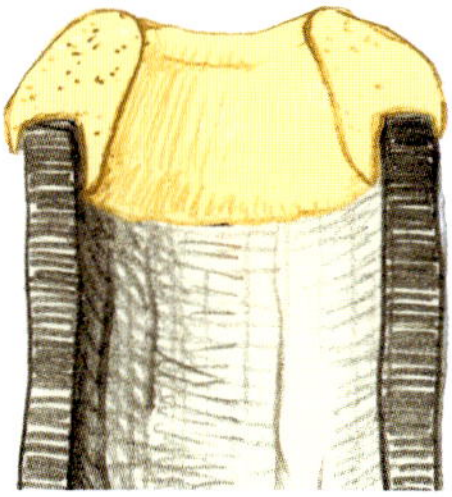
Abb. 1

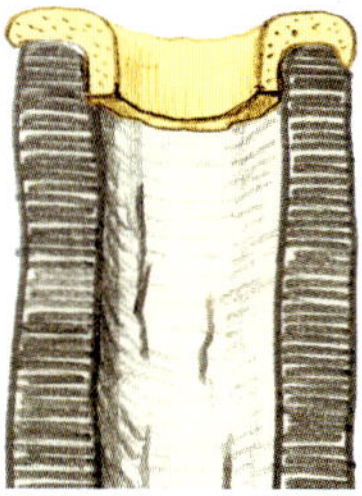
Abb. 2

Abb. 1 - Bei sehr großen Mundöffnungen empfiehlt es sich, das Wachsmundstück ein wenig zu erhöhen, damit für Nase und Kinn Platz bleiben.

Bei Didges in Standardgrößen bewährt sich meist folgendeWachsform: **Abb. 2.** Dabei ist wichtig, dass das Wachs im Didgeinneren einen scharfen Grad hat, der Sound perlt dann obertonreicher. Ich habe Didgeridoos gespielt, die ohne diese Kante von einem A-Klasse Rohr zu einem unspielbaren Stück Holz wurden.

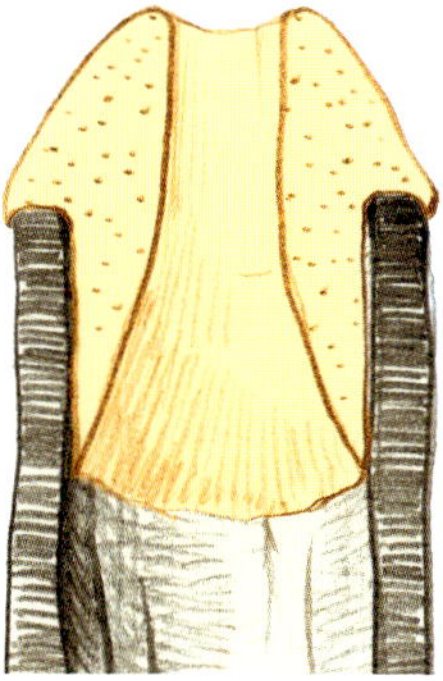
Abb. 3

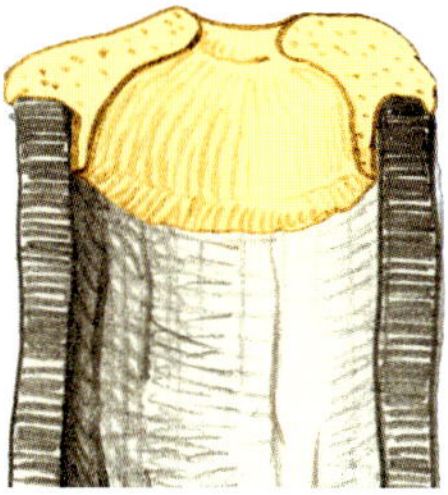
Abb. 4

Bei großvolumigen Didgeridoos mit einem hohen Anfangsdurchmesser empfehle ich die in **Abb. 3** gezeigte Form. Das Didgeridoo ist dann leichter anzuspielen, der Gegendruck der Luftsäule ist nicht annähernd so stark wie bei einem Mundstück der Form in **Abb.4.** Die meisten großvolumigen Didges im Laden haben diese Form nicht. Aber mit einer größeren Menge Wachs kannst Du sie leicht selber bauen.

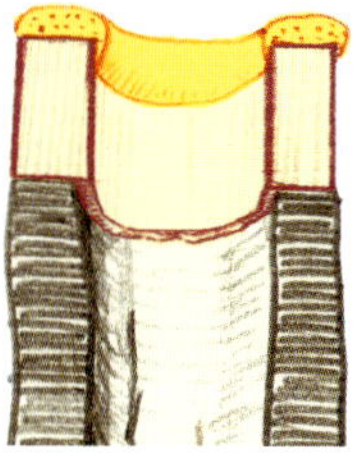
Abb. 5

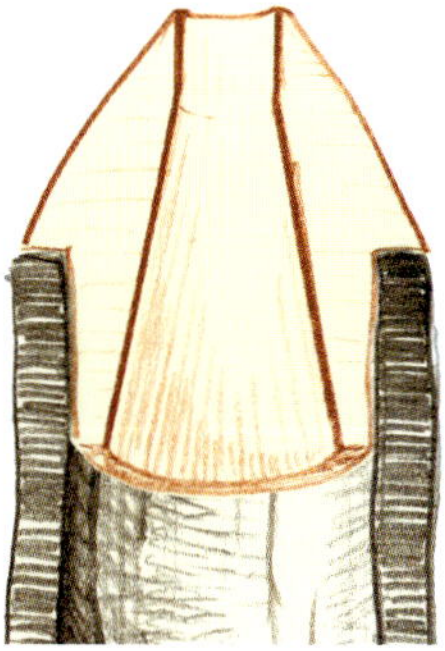
Abb. 6

Es gibt auch australische Didgeridoos mit gedrechseltem Mundstück, meist sind dies bemalte Instrumente, sie sind von außen gar nicht von anderen zu unterscheiden. Taste mit dem Finger an der Innenwand ins Didge hinein, dann fühlst Du die Kante gleich **Abb.5**. Ich habe noch kein Didge mit einem

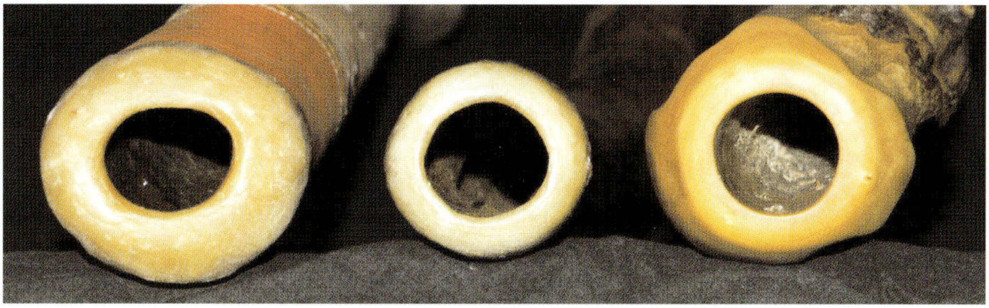

Hier siehst Du ein ovales und ein rundes Wachsmundstück sowie einen Didge mit geschliffenem Holz, das ein Mundstück aus dem oberen Didgeende macht

solchen Mundstück gefunden, dass eine schlechte Klangqualität hat. Sie sind einfach anzuspielen, obertonreich und perlend im Sound.

Bei sehr großvolumigen Didges habe ich auch gedrechselte Mundstücke gesehen, die konisch zusammenliefen, teilweise so perfekt gearbeitet, dass kein Wachsmundstück mehr nötig war **Abb.6.**

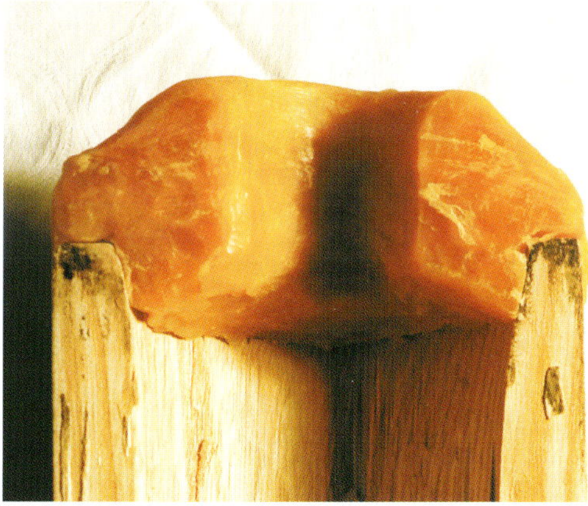

Ein Querschnitt durch ein Didgeridoo mit Wachsmundstück zeigt Dir eine Mischung aus den Mundstücken Skizze 3 und 6

Dein Didgeridoo wächst

Wenn Du ein Didgeridoo besitzt, wirst Du feststellen, dass es sich im Laufe der Jahre verändert: Sein Klang, sein Anspielverhalten, seine Atemresonanz (die Weise wie es auf Dich reagiert) werden sich verändern. Je mehr es gespielt wird, desto besser wird es. Und es möchte gepflegt werden. Modelliere regelmäßig ein neues Mundstück aus frischem Wachs auf. Das Verhältnis Mundstück-Didgeridoo-Klang verändert sich mit der Zeit. Wenn Dein Spielkönnen gefestigt ist und Du genau weißt, welche Mundstücke Du bevorzugst, kannst Du auch feste Mundstücke mit Kunststoff oder Holz bauen.

Ein Mundstück selbst gemacht

1. + 2. *Das alte Mundstück kannst Du mit einem scharfen Küchenmesser vom Didge entfernen. Vorsicht: Säbel Dir nicht die Finger ab!*
3. *Die Wachswaben (siehe Hintergrund auf dieser Seite) zu einem kleinen Päckchen falten und*
4. *zu einem Klumpen weichkneten. Das dauert so 4-10 Minuten*
5. *Aus dem Wachs eine Wurst rollen.*
6. *Diese Wachswurst auf den Rand Deines Didges auflegen. Überschüssiges Wachs abtrennen.*
7. + 8. *Den Wachsring auf den Didge-Rand drücken und Innen wie Außen am Didge herabstreichen, um den Ring auf dem Rand des Instrumentes zu fixieren*
9. *Abschließend Dein Mundstück individuell auf Deine Bedürfnisse ausformen und glatt streichen.*

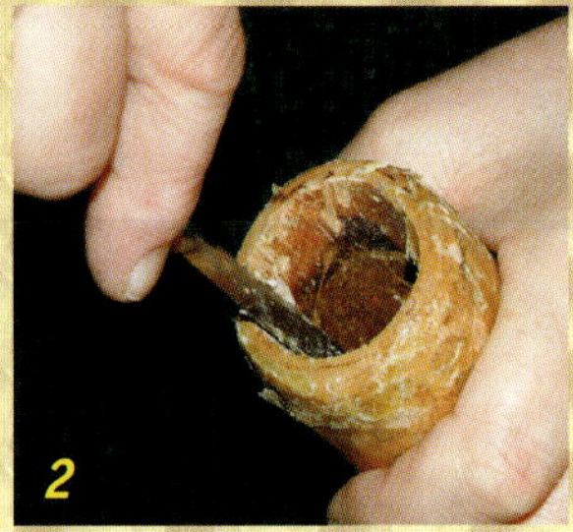

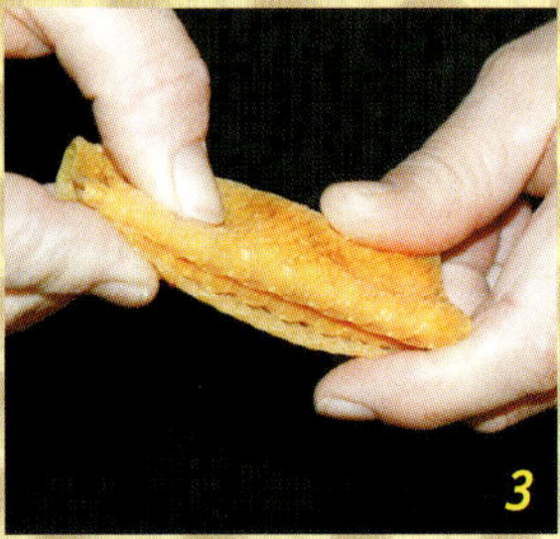

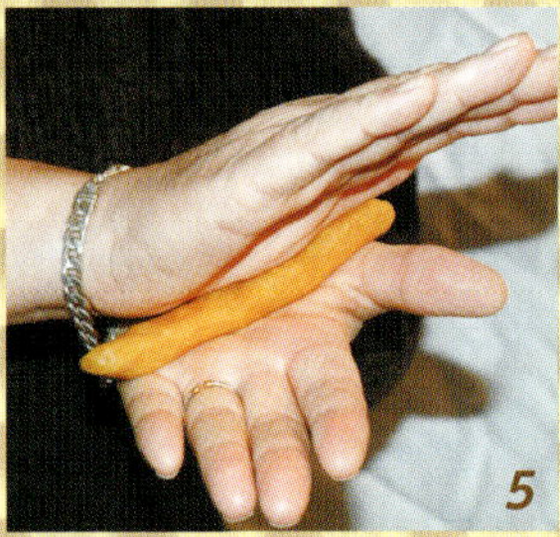

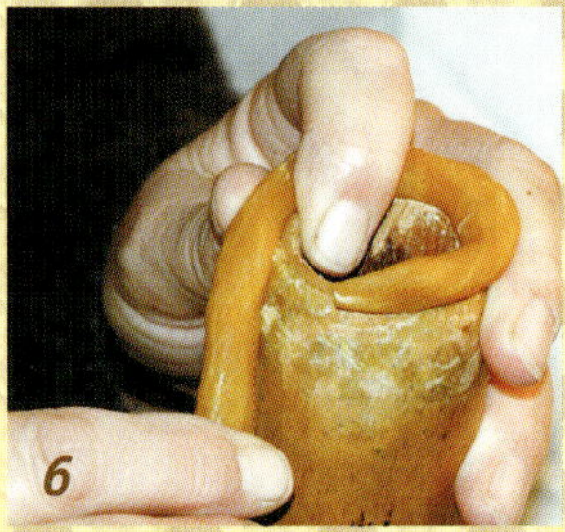

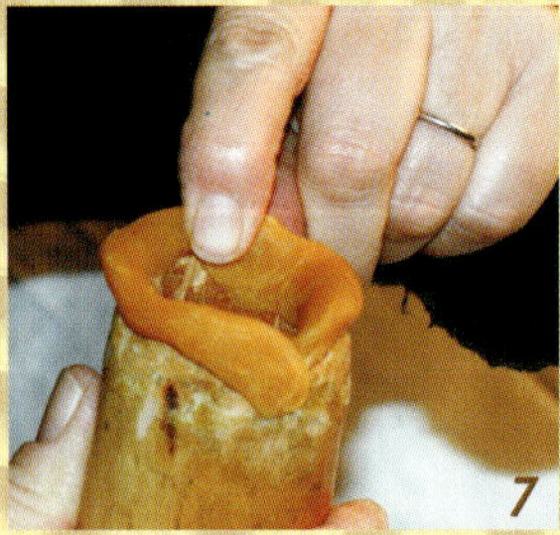

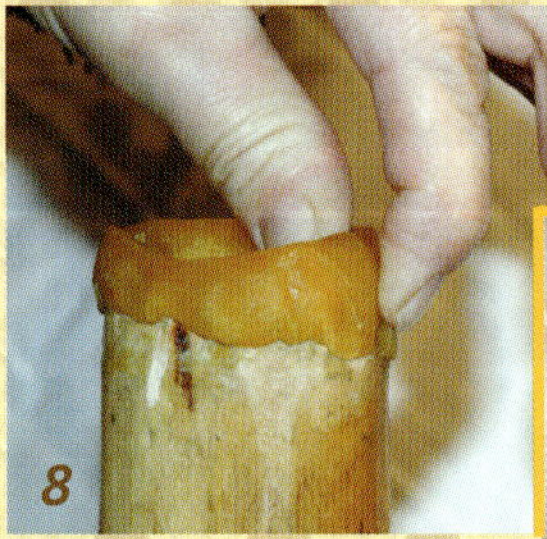

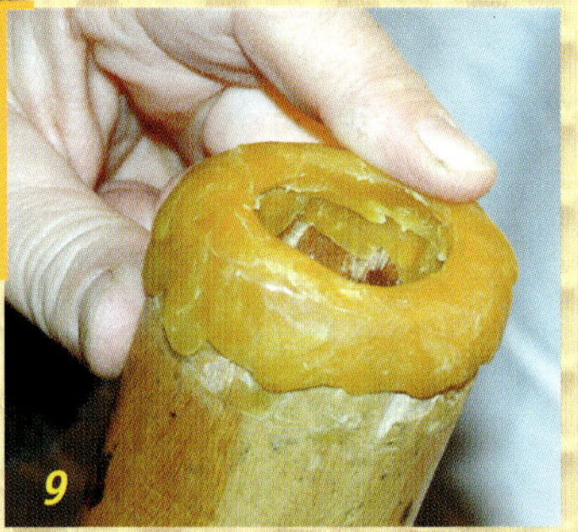

2.10. Kunst, Copyrights und „authentische" Bemalungen

Die einen bevorzugen unbemalte Didgeridoos, für die anderen sind bemalte Instrumente ein Muss. Am besten Du suchst Dein Didge nach dem Klang und nicht nach der Bemalung aus. Außer Du möchtest ein Schmuckstück für die Wohnung ...

Bemalungen, die von Aborigines auf die Didgeridoos aufgetragen werden, sind oft schwer von Arbeiten zu unterscheiden, die ein Plagiator gemacht hat. Inzwischen dominieren Didgeridoos, die von billigen indonesischen Arbeitskräften oder gar von Australientouristen bemalt werden, ganz klar den Markt. Es braucht einen Fachmann, der den Stil eines einzelnen Künstlers genau kennt, um eine „Fälschung" von einem Original zu unterscheiden. Oftmals übertreffen Didgeridoos zum Beispiel aus Bali die australischen „Originale" bei weitem in der Ästhetik der Bemalung, auf jeden Fall jedoch im Preis-Leistungsverhältnis von aufwendiger Bemalung zu Kaufpreis. Die aktuellen Verkaufstrends in den Jahren 2002 bis 2004 zeigen eindeutig, dass die meisten Käufer einfach ein billiges Instrument wünschen und die Qualität und Authentizität erstmal nebensächlich ist.

Grundsätzlich könnte man ja auch sagen, es ist egal, wer gemalt hat, wenn es nur schön geworden ist. Doch zum einen wünschen sich dann doch einige Käufer ein authentisches Stück und ihnen ist es nicht egal, ob sie die Arbeit eines Meisters für fünfhundert oder tausend Euro kaufen oder ein billiges Fake oder gar eine gleichteure Kopie. Zum anderen tut sich ein viel bedeutenderes Problem auf: Die Ureinwohner Australiens empfinden das Nachmalen oder gar Kopieren ihrer Malereien als Copyright-Verletzungen und so fühlen sich viele von ihnen empfindlich von den Australien-Designs auf den Didgeridoos indonesischer Hersteller, den Aussi-Looks auf Plastikdidges aus Indien und Amerika oder den authentisch wirkenden Malereien europäischer oder amerikanischer Baukünstler betroffen. Die Thematik erstreckt sich weit über das Didgeridoo-Thema hinaus und in die Kunst hinein, wo sich zunehmend westliche Maler erdreisten „Original Gemälde mit Motiven der Ureinwohner" zu verkaufen.

Das Verletzen von künstlerischen Urheberrechten ist ein Problem der Gegenwart. So bedeutet das Kopierverhalten von CDs in unserer Kultur für Dich als Didgeridoo-Interessierten aktuell, das ich nicht in

Yidaki mit Bemalung
von Zelda Gurruwiwi

der Lage bin, jedes zweite Jahr ein neues Buch zum Thema Didgeridoo zu publizieren, ganz einfach weil im Wert einer solchen Publikation CDs aus dem sehr kleinen Traumzeit-Verlag kopiert anstatt gekauft werden.

Doch das Kopieren von Aboriginal-Malereien reicht über das rechtliche Copyright hinaus und dies wieder in zweifacher Hinsicht. Erstens spiegelt die Kunst der Ureinwohner ihre „Dreamings". Diese sind von zentraler und hoher persönlicher wie übergeordneter kultureller Bedeutung und nur schwer mit der Kunst des Westens vergleichbar. Malt ein Aborigine ein „Dreaming", so liefert er eine Art intimkulturel len Fingerabdruck, eine DNA-Probe seiner bildnerischen Kulturidentität. Wird dieses Bild kopiert, so rührt dies tief an seiner Identität, seiner kulturellen Ehre.

Zum anderen kopiert man in Indonesien und Mitteleuropa nicht die Bilder einer übersättigten Kunstschickeria, sondern eines benachteiligten und bedrohten Volkes und einiger Künstler, die nicht selten hart ums überleben oder wenn sie erfolgreicher sind so dennoch hart um eine Anerkennung innerhalb der internationalen Kunst kämpfen.

Die Situation ist also überaus verzwickt.

Sollen wir keine Indonesien-Didges kaufen?

Das wäre nicht logisch, denn sie sind viel billiger und ermöglichen auch den weniger betuchten Menschen den Einstieg in die Didgeridoo-Freuden und entlasten das australische Ökosystem. Außerdem bringt der Kauf eines Didgeridoos aus Australien überhaupt nicht die Gewissheit mit sich, ein authentisches Stück indigener Kultur zu erwerben. Ein Großteil der in indonesischen Werkstätten produzierten Didges wird nämlich von Indonesien nach Australien verkauft. Nicht selten wird es dort als „authentisches Didgeridoo" feilgeboten. Das ist soviel wie „kontrollierter Weizenanbau": ein Trick unwissenden Konsumenten einen indigenen Kontext beziehungsweise ökologischen Anbau vorzugaukeln.

Und haben wir dann doch ein Didgeridoo mit einer Bemalung aus Aboriginal-Hand, wer kann uns sagen, ob die Künstlerin auch nur annähernd fair bezahlt wurde? Wäre es nicht sinnvoller, ein Balinese hat ein Didgeridoo mit Freude bemalt, als das ein Aborigine aus Not einen Teil seiner Kultur für ein Almosen verpfändet hat? Ich kann hier keine Antworten geben.

Inzwischen gibt es erste Versuche, Label der Authentizität zu schaffen. Sie sollen dem Käufer eine faire Beteiligung von Aborigines per

Zertifikat garantieren. Wir müssen hoffen, das enger werdende Märkte und Konkurrenzdruck die Kreativität der kleinen und großen Produzenten inspiriert, nicht mit Betrug sondern besonderen Qualitätsleistungen und *Fair Trade* um Kundschaft zu ringen.

Mir wäre es wichtig in der Kunst den Künstler und seine Lebenseinstellung, seine Philosophie und seine Geschichte zu fördern. Es ist gut, wenn die Aboriginal-Maler an einem Produkt verdienen, dass ihr Volk der Welt überliefert hat und nicht irgendein gewiefter Händler, sei er weißer, gelber oder schwarzer Hautfarbe, der Kopien anfertigt oder die Künstler schamlos ausnutzt.

Am sichersten gehst Du, wenn Du ein Didgeridoo von einem Händler kaufst, der die Instrumente persönlich bei seinen Künstlern in Australien abholt. Immer häufiger signieren die Künstler „ihre" Didgeridoos auch. Noch besser fährst Du natürlich, wenn Du direkt aus der Hand eines Aborigines kaufst. Vor Ort in Australien oder hier in Deutschland oder über eine Internetseite, auf der ein indigener Künstler seine Arbeit direkt anbietet.

Doch Achtung: Wenn ein Aborigine ein Didgeridoo baut und verkauft, heißt das nicht automatisch, das es sich um ein gutes Instrument handelt! Ich habe schon authentische Didgeridoos bei Kunden sehen müssen, durch die wohl kaum mehr als eine Termite geknabbert war, als Instrument ein Witz. Aborigine steht nicht immer gleichbedeutend für „gutes Didgeridoo".

Es gibt natürlich viele künstlerische Stilrichtungen und ich würde die meisten als traditionell bezeichnen. Auf den folgenden Seiten siehst Du einige Beispiele von Bemalungen, wie sie in Deutschland häufig anzutreffen sind:

- *Dot Paintings* (Bilder 2,3 und 4)
- *Cross and Hatch* (Bild 1: David Blanasi)
- Naturdarstellungen (Tiere und Pflanzen) (Bild 4: Denny Tracy)
- Symbolbilder mit verschiedenen Motiven.

Die sehr häufig anzutreffenden Punktmalereien, die *Dot Paintings* sind zum Beispiel aus Zentralaustralien. Hier kam das Didgeridoo früher wahrscheinlich nicht vor. Und dennoch, wenn es seit ungefähr hundert Jahren dort benutzt wird, ist es aus meiner Sicht ein traditioneller

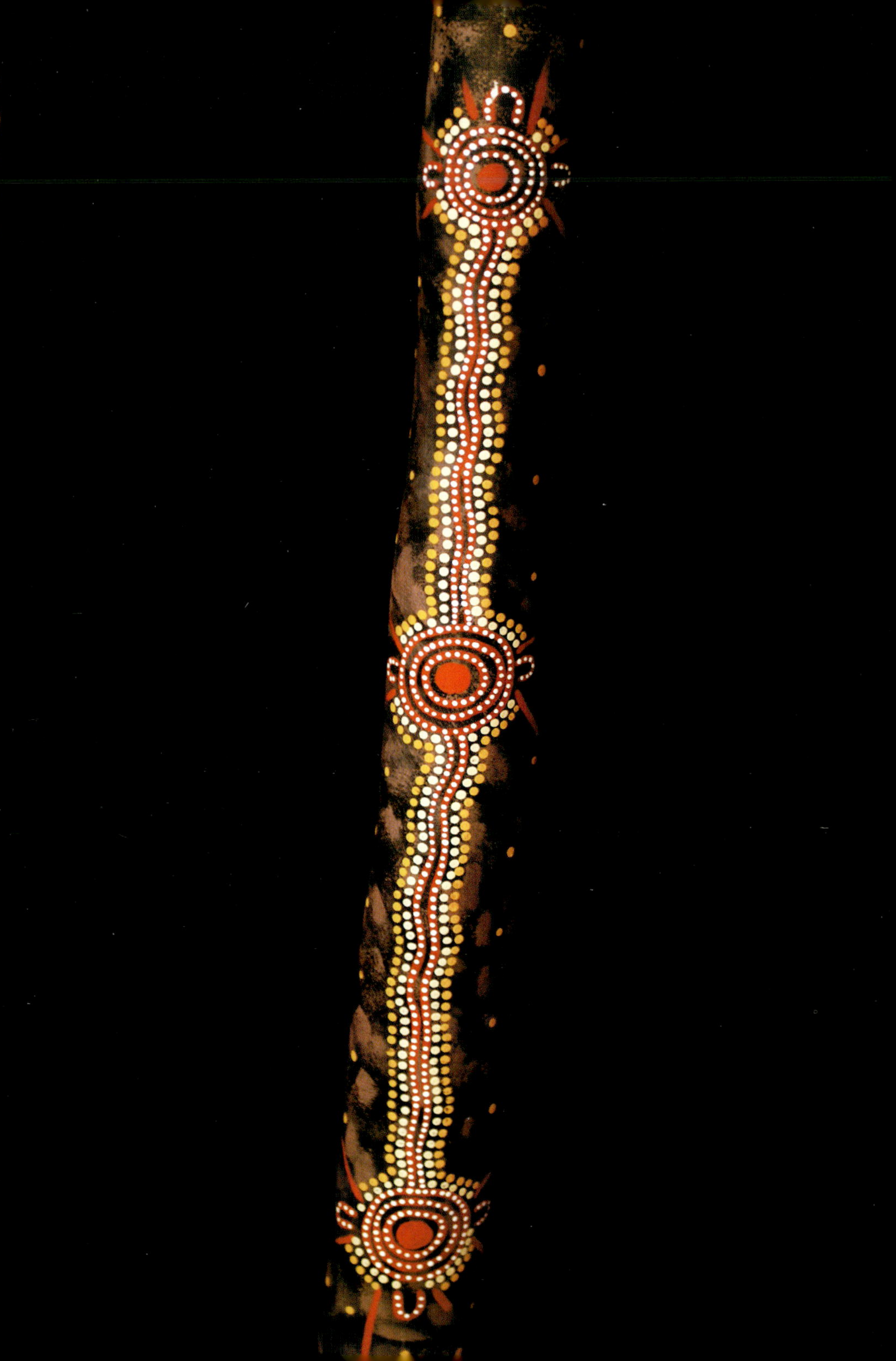

3

4

Stil. Michael Stoeckel, Didge-Bauer und -Lehrer, meint: „Tradition wird etwas, wenn es eine zweite Generation wiederholt."

Bei den „moderneren" Didgeridoo-Kunstadaptionen vereinen sich *Dots* mit anderen stilistischen Elementen oder bestimmen das Bild des gesamten Instrumentes. Ein gutes *Dot Painting* kann in der Herstellung einige Stunden oder gar Wochen dauern, weiß der Großhändler Alistair Black zu berichten. „Je nachdem, wie der Künstler sich fühlt."

Eine andere Stilrichtung sind die *cross and hatch* (Kreuzschraffur)- Didgeridoos, auch *Rarrk* nach der Region ihrer ursprünglichen Entstehung benannt. Kreuz und quer zeichnen die Muster in verschiedenen Farben. Sie sind schlicht und wirken asketisch im Stil. Echte *Rarrks* sind aus dem Norden Australiens, der Wiege des Didgeridoo.

Oft zu sehen sind auch Abbildungen von Tieren und Pflanzen. Dabei sind zwei Richtungen zu unterscheiden: Die Außenansicht eines Wesens, seine für jeden sichtbare Erscheinung. Oder die Anatomie, in der ein Künstler die innere Ansicht eines Wesens darstellt (*x-ray-paintings*). Dies können innere Organe sein, aber auch Energiestrukturen. Meist weisen diese Energiestrukturen auch auf äußere Strukturen, zum Beispiel sichtbare Landschaftsmerkmale oder geomantische Energielinien hin.

Ein weiteres Stilelement innerhalb einer Gesamtbemalung sind die „Querbänder" (Siehe auch Didge-Galerie). Sie stellen oft Körperbemalungen dar.

Viele dieser Stilrichtungen finden sich auch in gebrannten und gecarvten Didgeridoos.

Alle Bemalungen sind letztendlich Symbolbilder, das gemalte Motiv weist auf eine tieferliegende Bedeutung hin, die in ihren Details oft nur Eingeweihten bekannt ist.

Die Bilder und Symbole der Aborigines haben in der Regel nie nur eine Bedeutung, sondern stehen meist für mehrere Dinge, die aus oberflächlicher Sicht scheinbar nicht in besonderer Beziehung zueinander stehen. So könnte das Symbol links sowohl zwei am Feuer hockende Menschen zeigen oder zwei liegende Kängurus an einer Wasserstelle. Ein Bogen alleine könnte ebenso einen Bumerang symbolisieren. Auf dem Didge-Bild rechts geht wahrscheinlich eine Emuspur zu einer Wasserstelle. Auf dem einen zeigen die Punkte den Weg auf dem anderen Bild könnten die Punkte Energiepunkte an den Personen darstellen.

Genau wie in der Sprache, so drückt sich auch in der Kunst des Alten Volkes ein tief sitzendes Bewusstsein für Analogien aus. Für uns ist ein Ding ein Ding und hat eine festumrissene Bedeutung. Für den Aborigine ist eine feste Bedeutung undenkbar, denn wie er weiß, ist alles mit allem verwoben, und so ist seine Welt voller Gleichnisse und Assoziationen. Die *cross-and-hatch-* Malereien könnten verschlüsselte „Ritualzeichen“ sein und die beiden Bildbeispiele könnten Kartenausschnitte besonderer Landschaftsmerkmale zeigen, in welcher der Clan des Künstlers lebt. Genauso aber könnte ein Aborigine auf die Frage, was ein *cross-and-hatch* bedeute, antworten, die vier genutzten Farbe symbolisieren verschiedene Qualitäten der Erde oder Landschaften oder Himmelsrichtungen. Das alte Volk denkt vielschichtig. Eine zeremonielle Bemalung ist für uns vielleicht nur eine solche, aber der Aborigine, der in der Zeremonie initiiert wird, erfährt durch das Malen der Zeichen auf seinem Körper, wie ein Teil der Landschaft als Symbol auf seinen Leib gezeichnet wird. So wird es ihm anvertraut.

Als sicher dürfte gelten, dass kein Aborigine wagt, geheime Inhalte seines Wissens oder das seines Clans auf ein Didgeridoo zu malen, wenn es verkauft oder nichtinitiierten Menschen überhaupt gezeigt wird. Dies wäre ein ungeheures Sakrileg und würde, genau wie das Spielen geheimer Rhythmen oder Melodien, streng bestraft.

Traditionell wurden nur vier Farben in der Kunst des Alten Volkes verwendet: Schwarz, Weiß, gelber und roter Ocker, beide natürlich in unzähligen Abstufungen, aber nicht untereinander gemischt. Heute verwenden die Künstler so ziemlich alle Farben, gerne auch beständigere Acrylfarben. Die sind nicht so wasser- und stoßempfindlich. Zeitgenössische Kunst junger Aborigines gar zeigt sich teilweise von einer überschäumenden Farbfreude, die von der ungeheuren Vitalität dieser Menschen zeugt.

2.11. Didgeridoos aus anderen Materialien

Jedes Rohr von passendem Durchmesser-Länge-Verhältnis lässt sich als Didgeridoo verwenden. Und sie werden auch alle „Didgeridoo" genannt. Das Wort „Didgeridoo" ist ja nicht authentisch, wir nennen also auch ein Kupferrohr, sobald wir in der typischen Art der Klangerzeugung darauf rumbrabbeln, Didge.

Ich lernte das Didgeridoospiel auf einem 120 Zentimeter langen Papprohr. Das klang nicht so pralle, aber ich wollte erst wissen, ob ich überhaupt spielen kann, bevor ich einige hundert Euro für ein Original Termiten-Didge ausgab.

1999 wagte ich in der ersten Auflage dieses Buches die Prognose, dass viele der besseren Didgeridoos bald aus heimischen Hölzern in Europa, Asien oder Amerika gebaut werden. Um die Jahrtausendwende nahm die Entwicklung in der Baukunst derart beeindruckende Formen in Vielfalt und Qualität an, dass ich ihr in meinem zweiten Buch zum Thema Didgeridoo einen Schwerpunkt widmete (*Die Neuen Didgeridoos,* Traumzeit-Verlag). Inzwischen führt die Bauszene die technische Weiterentwicklung des Didgeridoo auf spektakuläre Weise an und hat definitiv Australien als Hauptlieferant qualitativ hochwertiger Profi-Didgeridoos den Rang abgelaufen. In meinen Workshops tauchen fünfzehnjährige Knaben auf, die Didgeridoo-Eigenbauten mitbringen, die hervorragend klingen und mit hoher technischer Raffinesse umgesetzt wurden. Und oft genug können diese jungen Männer kaum mehr als einen Ton spielen! Noch bessere Ergebnisse erzielen natürlich die Bauprofis der Szene, von denen einige schon einen Kultstatus erlangt haben. Sie begeistern mit Präzision und technischen wie optischen Höhenflügen und sind besonders bei Künstlern, Sammlern und Therapeuten gefragt.

Bambus

Es gibt eine Vielzahl von Angeboten, die meisten sind mit Vorsicht zu genießen. Die Bambusdidgeridoos haben den Vorteil sehr leicht zu sein und gut anzusprechen, sie liefern ohne Einspielphase einen passablen, weicheren und weniger akzentuierten Klang als die Hartholzkollegen aus Eukalyptus. Gut eingekauft sind sie sehr billig.

Der große Nachteil: Beim Spielen wird das Didge von innen feucht, es quillt auf. Die äußere Schicht des Bambus gibt dieser Ausdehnung nicht nach und reißt deshalb gerne.

Es gibt verschiedene Methoden, dem Reißen vorzubeugen. Die Bambusdidges werden über einem Feuer oder in einem Ofen erhitzt. Dieser Vorgang verändert die Zellstruktur des Bambus. Er arbeitet nun nicht mehr so stark und reißt dementsprechend seltener. Bambusdidgeridoos dieser Art kamen früher aus Australien, doch inzwischen können die dortigen Händler mit den Billigwaren aus Asien nicht mehr mithalten.

Michael Marahrens, Didgeridoo-Bauer aus Bremen sucht Bambus mit großer Wandstärke aus und wickelt sie zudem an potentiellen Sollbruchstellen. Instrumentenbauer Nicolas Fuxius sagt, der Bambus müsse nur nach dem Mondkalender geschnitten und korrekt gelagert werden, um Qualität zu liefern. Es gibt einzelne Händler in Indonesien, die machen sich diese Mühe, während andere absolut jedes Bambusrohr verarbeiten, ohne Rücksicht auf mögliche Rissverluste zu nehmen – zum Nachteil der Kunden.

Einige Workshoplehrer bieten auch Baukurse für Bambusdidges an. Lass Dich hier nicht übers Ohr hauen! Bambus kannst Du in jeder besseren Gartenhandlung sehr billig kaufen und Dir dann selbst eines bauen. In Australien werden Bambusdidgeridoos womöglich schon länger als Eukalyptusinstrumente gespielt.

Kunststoffrohre

Es gibt sie in jedem Baumarkt in jeder erdenklichen Form und Länge. Mit Wachsmundstück versehen und gerne von Einsteigern als sehr billige Variante genutzt. Ich muss jedoch zur Vorsicht raten: PVC-Rohre enthalten Additive, die sich bei Erwärmung aus dem Kunststoff lösen und auch gegen den Atemstrom in den Mund und damit in den ganzen Organismus gelangen. Die meisten PVC-Rohre enthalten nur noch sehr wenig dieser Stoffe, teilte man mir nach einer Anfrage bei Greenpeace mit. Doch ein Mundkontakt ist nicht empfehlenswert. Besser man benutzt gleich Rohre aus Polyethylen, wenn es schon Plastik sein muss. Auf keinen Fall Rohre aus recyceltem Hart-PVC. Diese sind, so Greenpeace, in ihrer Zusammensetzung nicht kontrollierbar und können erhebliche Mengen giftiger Stoffe enthalten. Plastik wird irgendwann dauerhafter Müll. Holz und Bambus werden höchsten Kompost oder Heizmaterial.

Glasrohre

tauchen in immer interessanteren Formen und inzwischen auch farbig auf. Sie haben teilweise ein unheimliches, klares Klangverhalten und bringen Töne hervor, die jenseitig sind. Nicht so schön sieht bei unbemalten Rohren das Kondenswasser aus, die sich natürlich für alle sichtbar im Rohr sammelt und schon bald unten raussuppt.

Der größte Nachteil: Statt Rissen droht der Scherbenhaufen.

Auch hier kommt eine echte Innovation aus Deutschland: Die Firma Treibholz stellt sandgestrahlte Glasdidgeridoos her. Diese lassen sich auf einen speziellen Lichtsockel stecken. Mit verschiedenen Farbgläsern auf der Lichtquelle werden aus den Glasdidges preisdekorierte Designerleuchten.

Metallrohre

Gibt es auch in Baumärkten. Nach dem Spiel aber, genau wie übrigens auch Glas- und Plastikdidges, schön ausputzen. Sonst mufft es bald aus dem Rohr. Die Metalldidges sind kostengünstig, haltbar und klingen mit einem Wachsmundstück versehen … metallen. Aber immer schön drauf achten, auf was Du spielst. Einige Metalle wie Blei sind sicher mehr als gefährlich für die Gesundheit.

Verschiebbare Didgeridoos

Kenne ich aus Aluminium oder Plastik. Zwei oder drei Rohre verschiedener Durchmesser werden übereinander geschoben und so kann man Didges beliebiger Länge basteln oder beim Spiel die Rohre verschieben und zum Beispiel nach Noten spielen oder Effekte setzen. Verschiebbare Didges lassen sich auch gut auf Begleitinstrumente einstimmen.

Genau wie Glas, Metall und Kunststoffdidgeridoos sind sie aus nicht nachwachsenden Rohstoffen. Sie alle sind ökologisch und klang-technisch gesehen keine echte Alternative zu Holzdidgeridoos. Aber mit dieser Meinung bin ich sicher nicht sehr populär. Spielen auf Plastik findet viele begeisterte Anhänger. Bei dem geringen Preis geben viele Menschen keinen Deut auf Gesundheit und Preis.

Heimische Hölzer

Didgeridoos aus heimischen Hölzern begeistern mich persönlich sehr. Es gibt wirklich viele Menschen in Mitteleuropa, die sich Didgeridoos aus heimischen Hölzern selber bauen oder Spitzeninstrumente von einem der vielen Didgeridoo-Bauer kaufen. Sie werden aus beliebigen Bäumen oder Ästen gemacht oder sogar aus fertigen und durchgetrockneten Holzbalken aus dem Baumarkt. Jeder Didgeridoo-Bauer hat seine Vorlieben. Meist wird das Holz der Länge nach gespalten, dann mit Holzwerkzeugen ausgehöhlt und behandelt. Am Schluss bleiben zwei Holzschalen, die mit Spezial-Klebern verleimt werden. Sie zeichnen sich oft durch eine geringes Gewicht und einen satten, präzisen Sound aus. Durch jahrlange Erfahrungen oder aber durch neue revolutionäre Planungsmethoden, wie Kay Reimer und Dr. Frank Geipel sie vorstellen (siehe: Das Didgeridoo-Phänomen, Traumzeit-Verlag) ist es möglich, Sound, Aussehen und Anspielverhalten der Didgeridoos genau zu bestimmen.

Einige Didgebauer, wie Jan-Ole Haber, Eddy Halat oder Walter Strasser und Johannes Schildkamp, die ihre Instrumente bohren, haben ihr Handwerk so verfeinert, dass ihre Didgeridoos unter Profis in Deutschland wie Australien als Tip gelten. Sie fertigen Meisterdidgeridoos.

Die Preise einiger Bauprofis entsprechen denen guter und allerbester Eukalyptusdidgeridoos.

Kunst-Didges

Was hindert Dich, Dein Didgeridoo selbst zu bemalen, in einem Stil, der Dir gefällt und der es zu einem absoluten Unikat macht? Schau Dich doch mal in der keltischen oder germanischen Frühgeschichte und ihrer Kunst um. Es ist allemal authentischer, ein solches europäisches Design auf Dein Didgeridoo zu übertragen als ein australisches Motiv. Zudem verletzt Du keine Copyrights, wenn Du einen europäischen oder eigenen Stil benutzt. Ich selbst lebe und arbeite als bildender Künstler und was lag da näher, als ein Didge in eine bunte, klingende Kunstsäule zu verwandeln? (siehe auch Didgeridoo-Galerie) Der Wert eines solchen Instrumentes wird dann weniger von der Qualität des Instrumentes als vom Marktwert des Künstlers bestimmt. So ein Instrument ist dann natürlich nur noch für Sammler und Spekulanten bezahlbar.

Didgeridoos-Didgeridoo-Didgeridoos

Schön, wenn Menschen ihre Kreativität in Musik und Instrumente investieren. Hky Eichhorn fertigt „Windhörner“ aus Agavenholz. Dieses Material ist schön in der Struktur und sehr leicht. Im Anspielverhalten und Klang ziehen viele Didger manch ein Agaveninstrument dem Eukalyptus vor.

Hky bietet auch Wochenenden an, wo Du Dir in einer besonderen Zeremonie Deinen eigenen Rohling zu einem Didgeridoo bauen kannst.

Instrumentenbauer Nicolas Fuxius setzt seine Didgeridoos aus zwölf Leisten zusammen. Es gibt abgefahrene Didges aus Hanffasern, Keramikdidgeridoos von Barry Hall und sogar Didgeridoos in Form einer Holzbox mit überraschend gutem Sound. Der Holländer Dinant Beunk baut seit fast dreißig Jahren Midwinterhörner aus Birke. Sie sehen aus wie Didges, sind superleicht und klingen sehr dynamisch.

Das ist eine wunderbare Entwicklung. Keine Grenzen für den Klang.

Ich trug dieser mehr als aufregenden Entwicklung mit dem in limitierter Auflage produzierten Sammlerbuch „Die Neuen Didgeridoos“ Rechnung. Hier berichte ich über die Entwicklung der Didgeridoobewegung und insbesondere die Didgebauszene, zehn kreative Baukünstler und ihre Art, Instrumente herzustellen. Die dem Buch beiliegende Musik-CD ist die erste ihrer Art, die komplett Didgeridoo auf europäischen Instrumenten spielt und so die Vielfalt in Sound und Ausdruck dokumentiert.

2.12. Die Didgeridoo-Galerie

Um Dir als Einsteiger die enorme Vielfalt verschiedenster Didgeridoos in Bemalung und Form ein wenig zu dokumentieren, habe ich eine Galerie mit Didgeridoos eingefügt. Die Auswahl der Instrumente folgt keinen anderen Kriterien als der des Zufalls: Es sind Didgeridoos aus meiner Sammlung oder von Freunden oder Kunden des Traumzeit-Verlages oder einfach von Didges, die mir irgendwie aufgefallen sind. Leider war mir nicht bei allen Instrumenten der Künstler bekannt, der sie gebaut beziehungsweise bemalt hat. Diese Galerie stellt in keiner Weise einen Anspruch auf Vollständigkeit oder Wissenschaftlichkeit, sie soll einfach ein sinnlicher Schau-Genuss sein.

Die gezeigetren Instrumente stammen aus folgenden Sammlungen:

(a) Thomas Eberle, Surya Music, Heiligkreuzsteinach
(b) David Lindner, Atelier David, Schönau
www.atelierdavid.de
(c) Felice Limacher, Tjapukai Creations, Pfäffikon
www.tjapukai.ch
(d) Walter Strasser, Didgeridoo-Art, München
www.didgeridoo-art.com
(e) Michael Marahrens, Werkstatt für Flötenbau, Bremen
www.floetenbau.de
(f) Guan Y Lim, Australien. iDIDJ Australia Exhibitions Collection.
www.ididj.com.au
(g) Barry Hall, Burnt Earth Musical Instruments
www.BurntEarth.com
(h) Matthias Eder, Mad Matt´s Didgeridooshop, Siegburg
www.mad-matt.de
(i) Bruce Rogers, Australien
www.didgesbybruce.com.au
(j) Nicoloas Fuxius, Anklang-Musikwelt
www.anklang-musikwelt.de

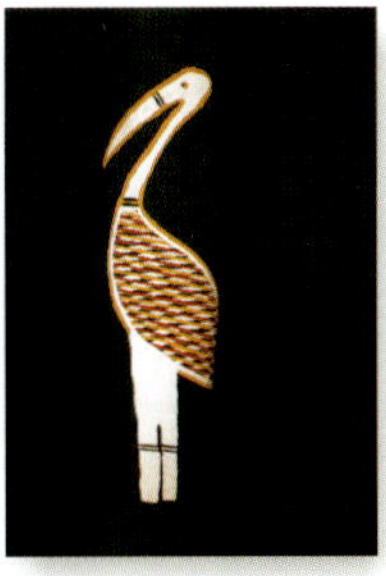

Tierdarstellung (h)
Ein großer Vogel, gemalt von einem unbekannten Künstler aus Numina in Zentralaustralien.

u. rechts:
Sammlerwerk (h)
Zum Spielen fast zu schade ist dieses detailreich bemalte Spitzeninstrument von Jenny Reid aus Alice Springs in der Mitte Australiens. (Detail unten links)

Indigene Kunst (c)
Zwei sehr schöne bemalte Instrumente von Rose Laynba Laynba aus Maningrida vom Clan Madarrpa. Rechts das Dreaming Crocodile.

rechts und detail unten:
Dot für Dot (h)
Aus der Utopia-Community stammt dieses Dot-Paint-Didge von Paul Janima.

oben:
Dodekaeder-Didgeridoos *(j)*
Didgeridoos aus zwölf Einzelleisten, die zu einem Dodekaeder zusammengesetzt werden. Nicolas Fuxius von Anklang-Musikwelt *baut diese raffiniert konstruierten Didges.*

links:
Riesendidgeridoo aus Bambus *(e)*
Ein 230 Zentimeter langes Didgeridoo aus Bambus, gebaut von Michael Marahrens *in Bremen.*

rechts
Alte Arnhem Land-Didjeridus *(f)*
Eine Sammlung Didjeridus recht verschiedener Instrumente aus den 1940iger bis 1960iger Jahren.

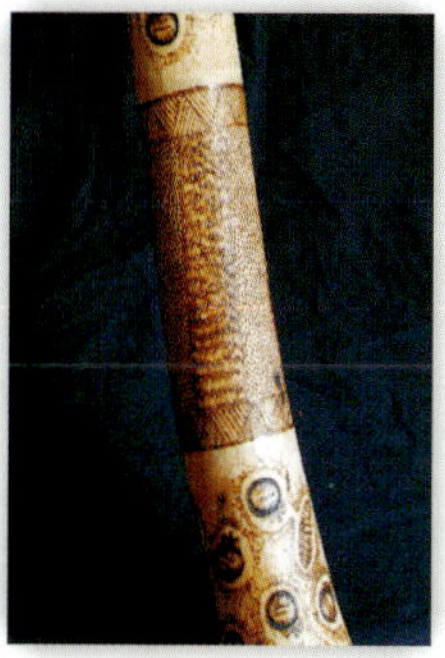

*Gecarvte und brand-
bemalte Didgeridoos
(a) (b)
Ganz links ein gecarv-
tes Didgeridoo: In Feu-
ersglut geröstet, dann
abgeschabt und
brandbemalt.*

*Das brandbemalte
Didgeridoo rechts
wurde von Frankie Lee
verziert.
Mit elektrischem
Brennwerkzeug wird
diese Didgeridoos mit
Gravurbemalungen
gestaltet- Sie halten
ewig.*

*Agaven-Windhorn
von Hky Eichhorn
(a)
Hky Eichhorn,
Windhorn-Bauer
aus der Pfalz stellt
seine federleichten
Instrumente aus
Agaven-Blütensten-
geln mit Hilfe von
Feuer, Wasser, Erde
und Luft her.*

oben:
Mondphasen-Didgeridoo in Bohrtechnik (b)
Johannes Schildkamp schnitt die Weißbuche nach dem Mondkalender an einem ganz speziellen Tag und konnte das Holz schon wenige Tage später bearbeiten. Durch Herausarbeitung der Rinde entstand ein wunderschönes Instrument.

unten
Rote Kunst von Wesley Nangarridj (c)
Diese roten Didges und das seltene „um die Ecke"-Exemplar stammen aus Malwon. Nangarridj ist vom Clan Djamala. Das „Dreaming" auf dem Winkelinstrument heißt: Yowk yowk.

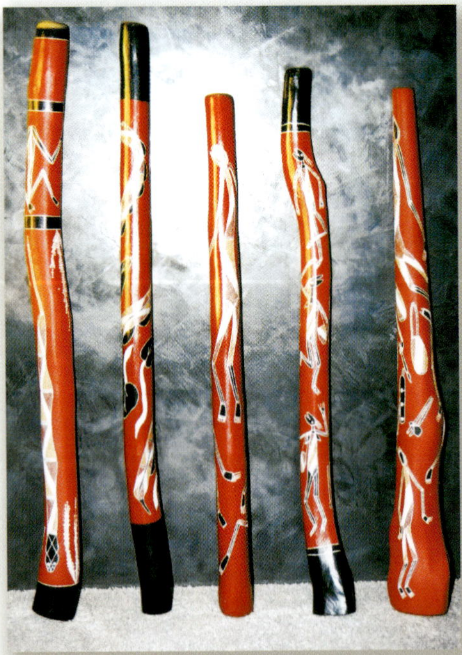

links:
Eukalyptus Didgeridoos aus Bali (c)
Einige hochwertig bemalte Didgeridoos aus der Werkstatt Adjat Lesmana *in Bali.*

unten:
Alte Yidakis
Zwei sehr seltene und alte Didjeridus aus der Region Far North Queensland (f)

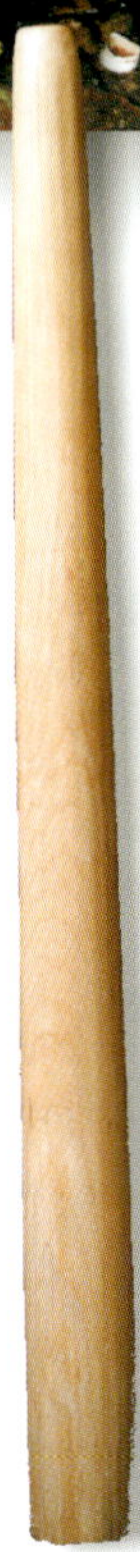

Hier siehst Du ein Instrument aus Kiefer. (b) Der Rohstoff besteht aus einem Holzbalken aus dem Baumarkt, der in Schalentechnik in ein Didge verwandelt wurde.

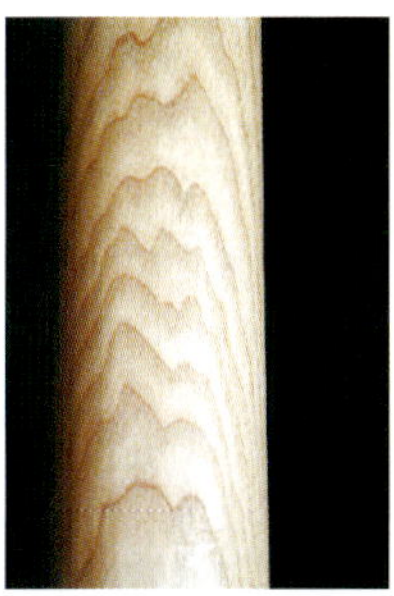

Licht-Didgeridoos von Treibholz *(b)*
Auf diesen preisgekrönten Designobjekten von der Firma Treibholz lässt sich Didgeridoo spielen.
Die sandgestrahlte Glasröhre lässt sich vom Lichtsockel ziehen und als Instrument verwenden

Ein Yidaki mit Namen Baywara von Djalu Gurruwiwi (f)
Djalu spürte einen stechenden Schmerz in seinem Knie während er den Baum fällte, aus dem Baywara gebaut werden sollte. Sein Totem lightning begegnete ihm in diesem Schmerz. Als Djalu Baywara nach der Fertigstellung spielte, traten den Frauen seiner Community Tränen in die Augen, denn der Klang erinnerte sie an ein besonders machtvolles Yidaki, das sie vor vielen Jahren gehört hatten und das ebenfalls Baywara hieß.

Zwei Yidaki aus den 1990igern aus der Dhalinybuy community in Nordost-Arnhemland
Das Instrument links ist ein Zeremonial-Didgeridoo*. Künstler unbekannt. Das andere Yidaki ist von Djakapurra Munyarryun, dem Haupttänzer der Bangarra Dance Company. (f)*

Drei Yidakis mit aussergewöhnlich aufgeweiteten Mundstücken (f)
Links: Von Mangay Guyula aus dem Djambarrpuyngu-Clan, gebaut in den 1970igern.
Mitte: Künstler unbekannt, wahrscheinlich vom Dhalwangu-Clan.
Rechts: Von Mathaman Marika aus dem Rirratjingu-Clan, aus der Sammlung Jim Davidson, Pioneer Aboriginal Art.

links:
Hanf-Didgeridoos von Stone (b)
Man glaubt es kaum, aber dieses fast unkaputtbare Didgeridoo ist aus Hanffasern. Ganz ohne Zusatz von Chemie – vollkommen organisch! Mit Wunschklang und durchaus kompostierbar.

rechts:
Von Mungandjiwuy Munyarryum (c)
Diese beiden Instrumente sind eigentlich Museumsstücke und sehr teuer. Sie kommen aus dem Nordost-Arnhemland, der Yirrkala-Community.

Links:
***Das Werk eines Altmeisters** (h)*
Ein altes Original von Meister David Blansi aus Beswick oder in seiner Sprache: Wugularr.

Rechts:
***Ein Didgeridoo mit Trichter** (b)*
Eine schöne Bemalung (Künstler unbekannt) und eine auffällige trichterförmige Weitung des Bell-Ends.

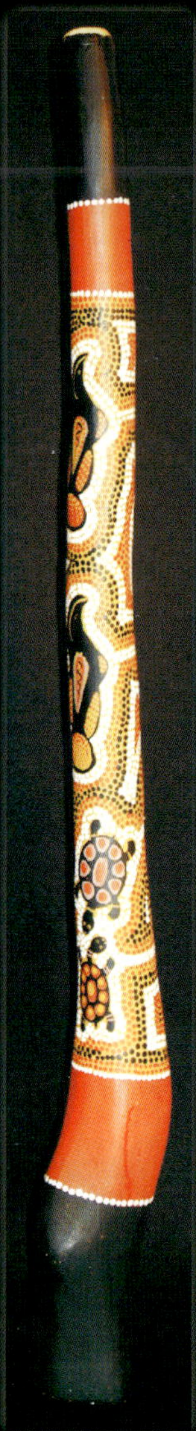

Verschiedene Dot-Paitings
Ein Dotpainting aus Zentralaustralien mit Schildkröten-Motiv von ***Kathy Arbon*** *(h). In der Mitte ein Instrument mit modernerer Farbwahl, Künstler unbekannt. (b) Rechts ein Sammlerstück von* ***Tray Denny*** *aus Zentralaustralien – Wenn Bienen träumen.(h)*

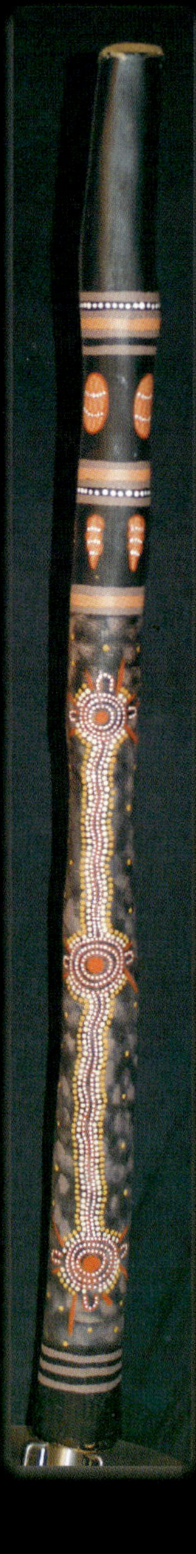

Utopia *(h)*
Von ***Amy Trailen*** *aus Utopia der Mitte Australiens dieses sehr punktreiche Didgeridoo.*

Keramik-Didgeridoos *(g)*
Barry Hall *aus Amerika baut diese Instrumente. Sie haben nicht nur eine recht eigenwillige Form. Sie sind noch dazu aus Keramik!*

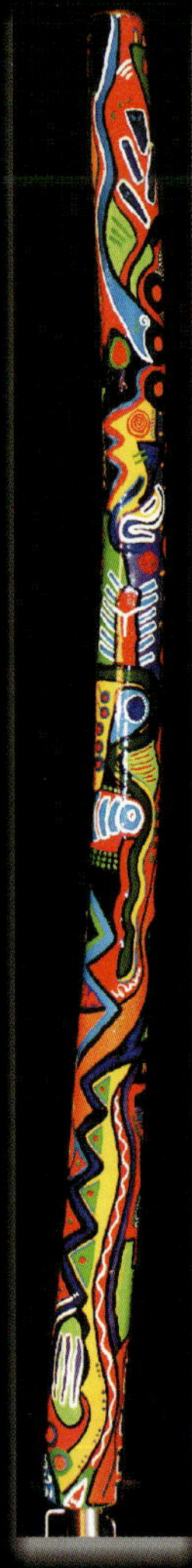

Von links nach rechts

***Nordwest-Arnhemland** (h)*
*Von **Milkay Mununggur** ist dieses sehr modern und stylig anmutende Didgeridoo.*

***Cross and Hatch** (h)*
*Ein Instrument in traditioneller „cross und hatch"-Bemalung und mit außergewöhnlicher nach unten geweiteter Form. Der Künstler heißt **Sammy Yunupingu** aus dem Arnhem Land.*

***Didgeridoo mit individueller eigener Bemalung** (b)*
Wären Didges schon zu seiner Zeit populär gewesen hätte Picasso wahrscheinlich eines bemalt und damit zum teuersten Didge überhaupt gemacht. Du kannst ein Didgeridoo ganz einfach mit Deinem Design bemalen wie ich es hier mit meinem gemacht habe.

oben und rechts:
Custom-Made by Halat
Eddy Halat baut Didgeridoos nach Kundenspezifikationen, durch fantastisches Artwork mit Hilfe seiner Frau Eva werden sie zu optischen Leckerbissen.

links und mitte
Sammlerstücke

Didgeridoo von einem Künstler der **Blanasi-Familie** aus Wugullar. (b)

Dünnwandig und voluminös ist dieses Didgeridoo, wahrscheinlich von **Left Hand George Jungawonga** oder einem Verwandten aus **Weemol** Nordaustralien. (b)

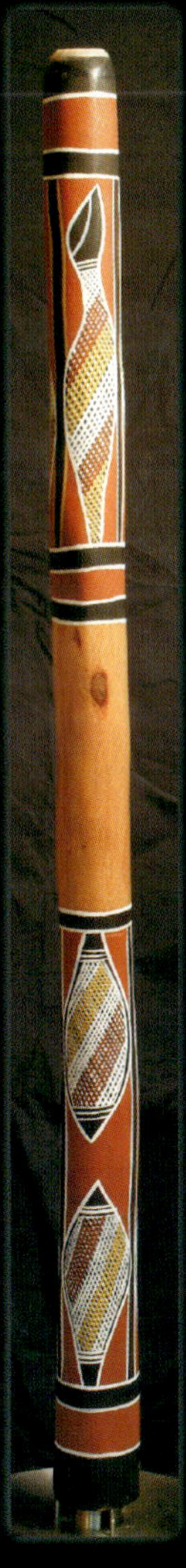

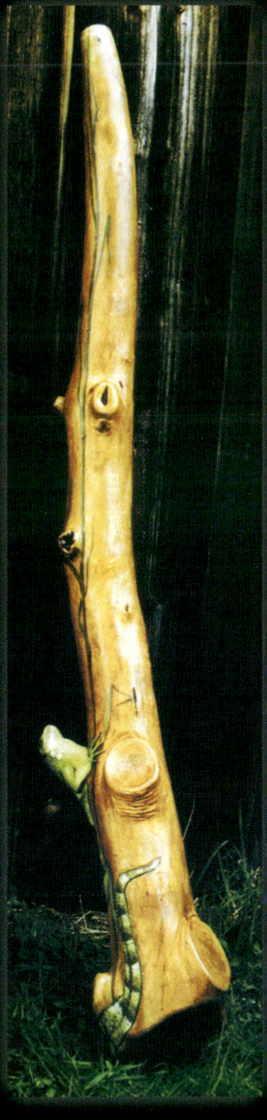

links:
Krokodil-Didgeridoo (b)
Ein zwei Meter langes, absolut zylindrisches australisches Didgeridoo. Die einzige Unebenheit ist ein kleiner Huckel, der raffiniert als das Auge des Krokodils in die Bemalung integriert wurde. Künstler unbekannt.

rechts
Don Weluk (c)
Drei schöne australische Didgeridoos mit indigener Kunst.

Bruce Rogers (i)
Ein weißer Didgeridoo-Bauer, der Wert auf Klasse statt Masse legt und mit wunderschönen Didges überzeugt.

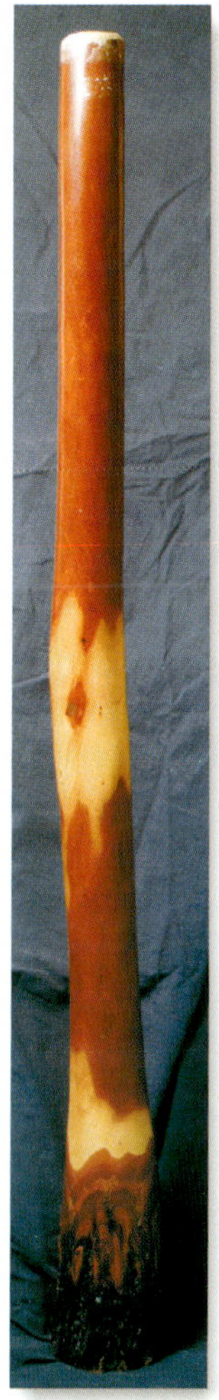

Schweres Boxgum-Didgeridoo (b)
Ein Didgeridoo mit am Bell-End belassener Rinde aus einem sehr schweren Holz mit schöner Maserung, wahrscheinlich Boxgum oder Bloodwood.

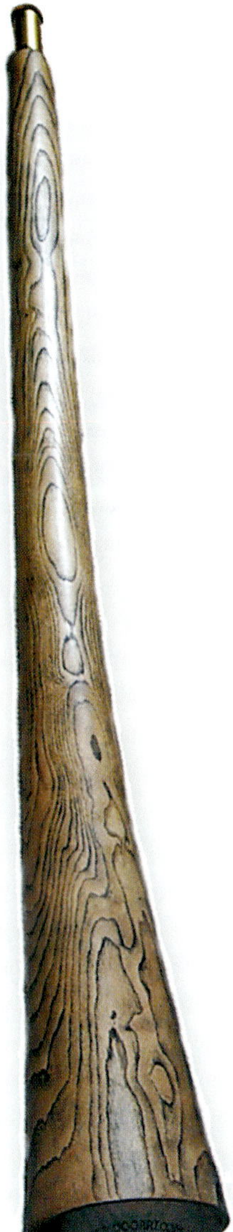

Woodslides (d)
Walter Strasser baut Didgeridoos mit spiegelglatter Oberfläche. Seine neuste Kreation: Holzdidgeridoos mit verschiebbaren Mundstück-Teil.

Mallee mit Rindenfuß (b)
Australisches Mallee-Tree-Didgeridoo mit urigem Äußeren.

2.13. Didgeridoos in der aktuellen Musikszene

Erst gut fünfzehn Jahre ist es her, da war das Didgeridoo in Deutschland, ja in ganz Europa, so gut wie unbekannt. Noch 1993 recherchierte Dirk Schellberg in seinem vielbeachteten Buch "Didgeridoo" einzelne Vorreiter, die Didgeridooklänge in Rock und Pop integrierten. Ein ganz anderes Klangbild heute. Seit der Olympiade 2000 in Sydney kennt fast jeder Fernseherschauer das Instrument der Ureinwohner Australiens.

Die Klänge des Didgeridoo tauchen regelmäßig im Hintergrund von Technosongs auf. Weltweit unterlegen Musiker in Rock, Pop, Jazz und besonders in der Weltenmusik ihre Produktionen mit Didgeridoo-Effekten. Die Band Yothu Yindi ist ebenfalls schon lange kein Geheimtip mehr. Sie füllt hierzulande Konzerthallen. Mit einer Mischung aus Rock und archaischen Sounds, verbunden mit nachdenklichen Texten schaffte sie als erste australische Aboriginal-Band den Sprung in die Charts und den weltweiten Erfolg. Die Gruppe ist für ihr soziales und politisches Engagement bekannt. Ein Besuch ihrer Konzerte lohnt sich immer.

Meistens wird das Didgeridoo in der Populärmusik jedoch nur als Begleit- und Hintergrundinstrument verwendet. Hier soll die Rede von Didgeridoo-Musik sein.

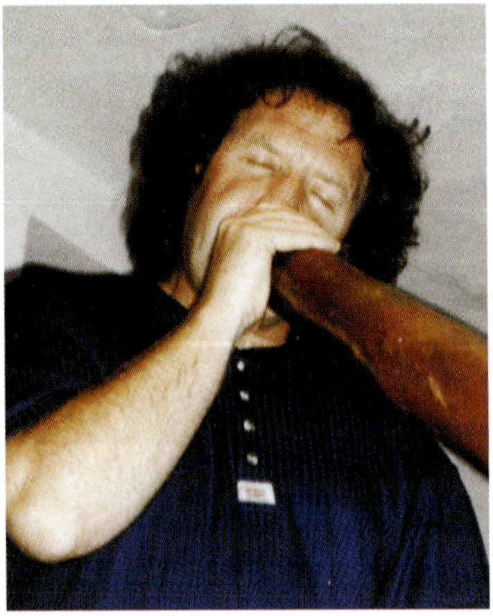

Der Australier ***Gary Thomas*** (Foto) ist sicher einer, den man nennen muss, wenn es um die Anfänge der Didgeridoo-Musik in Deutschland geht. Garys Stil ist von langen Zyklen geprägt, er webt Klangteppiche in steter Wiederholung eines Themas, in welches er kleine Variationen und Effekte setzt. Er ist ein echter Herzspieler, das sieht und hört man bei Liveauftritten. Gary ist einer der Wegbereiter eines eher gefühlsbetonten Didgeridoo-Spiels.

Ein Pionier der Didgeridoo-Musik ist der weltweite Top-Bühnenact ***Charlie McMahon***. Der nicht mehr ganz junge Musiker lässt auf der Bühne manch einen jüngeren Kollegen alt aussehen. Er bringt durch die Kombination von Didgeridoo-Klängen und tanzbarer Schlagzeugbegleitung oder elektronischer Grooves die Menge zum Tanzen. Sein besonderer Gag: Charlie nimmt beim Didge-Spiel mit einem Spezialmikrophon Sounds direkt aus dem Mund ab. Klingt ziemlich abgefahren!

Charlie gehört zu den innovativsten und beständigsten Größen im Didgeridoo-Musikbusiness, er ist schon jetzt so etwas wie eine Legende.

In Deutschland, der Schweiz und Österreich finden sich eine Unzahl von Gruppen und Solisten, die Musik mit und um das Didgeridoo machen. Viele gehen so schnell wieder unter wie sie aufgetaucht sind und Neue kommen ständig hinzu.

Zeichneten sich in den Jahren 1985 bis ungefähr 2001 viele Produktionen durch Einfallsreichtum und das Beschreiten neuer kreativer Wege des Didgeridoo-Spiels aus, so überzeugt der Markt in der Gegenwart eher durch Professionalität der Spielstile und Arrangements. Technische oder kompositorische Innovationen lassen sich kaum noch hören. Jeder zitiert jeden und ringt darum, noch schneller, noch präziser oder noch ätherischer zu spielen und eine klare Tendenz gibt es dahingehend, für den breiten Markt taugliche Produktionen zu spielen.

So ist in den letzten Jahren auch eine immer klarer hervortretende Trennung der Stilkulturen zu beobachten: Auf der einen Seite hören wir sehr stark rhythmusbetonte, oft technisch überaus filigrane Didgeridoo-Musik. Sie wird mit elektronisch oder akustisch gespieltem Tanzbeat auf Partyniveau getunt und überzeugt durch „Drive und Power“. Es geht oft um Geschwindigkeit, Virtuosität durch Komplexität und eine gewissen Lautstärke.

Auf der anderen Seite hat sich das Didgeridoo als Instrument der New Age- und Esoterikbewegung etabliert. In diesem Genre fällt jedoch häufig ein sehr indifferentes und schwammiges Didge-Spiel auf, mehr ein müdes Backgroundgebrabbel. Das finde ich persönlich sehr bedauerlich. Ich selbst bevorzuge ein sauber und präzise aber dennoch gefühlvoll schwebend gespieltes Didgeridoo als viel effektiver im Sinne einer ganzheitlichen Wirkung als das müde Dröhnen vieler Esotitel.

Doch es steht zu erwarten, dass sich beide Bewegungen nach einer anfänglichen Phase der Berührungsscheu gegenseitig befruchten werden. Die Techniker spielen zunehmend gefühlvoller und die Sphäriker werden mit immer sauberer gespielten einzelnen Tönen ihren Hörern den Weg in die veränderten Bewusstseinzustände weisen.

Im Grunde habe alle Stile der Didgeridoo-Musik ein und dasselbe Ziel: Sie wollen uns dem Alltag entrücken. Ob wir das tanzend oder meditierend tun oder tanzend meditieren und meditierend tanzen: Es geht um die Veränderung des Bewusstseins. Für die einen „just for fun" für die anderen aus einer spirituellen Motivation heraus, in meinen Augen ist das aber auch „fun".

Die White Cockatoo Group. Authentische Einblicke in die Kultur. Wie man an dem Gruppenportrait unschwer erkennt, haben die Männer auch ihren Spaß auf diesen Reisen.

Mit freundlicher Genehmingung von Ur-Laut

Habe ich in den Auflagen zuvor noch einige Gruppen und Solokünstler namentlich hier erwähnt, so würde ich heute der Situation nicht gerecht, wenn ich fünf oder zehn oder zwanzig Künstler promote. Es sind inzwischen viel zu viele und von ihnen sind wieder sehr viele sehr gut, es sprengt den Rahmen dieses Buches. Die Zahl der Gruppen und Projekte, die regelmäßig auftreten, dürfte in Deutschland gegen hundert gehen. Jede mit einem eigenen Stil und sehr oft in Kombination mit den verschiedensten Instrumenten.

Das Bewusstsein für Musik und Klänge ist in unsere Gesellschaft in enormer Bewegung. Das Interesse für kleinere Veranstaltungen und Experimente nimmt langsam aber beständig zu. Ich bin mir sicher: Das

Didgeridoo wird weiter sehr erfolgreich sein und damit wird auch die Anzahl der Künstler weiter steigen. Es lohnt sich wirklich mal reinzuhören. In den Konzerten, wie auch auf vielen CDs Dir völlig unbekannter Gruppen und Solisten kannst Du auf wunderschöne Klangerlebnisse treffen. Hier hörst Du Musik, die sich viele populäre Künstler nicht trauen, weil sie nicht marktfähig erscheint.

In den letzten Jahren hat sich in Deutschland (wie in vielen anderen Ländern dieser Welt) eine Menge getan: Eine Reihe von Festivals im ganzen Lande versammelten das kreative und kommunikationsfreudige Didgeridoo-Volk in spannenden Events. Über verlängerte Woche-

Djalu Gurruwiwi und Familie. Das Foto zeigt Djalu von hinten und ein Familienmitglied bei einer Aufführung in Eisenbach

nenden treffen sich hier die Topacts aus Deutschland, Österreich und der Schweiz, verstärkt durch die „Stars" aus Australien. Konzerte, Performances, Vorträge, Workshops und Ausstellungen zum Thema rundeten die Events ab.

Ich kann nur empfehlen, Dich umzuhören. Gerade bei kleineren Kulturinitiativen überzeugen virtuose Solisten oder Gruppen mit erstaunlichem Spielkönnen, und auf den großen Didgeridoo-Festivals bekommst Du Didgeridoo in so mannigfaltiger Variation zu hören, dass Dir die Ohren wegglühen. Kirchenkonzerte mit einer obertonorientierten Didgeridoo-Musik gibt es auch regelmäßig und oft sogar auf dem „platten Lande".

Den CDs zu lauschen ist übrigens ein guter Tip zum Erlernen neuer Sound, Rhythmen und Effekte. Sehr viele fortgeschrittene Spieler lernen eben so: indem sie sich Sounds von CDs zusammensuchen oder sich auf Festivals und Konzerten oder den immer häufiger stattfindenden Didger-Treffen über ihre Spieltricks austauschen. Gute Didgeridoo-CDs findest Du in der Regel nicht bei Mediamarkt, Saturn, Karstadt und Co. Didgeridoo-Musik ist im Didgeridoo-Fachhandel, bei den Künstlern selbst oder in kleineren Verlagen und Labels zu finden, die in den Supermärkten natürlich nicht präsent sind. Ein wenig zu suchen lohnt sich!

Ganz besonderes Augenmerk würde ich an Deiner Stelle auch auf Events richten, bei denen indigene Gruppen auftreten. Regelmäßig besucht uns die White Cookatoo Group und vor zwei Jahren war erstmals Altmeister Djalu Gurruwiwi mit seiner Familie auf einem spektakulären Event im Schwarzwald zu sehen. Diese oft von privater Hand organisierten Besuche vermitteln Dir ein Stück weit Authentizität zeitgenössischer indigener Kultur, die ihren Ursprung in der fernen Vergangenheit hat. (Foto vorige Seite rechts)

2.14. Das Bronzehorn der Iren

und andere didgeridooähnliche Instrumente

Es gab in der Vergangenheit vieler Kulturen der Welt Instrumente, die sich wie Didgeridoos spielen ließen. Ein gutes Beispiel sind die Midwinterhörner, die der Holländer Dinant R. Beunk seit fast dreißig Jahren baut. Ich durfte sie ausprobieren: Sie spielen sich wie beste Didgeridoos und verfügen zusätzlich über austauschbare Mundstücke, die spezielle Trompetentöne auf dem Instrument erlauben. Historische Aufzeichnungen belegen eine Verwendung des Instrumentes schon vor Jahrhunderten in Holland, Westfalen und Polen. Midwinter war eines der wichtigsten Feste unserer Altvorderen in der vorchristlichen Zeit Europas. Der Name des Instrumentes legt nahe, das die von Dinant und vielen anderen Holländern bewahrte Tradition viel älter ist, als uns die von der Inquisition übriggelassenen historischen Dokumente glauben machen wollen.

Vielleicht hat schon zu Urzeiten irgendwo eine Neanderodersonstwotalerin auf dem ausgehöhlten Knochen eines erlegten Riesenviehs rumgepustet und plötzlich erklang ein brubbelnder Ton. Ich bin sicher, sie war sofort der „Hit“ in ihrer Gruppe ...

Aus nicht ganz so alter Geschichte gibt es eine spannende Entdekkung: In Irland wurden seit dem achtzehnten Jahrhundert die meisten Funde bronzezeitlicher Instrumente weltweit gemacht: 104 Bronzehörner, Dord Ard, Dord Íseal und Adharc genannt, sowie 48 Glocken oder „Crothalls“ konnten bisher geborgen werden. Über diese Funde gab es nur wenige Erkenntnisse, bis Simon O´Dwyer, ein irischer Musiker, Nachbauten anfertigte und so Licht in das Dunkel der Theorien brachte: Die Instrumente stammen aus den Jahren 1400 bis 800 vor Christus. Die Bronzehörner sind ein Beispiel für die hohe handwerkliche Kunst dieser Zeit.

Die Instrumente sind nicht keltischer Herkunft, wie immer noch oft behauptet wird. Die Kelten fielen erst ab 600 vor Christus in Irland ein. Da es kaum Artefakte aus den folgenden drei Jahrhunderten gibt, ist anzunehmen, dass ein „Zeitalter der Dunkelheit“ über das Land und seine Bewohner kam.

Die Instrumente fanden sich fast immer paarweise aufbewahrt, immer ein Dord Ard und ein Adharc zusammen, sehr oft in größeren Ansammlungen. Alle 48 Crothalls wurden an einer Fundstelle geborgen

Die Instrumente bestehen zu 89% aus Kupfer, 10% Zinn und 1% Blei. Zinn musste aus Südwestengland importiert werden und kostete sein Gewicht in Gold.

Das war es auch schon mit den Fakten.

Bis Anfang der 1990iger wussten die Forscher nicht einmal, wie die Bronzehörner gespielt werden. Erst die Bemühungen eines Laien brachten ein wenig Klang in die Stille.

Simon O´Dwyer, durch das australische Didgeridoo inspiriert, konnte das Geheimnis lüften: Das Dord Ard wird gespielt wie ein Didgeridoo! Das kleinere Adharc wird eher wie Trompete, Tuba, Alphorn oder ähnliche Instrumente angeblasen, aber auch wie ein Didge. Dord Íseal läßt beide Spielweisen zu.

Ging das Establishment der Forschung bisher vor kurzem davon aus, dass es sich bei den Bronzehörnern um Kriegsinstrumente handelte, hatte O´Dwyer eine sinnvollere Theorie. Er gab zu bedenken, dass die Bronzehörner wie auch die Crothalls ähnlich genutzt wurden, wie das Didgeridoo bei den Aborigines: bei heiligen Ritualen und musikalischen Treffen. Seine Begründung: Die Bronzehörner waren zu aufwendig gearbeitet und zu wertvoll, als das sie für den Einsatz bei Schlachten Sinn machen würden. Ihr Klang ist viel zu angenehm und in keiner Weise furchterregend, ähnlich wie bei den Didgeridoos eben.

Das schönste Argument aber: Die gefundenen Instrumente sind fast alle aufeinander abgestimmt. Offensichtlich hat man damals miteinander gespielt. Die Erbauer und Benutzer versteckten sie so gut, dass sie den Kelten nicht in die Hände fielen. Wahrscheinlich waren es wirklich Kultinstrumente.

Inzwischen sind O´Dwyers Theorien von vielen Forschern bestätigt und übernommen worden.

Didgeridooähnliche Instrumente also auch in der europäischen Vorgeschichte. Weltweit gibt es Beobachtungen, dass die Spielart der Didgeridoos nicht nur auf australischen Instrumenten gehört wurde und wird.

In Georgien eine Holz- oder Metalltrompete, die *choroto-to* genannt wird. Die *Akondas*, auch afrikanisches Horn genannt, in Zentralafrika. Stämme in Nordbengalen spielen auf langen Bambus-Tuben. Im Sudan setzen sich Langtrompeten aus Kalebassen zusammen. In Äthiopien gibt es lange Trompeten mit Schalltrichtern. Die Inkas scheinen auf hohlen Rohren gespielt zu haben und in einem keltischen Grab wurde ein hohler Ast gefunden.

Auch in Australien sprachen die ersten Anthropologen von Holz-Trompeten. Würden doch mehr Forscher Didgeridoo spielen …

Die vorliegenden Informationen sollen jedoch in keiner Weise davon ablenken, wem wir heute das Didgeridoo als Massenphänomen zu verdanken haben und wer die Spieltechnik in seiner Komplexität und Ausdruckskraft überlieferte: die Ureinwohner Australiens. Womöglich erinnert uns der Klang des Didgeridoo nur an eine Musik, die wir vor Jahrtausenden nutzten, ähnlich wie uns das neu erwachte Obertonsingen wieder mit einer vergessen geglaubten Stimmen- und Gesangskultur in Verbindung bringt. Doch ohne die Aborigines hätten wir uns vielleicht nie erinnern können.

2.15. Die Physik des Didgeridoo

Bis Mitte der Achtziger Jahre wurden kaum akustische Forschungen zum Thema Didgeridoo unternommen. Mir sind nur drei Arbeiten von Graham Wiggins (1985), Neville Fletcher (1983 und 1996) und Lloyd Hollenberg (1998) über Akustik und Physik des Didgeridoo bekannt.

Wiggins nahm die Lippenbewegungen beim Didgeridoospiel mit einer Spezialkamera auf und konnte anschließend das Material langsamer abspielen. Sichtbar wurde ein sehr komplexer motorischer Vorgang: Ein Drittel des Spielvorgangs sind die Lippen geschlossen. Die Lippen machen eine regelrechte Klappenbewegung. Ist seine Form und sein Klang recht „einfach“, birgt die Klangerzeugung mit dem Didgeridoo einen physikalischen Vorgang, der kompliziert ist wie bei kaum einem anderen Windinstrument dieser einfachen Bauart.

Im Didgeridoo wird mittels der Blastechnik eine stehende Welle erzeugt. Um es sehr bildhaft auszudrücken: Die Klänge gelangen immer nur zu einem Teil aus dem unteren Ende des Didgeridoo heraus, während ein Teil sich gegen den Atemstrom im Didgeridoo aufwärts bewegt und mit den neu erzeugten Klängen kollidiert, sich durchmischt und in beide Richtungen fortbewegt. Das ist genauso verworren wie es klingt.

Das Bemerkenswerte ist letztendlich: Wenn du zehn Minuten Didgeridoo spielst wird ein winziger Anteil der Schwingung, bzw. des Klanges, den du zu Anfang des Spiels ins Didge gabst, noch im Klang der letzten Sekunde erhalten sein! Das heißt auch in der Physik der Schwingung geschieht, ähnlich wie bei der Zirkulieratmung, eine Art Kreislauf. Wie schwer es dem Verstand fällt, dieser Beobachtung zu folgen, weist auf ihre tiefe philosophische Konsequenz.

Flechters akustische Untersuchungen vermitteln einige Theorie der Klangerzeugung im Didgeridoo: Der Grundton ist eine Mischung von Grundfrequenz (niedrigster Ton des für das Didgeridoo typischen Klanges) und *ungeraden Harmonien*, den Obertönen dieser Frequenz. Hat ein zylindrisch geformtes Didgeridoo eine Länge von 122 cm, liegt sein Grundton bei 70 Hertz (C#). Hertz ist die Schwingungszahl pro Sekunde (Hz). Wir hören aber nicht nur den deutlichen 70 Hz-Ton, sondern auch 3 x 70 also 210 Hz, 5 x 70 also 350 Hz und so weiter. Über dem Grundton sind hochfrequente Töne ab 1300 Hz bis zu 2500 Hz wahrzunehmen, die im Mundraum des Spielers entstehen und den typischen Charakter des Didgesounds ausmachen. Und das ohne Veränderung der Lautstärke! Hat das Didge ein eher konische Form, sind auch die *geraden Harmonien* (2, 4, 6, ...) zu hören.

Anzahl und Zusammensetzung der Obertöne sind dafür verantwortlich, dass wir zum Beispiel eine Geige im Klang überhaupt vom Didgeridoo unterscheiden können. Sie schwingen grundsätzlich in jedem Grundton jedes Klanges mit. Instrumente wie das Didgeridoo „kultivieren" die Obertöne zum eigentlichen Klangerlebnis.

In der klassischen Musik Indiens und Afrikas werden die Trommeln auf ihre Obertöne hin gespielt und weniger auf den Grundton. Noch im Mittelalter sangen die Mönche in Europa obertonorientiert, wie es durch die neu belebten gregorianischen Gesänge vielen wieder bewusst hörbar wird.

Seit 1998 forscht Prof. Lloyd Hollenberg von der Universität Melbourne zum Thema. Er hält Vorträge zur Physik des Didgeridoo und beklagt, dass viele Menschen im Westen dem Didgeridoo keine tiefere Bedeutung beimessen, weil es in seiner äußeren Form und der Spieltechnik so „primitiv" erscheint. Er stellt immer wieder fest, dass für viele Zivilisierte ein Vorgang kompliziert, eine Technik undurchschaubar sein muss, damit sie von ihrem Wert überzeugt sind. Eine Beobachtung, die von vielen Mitgliedern gerade der deutschsprachigen Didgeridoo-Szenen auf anderer Ebene ungewollt bestätigt wird: Als gutes Spiel gilt ein kompliziertes und variantenreiches Spiel. Das Hören auf die inneren Töne und emotionalen Qualitäten des Klanges gilt nicht wenigen Spielern als „flachdidgen" und wird häufig verpönt.

Hollenberg untersucht die Klangentstehungsmechanismen des Didgeridoo, ausgehend von Lippen- und Atemluftbewegungen. Dabei zeigt sich dieser Prozess als so kompliziert, dass es der Hilfe von Computern bedarf, sie zu entschlüsseln. Mit einfachen *swinging* oder *sliding door*-Modellen werden die Lippen simuliert. Ein schneller Rechner benötigt eine gute Stunde, um eine Sekunde Didgeridooklang mit diesen Modellen zu erzeugen!!!

In Zukunft plant Hollenberg mit verbesserten Lippensimulationen und leistungsstärkerem Computer, noch tiefer in die Physik der Klangerzeugung vorzudringen. Sein Ziel ist es, zu zeigen, dass unter der scheinbar primitiven Oberfläche des hohlen Astes äußerst komplexe physikalische Mechanismen einen Klang erzeugen, der Beachtung finden sollte. „Wir müssen begreifen", sagt Hollenberg, „dass nichts ohne Bedeutung ist, so einfach es uns auch bei oberflächlicher Betrachtung scheint. Wenn wir nur genau genug hinschauen, erkennen wir komplexeste Vorgänge in den einfachsten Dingen. So wie beim Didgeridoo."

Einen Meilenstein in der Physik des Didgeridoo legte gerade Dr. Frank Geipel, seines Zeichens gar nicht Physiker, vor. Er entwarf ein Computerprogramm, mit dem die Simulation komplexer Didgeridoo-Innenformen möglich ist und setzt so Physik praktisch um. Sie wird so zur Vorlage zum Bau „perfekter" Didgeridoos in der Schalentechnik.

Für technisch interessierte Leser empfehle in das Buch "Das Didgeridoo-Phänomen". Hier sind unter anderem die Arbeiten von Prof. Lloyd Hollenberg und Dr. Frank Geipel detailliert dargestellt.

A lot of thanks to Lloyd Hollenberg for his help and inspiration.

Quellen:

N.H. Fletcher, Acoustics of the Australian Didjeridu, Australian Aboriginal Studies, 1983.

G.C.Wiggins, The Physics of the Didjeridu, 1985.

N.H.Fletcher, The Didjeridu, Acoustics Aust.,Vol24, 1996.

L.C.L.Hollenberg: Harmonic Generation in the Didjeridu, University of Melbourne Preprint UMP/98-39.

T.A.Jones, The Didjeridu, Studies in Music, Vol.1, 1967.

> *"Als die Medizin sich von der Musik trennte, büßte sie ihre Seele ein."*
>
> ***John Diamond*** [12]

2.16. Das Didgeridoo in Medizin und Therapie

Den wohl erstaunlichsten Wandel hat die Wahrnehmung des Themenfeldes Didgeridoo in seiner Wirkung auf Körper und Psyche unter den fortgeschrittenen Spielern in den deutschsprachigen Ländern genommen. Galt das Konzept des Buches als hoffnungslos esoterisch, so akzeptiert heute jeder ernstzunehmende Profi die Tatsachen und bemüht sich um Differenzierung. Tausende und zehntausende Spieler und einige fleißige Forscher haben unzweifelhaft festgestellt, das Didgeridoos dazu prädestiniert sind, begleitend in der Medizin und Therapie oder zur Veränderung von Bewussteinszuständen zum Beispiel zur Meditation, zu Trancereisen oder schamanischer Arbeit eingesetzt zu werden.

In diesem Sinne scheint es mir an dieser Stelle noch einmal wichtig, zwei Dinge klar herauszustellen.

1. Eigenständigkeit der Erfahrungen

Die Verwendung des Instrumentes in Medizin und Therapie birgt keinen linear kausalen Zusammenhang zur Kultur der Ureinwohner Australiens und ihrer Verwendung des Didgeridoo (siehe auch Kapitel 2.3.). Die Erkenntnisse zu diesem Themenfeld sind so jung wie die kaum zwanzigjährige Kultur des Didgeridoo im Westen und sie sind unser geistiges Eigentum.

Also machen wir hier im Westen auf und mit dem Didgeridoo eigene Erfahrungen. Das macht sie nicht weniger wertvoll. Das eine alternative Heilmethodik uralt sein oder von „weisen Wilden" gelehrt werden muss, ist Nonsens. Jeder kann die Wirkung des Didgeridoo für sich erfahren, so er möchte. Zudem lässt sie sich mit naturwissenschaftlichen Methoden klar belegen.

2. Heilung

Die zweite Aufmerksamkeit gilt der Definition von „Heilung", die bedauerlicherweise in unseriösen wie auch in fachmedizinischen Kreisen ähnlich verzerrt genutzt wird wie der Begriff Esoterik.

Es sind nie Medikamente, Maßnahmen (wie das Didgeridoo) oder Therapeuten, die heilen. Alle diese Faktoren haben nur ein Ziel: Die metabolischen (Metabolismus ist der Zwischenstoffwechsel) und psychischen Kräfte eines Organismus durch Unterdrückung oder Aktivierung bestimmte Elemente in die Lage zu versetzen, sein Gleichgewicht wieder zu erlangen.

Heile sein heißt, im Gleichgewicht zu sein.

Kein Arzt und kein Schamane der Welt können heilen. Sie sind nur die fähigen und hoffentlich erfolgreichen Helfer, die den kranken Organismus unterstützen, wieder ins Lot zu kommen (oder, wie in der symptombekämpfenden Schulmedizin, wenigstens nicht in ein zum Tode führendes Ungleichgewicht zu geraten).

Es ist immer der gesamte therapeutische Prozess, der sich aus der Interaktion zwischen Patient, Heiler, Hilfsmitteln und Regulierungskräften des Patientenorganismus zusammensetzt, den wir als Heilung bezeichnen können.

Also kann das Didgeridoo „nur" helfen. Heilen kann es natürlich nicht! Es ist ein Werkzeug wie Antibiotika eines ist, nur auf einer ganz anderen Ebene. Also fasse ich im Folgenden Ärzte, Heilpraktiker und Therapeuten unter dem Begriff Helfer zusammen.

Das Didgeridoo birgt für medizinisch-therapeutische Anwendungen einige Vorteile:

Es kann innerhalb kurzer Zeit vom Helfer oder Patienten erlernt werden.

Der Helfer kann sich mit dem Instrument um den oder die Patienten herumbewegen.

Die maximale Schwingungskraft lässt sich punktgenau auf einzelne Körperstellen ausrichten. Seine Wirkung ist von enormer Kraft.

Es hat keine bekannten Nebenwirkungen.

Didgeridoo spielen und hören tut gut!

Was „gut tut", begünstigt jeden Heilprozess, egal ob körperlicher oder seelischer Natur. Es ist auch über Kritik weitgehend erhaben. Wenn eine Therapie Linderung oder besser Heilung induzieren kann, so ist sie gut. Daran gibt es nichts zu rütteln. Der reduktionistische Ansatz, eine Heilwirkung nur anzuerkennen, wenn Ursache und Wirkung nach (inzwischen veralteten) schulmedizinischen Kriterien klar definiert werden können, hat sich überlebt. Zwar wird er durch eine mächtige Lobby in Pharmazie und Medizinindustrie weiter lebendig gehalten, doch diese Haltung deutet nur auf ihren eigenen Untergang.

Zahllose Helfer der Medizin, Heilpraktik und Therapie gehen heute weiter, als es das Establishment gerne sieht. Wenn es um das Wohl von Menschen geht, kann es nur eine Maxime geben und die heißt „Wer heilt hat Recht“.

Das Setting

Für eine Klangbehandlung in einer physiologischen oder psychologischen Therapie ist das Setting von sehr großer Bedeutung. Als Setting bezeichne man die Gesamtsituation der Behandlung. Hierzu gehören der Umgang von Helfer und Patient miteinander, sowie die `Atmosphäre´ bzw. der Ablauf der Klangbehandlung.

Es ist Aufgabe des Helfers, eine Atmosphäre des Vertrauens zum Patienten aufzubauen und ihn ruhig aber bestimmt mit dem Didgeridoo in Berührung zu bringen. Der Helfer sollte den Patienten vor einer Klang-Behandlung immer in einen Bewusstseinszustand erhöhter innerer Aufmerksamkeit bei gleichzeitiger äußerer Entspannung versetzen.

Aufgabe des Patienten ist es, sich den Erlebnissen und Hilfestellungen des Helfers, so weit ihm das möglich ist, zu öffnen. Wenn der Patient während der ganzen Behandlung denkt „Was macht der Helfer da für einen Mumpitz“, so ist ein Behandlungserfolg nur schwer möglich.

Mehr über die Methodik der Klang-Behandlung in dem Buch Praxisbuch Klangmassage, *Traumzeit-Verlag.*

Archetypische Klänge

Es gibt Klänge, die in unbekannten Teilen unseres Bewusstseins als Erinnerung gespeichert sind. Wir `wissen´ nichts von ihnen. Kommen wir aber das erste Mal in Kontakt mit diesen Klängen, so zeigen sich unabhängig von sozialer und kultureller Herkunft bei allen Menschen sehr ähnliche Assoziationsinhalte.

Der Klang des Didgeridoo ruft, in einem passenden Setting vorgetragen, Bilder und Erlebnisinhalte auf, die mit der Erde, mit wilden Tieren, Landschaften, Natur(gewalten), Sexualität, Geburt, Schöpfungskraft und Vitalität in Verbindung stehen. Es handelt sich um Assoziationen, die sehr gefühlsbetont sind.

Im Klang des Didgeridoos ruft irgendetwas eine Art Resonanz in den Menschen hervor. Sie berichtet von Teilen der Persönlichkeit, die in unserer von Vernunft und Logik dominierten Kultur selten bewusst werden. Charakteristisch für die archetypischen Assoziationen ist daher auch die Unmöglichkeit, sie in unserer Sprache für Personen nachvollziehbar auszudrücken, die das Erlebnis nicht geteilt haben. Klangerfahrungen erschließen sich einzig durch das Erleben. Wer die Erfahrung nicht machen kann oder will, kann also nicht mitreden.

Psycho- und Musiktherapie

Zuvor beschriebene Gedanken- und Gefühlsverbindungen legen eine Verwendung des Didgeridoos in Therapien nahe. So hat Dr. Wolfgang Strobel seine umfangreichen therapeutischen Erfahrungen mit dem Instrument in der Musiktherapeutischen Umschau Bd.13/92 wiedergegeben. Seine Beobachtungen bestätigen, dass Didgeridoo-Klänge eine Ebene im Menschen ansprechen, die sich der sprachlichen Beschreibung entzieht. Etwas Archaisches scheint erinnert oder geweckt zu werden, ein Gefühl der Kraft und des Bewusstseins für die Erde. Dr. Strobel schreibt von Erfolgen im Zugang zu traumatischen Erlebnissen der Vergangenheit bei misshandelten Patientinnen.

Mit dem Didgeridoo ist es möglich, an verschüttete und versteckte Erinnerungen und die damit verbundenen Gefühle der Patienten zu gelangen. Der Klang des Didges kann, vom Therapeuten korrekt eingesetzt, ein Gefühl des Getragenwerdens schaffen.

Von Bedeutung bleibt in jedem Fall das Setting: Dr. Peter Hess, Oberarzt und Leiter der psychiatrischen Tagesklinik Frankenthal verwendet das Didgeridoo innerhalb eines Gongrituals. Auch hier ist der Ablauf ritualisiert. Es genügt nicht, einfach drauf los zu spielen. Heiler und Patient müssen in einer bestimmten Bewusstseinsstimmung sein. Der Ablauf des Rituals muss immer gleich oder sehr ähnlich sein.

Didgeridoo und verändertes Wachbewusstsein

Die Untersuchung von Jochen Sattler

Inspiriert von den Erkenntnissen Dr.Strobels und Dr. Hess´ wandte sich der Musiktherapeut Jochen Sattler in seiner Diplomarbeit „Das Didgeridoo – Seine Herkunft, Klangwirkung und mögliche Bedeutung in der rezeptiven Musiktherapie“ einer spannenden Frage zu: Sattler interessierte, ob es möglich ist, mit dem Klang des Didgeridoos einen Trancezustand beim Hörer zu erzeugen. Und wenn dies möglich ist, ob sich über diesen Zustand `veränderten Wachbewusstseins´ auch qualitative und quantitative Aussagen machen lassen.

Als „Messinstrument“ diente Sattler ein von Adolf Dittrich entwickelter Fragebogen, den dieser in Zusammenhang mit einer umfassenden Forschung zum Thema „Verändertes Wachbewusstsein (VWB)“ unter Einfluss verschiedener Halluzinogene entwickelt und erprobt hatte. Zusätzlich wollte Sattler versuchen, über die freien Äußerungen seiner Versuchsteilnehmer festzustellen, ob es tatsächlich einen `klanglichen Archetypus´ des Didgeridoos gibt.

Er spielte für zwei verschiedene Gruppen jeweils eine halbe Stunde Didgeridoo. Zuvor hatte er seine Versuchsteilnehmer in einer verbalen Einleitung dazu animiert, die eigenen Körperwahrnehmungen zu spüren und zu akzeptieren.

Nach dem Didgeridoospiel folgte wiederum ein verbaler Teil, der die Probanden in ihr Bewusstsein zurückrief. Anschließend ließ Sattler die Teilnehmer den besagten Fragebogen ausfüllen.

Das Ergebnis stellt, meiner Meinung nach, eine Sensation dar: Es gibt signifikante Parallelen zwischen den Ergebnissen der Versuchsgruppen Sattlers und Dittrichs. Dittrichs Versuchsteilnehmer hatten jedoch vor der Befragung Halluzinogene erster Ordnung zu sich genommen (DMT und Delta 9 THC). Letzteres ist der Hauptwirkstoff in Haschisch und Mariuahana)!!! Laut Sattler kann die Intensität der durch das Didgeridoo ausgelösten VWB-Zustände im Vergleich zu Dittrichs Ergebnissen als „massiv“ bezeichnet werden.

Erfahrene Didgeridoospieler, denen ich von diesen Ergebnissen erzählte zuckten nur mit den Schultern und sagten: „Klar dröhnt das Didgeridoo. Es ist ja ein Didgeridoo.“

Dittrichs differenzierte drei „primäre Subskalen“ als Hauptergebnis seiner Forschung, in denen sich die Didgeridooprobanden wieder fanden:

In der „Ozeanischen Selbstentgrenzung“ (OSE) wird die Ich-Grenze als transzendent erlebt, es entstehen „Gefühle des Eins-Seins“, der „Verbundenheit mit einem Ganzen“ oder „einem Urgrund“. Das Grundgefühl ist bestimmt von einer „tief empfundenen positiven Stimmung“ und je nach Intensität des Zustandes von einem „Gefühl der Zeitlosigkeit“.

In der „Angstvollen Ich-Auflösung“ (AIA) wird der gleiche Zustand als bedrohlich erlebt. Das Denken ist „stark beeinträchtigt“ oder wird als „zersplittert“ empfunden. Es kann zu angstvollen Phantasien, ja paranoiden Halluzinationen kommen, die als „bad trip“ bekannt sind.

In der „Wahrnehmung optisch-halluzinatorischer Phänomene“ schließlich können Licht, Farb,- und Musterwahrnehmungen auftauchen, Szenen sind zu sehen, die wie „im Film ablaufen". Optische und akustische Wahrnehmungen beeinflussen sich gegenseitig.

Bei den Ergebnissen zeigte sich, dass oft sehr unterschiedliche Erlebnisinhalte gleichzeitig oder unmittelbar aufeinander folgend auftreten konnten. „Am erstaunlichsten ist das gleichzeitige Vorhandensein von OSE und AIA-Inhalten". Die Nähe zu den Empfindungen nach der Einnahme von Drogen scheint mir hier mehr als deutlich.

Die freien Äußerungen der Probanden decken sich im Wesentlichen mit den von Dr. Strobel aufgezeichneten Kommentaren und Beobachtungen. Auch Sattler beobachtete Assoziationen seiner Versuchsteilnehmer zu Höhlen, Tieren und der Erde. Auch derer, die nie zuvor eine Didgeridoo gehört hatten und seine Beziehung zu den australischen Aborigines nicht kannten.

Und noch eine Beobachtung machte er, die wichtig für unser späteres Üben und Spiel des Didgeridoos ist: Die Kontinuität und Klarheit des Klanges, das heißt des Spielens, ist maßgeblich an der tranceinduzierenden Wirkung des Didgeridoo beteiligt. Kleinste Rhythmusschwankungen oder das Abbrechen des Tons empfanden viele der Hörenden als sehr störend auf ihrer Bewusstseinsreise, „wie ein plötzliches Abstürzen oder Fallengelassen werden".

Sattler betont, dass „die Auslösung veränderter Wachbewußtseinszustände besonderer zusätzlicher Voraussetzungen bedarf. Eine gewisse Freiwilligkeit und eine innere Bereitschaft, die freie Entfaltung der Klangwirkung innerlich zuzulassen", sind seiner Meinung nach wichtige Faktoren. Auch weist er darauf hin, dass „im Gegensatz zu einer Auslösung mit Halluzinogen das Ergebnis nicht regelmäßig und nicht immer in vergleichbarer Intensität auftritt."

Diesen Beobachtungen kann ich mich als Musiker und Lehrer nur anschließen. Ein Konzertbesucher, der mit übereinander geschlagenen Beinen, verschränkten Armen und krausgezogener Stirn den Klängen des Didgeridoo begegnet wird wenig empfinden, geschweige denn NEU emp-FINDEN. Eine Schülerin, die voller Ehrgeiz nur „lernen" will, wird es nur schwer schaffen, zu „spielen".

Neue Erfahrungen bedeuten immer, dass ich mich öffne, mich einlasse auf etwas Unbekanntes. Dies mag zwar manchmal gefährlich sein, denn wer sich öffnet kann auch verletzt werden, aber Verletzlichkeit ist der Preis derer, die über den eigenen Horizont hinauszureisen wünschen. Mit Sattlers Arbeit gibt es eine erste Untersuchung, die bestätigt, dass sich diese Reise mit dem Didgeridoo lohnt, denn seine Wirkung ist mit denen von Halluzinogenen erster Ordnung nur bedingt vergleichbar: Didgeridoos haben keine bekannten Nebenwirkungen und der „veränderte Wachbewusstseinszustand“ kann jederzeit willentlich vom Hörenden unterbrochen werden.

Ich meine, die Erkenntnisse Sattlers sind nicht nur für Therapeuten, die mit dem Didgeridoo arbeiten wollen bedeutsam. Was, wenn die Hörer regelmäßig auf eine Klangreise in ein anderes Bewusstsein wechseln und lernen, diesen Zustand zu nutzen oder aus eigenem Vermögen zu intensivieren?

Didgeridoo und Schamanismus

Bedauerlicherweise ist das Bild des Schamanismus in unserer Gegenwart vom Fernsehen und der kirchlichen wie naturwissenschaftlichen Inquisition geprägt. Schamanismus ist viel weniger spektakulär als uns das TV weißmachen möchte und die Kirche selbst nutzt schamanische Rituale zu Hauf wie sie schon seit Jahrtausenden vor der Christenheit von allerlei Kulturen rund um den Globus praktiziert wurden.

Didgeridoos können als sehr kraftvolle Werkzeuge im Schamanismus eingesetzt werden. Doch die Forschungen auf diesem Gebiete beginnen erst und es würde den Rahmen dieses Kapitels sprengen auf das Thema genauer einzugehen. Die Beobachtungen, die Jochen Sattler in seinem Versuch machte, decken sich mit den Beobachtungen die Schamanen überall auf der Welt zu allen Zeiten in allen Kulturen gemacht haben. Wir können unsere Bewusstsein verändern und mehr erfahren, als wir noch gestern zu glauben wagten. Ganz ohne Droge. Ganz ohne Gefahr. In den meisten Kulturen wird für das schamanische Reisen eine Trommel oder eine Rassel eingesetzt. Neoschamanen und Core-Schamanen im Westen und Osten entdecken das Didgeridoo als hervorragendes Hilfsmittel für eben diese Arbeit.

Aktive Musiktherapie und die Hirnströme

Aus der Forschung wissen wir: Gehirnströme verändern sich beim Hören verschiedener Musiken. Mozart oder Heavy Metal, das ist ein Unterschied: Mozarthörer zeigen im Test erhöhte kognitive Fähigkeiten.

Es fehlt noch an wissenschaftlich haltbaren Untersuchungen zur

Wirkung des Didgeridoo in der aktiven Musiktherapie. Wenn Musik und damit auch das Didgeridoo das Wachbewusstsein eines Hörenden verändern kann, was geschieht beim Spieler, der ja neben den Klängen noch eine sehr ungebräuchliche Art der Atmung beim Spielen praktiziert?

Im Zuge meiner Arbeit im Bereich der Klangwahrnehmungen durfte ich wiederholt mit der Physikerin Dr. Brigitte Lange und dem Diplom Biologen Rüdiger Lange zusammen Experimente zum Thema „Wirkung von Klängen" machen. So haben wir den Einfluss von Didgeridoos auf die menschliche Hirnstromaktivität untersucht. Für diesen Versuch wird eine Testperson an ein EEG-(Elektro-Enzephalogramm) Messgerät angeschlossen. Das EEG kennst Du vielleicht vom Arzt: Es misst die Hirnströme.

Die Langes nutzen das EEG unter anderem, um Untersuchungen über die Wirkung von Elektrosmog auf die menschliche Hirnaktivität zu machen. Sie leiten die Messungen nicht wie meistens der Arzt in einen "Kurvenschreiber" um, sondern in ein spezielles Computerprogramm. Dieses wertet dann während des Messvorganges aus, welche Art von Aktivitäten das Gehirn ausübt. Bei unseren Versuchen galt das Interesse den Alpha, Theta und Betawellen.

Betawellen produziert unser Gehirn, wenn wir wach und aufmerksam sind. Sie treten vermehrt auf, wenn wir sehr konzentriert technisch und oder intellektuelle komplexe Vorgänge erledigen.

Alpha- und Thetawellen produziert das Gehirn, wenn wir uns entspannen, wenn wir tagträumen, schlafen oder auf Traumreise gehen.

Wir schauten, was mit meinen Hirnwellen beim Didgeridoo-Spiel passierte und es war genau das, was ich erwartete. Beim meditativen Spiel nahmen die Alpha- und Thetawellen signifikant zu und deuteten damit an, dass mein Stoffwechsel und meine Körperelektrik auf das Didgespiel tatsächlich mit „Entspannung" reagierten.

Genau aus diesem Grunde ist Wissenschaft grundsätzlich zu misstrauen: Sie liefert allzu gerne Ergebnisse, die sie auch liefern möchte. Seit Heisenbergs Unschärferelation wissen wir, dass auch Forscher und Nobelpreisträger mit schöner Regelmäßigkeit auf genau die Ergebnisse kommen, auf die sie erpicht sind.

Aber bei unserem Versuch geschah etwas, das ich nicht erwartet hatte. Nach einer Weile des entspannten Spiels begann ich kompliziertestete Rhythmen auf dem Didgeridoo zu spielen und ... wir waren baff: Das

EEG zeigte eine sehr auffällige Aktivität der Betawellen. Eben der Wellen, die für logisches und mathematisches Denken charakteristisch sind.

Ich erkläre mir diesen Vorgang wie folgt: Einen komplexen Rhythmus zu spielen erfordert ein hohes Maß an Konzentration. Atmung, Lippen, Mund, Zungen- und Wangenbewegungen müssen nach einem klaren Schema koordiniert werden.

Nach einer Weile des rhythmischen Spiels zeigte mein Hirn mehr Aktivität im Betawellenbereich, als es bei einer Vergleichsmessung zeigte, bei der ich schwierige mathematische Aufgaben lösen sollte.

Ganz deutlich hatte die Art meines Didgeridoo-Spiels Einfluss auf die Aktivität meines Organismus.

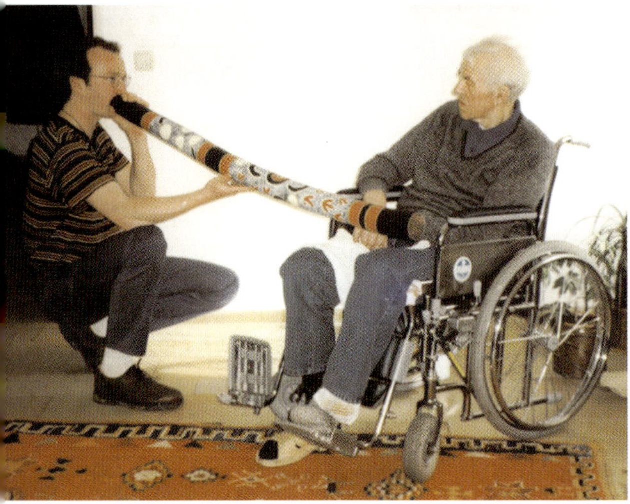

In vielen Heilbehandlungen steht das passive Aufnehmen von Medikamenten oder hier einer Klangmassage oder -reise im Vordergrund. Das Didgeridoo bietet zudem optimale Möglichkeiten für den Einsatz in der aktiven Therapie: Der Patient soll es selber spielen.

Eine wichtige Wirkung des Didgeridoos in der aktiven Therapie ist ohne Frage das Erlebnis, Musik machen zu können. Klänge so großer Schönheit und Tiefe spielen zu können, wie es das Didgeridoo dem Laien schon nach wenigen Wochen bis Monaten möglich macht, berührt sehr viele Menschen tief. Wer sich bisher für unmusikalisch gehalten hat, bekommt hier eine Möglichkeit, tiefgehende Erfahrungen zu machen, sich kreativ neu zu erleben.

Das ist für den gesunden Menschen schon eine ungeheure Bereicherung. Für Kranke kann es ein klingendes Labsal werden.

PEEP

Didgeridoo spielen tut gut. Die Spielerin drückt mit Mund und Atemmuskulatur die Atemluft ins Didgeridoo. Durch die zumeist eng geschlossenen vibrierenden Lippen und den im Didgeridoo-Innenrohr entstehenden Widerstand (im Fachjargon wird von „Gegendruck“ gesprochen, baut sich ein positiver Druck in den Atemwegen auf. Das hat gute Auswirkungen auf die Lunge. Es hält die kleinen Atemwege während der Ausatmung auf und kann kollabierte Alveolen (Lungenbläschen) wieder eröffnen. Die funktionelle Residualkapazität (Das ist das Gasvolumen, das nach einer normalen Ausatmung noch in der Lunge ist) nimmt zu. Das wiederum verbessert den pulmonalen Gasaustausch. Kurz: Didgespielen verbessert die Funktion der Lunge und damit der Atmung.

In der Medizin kennt man dieses Phänomen aus der künstlichen Beatmung. Es nennt sich PEEP- *Positive EndExspiratory Pressure.*

Das Didgeridoospiel ist aber noch viel vorteilhafter: Die intensiven Schwingungen, die vom Spiel ausgehen, setzen sich auch in den Körper und natürlich über den Atemweg in die Lunge des Spielers fort. Wie eine Mikromassage kann diese Vibration zusätzlich kleine und kleinste Blockaden lockern und letztendlich lösen.

Lippenbremse

Asthmatiker verwenden oft unbewusst eine den Atem beeinflussende Lippenbremse, die den gleichen Effekt wie das PEEP-Phänomen hat. Ihr Problem ist die Ausatmung: Sie bekommen die Luft schlecht aus ihren geschädigten Bronchien heraus. Der Asthmatiker hat eine Blockade des Atemflusses. Die Lippenbremse verhindert das Kollabieren der kleinen Bronchien während des Atemvorgangs. Unter fachkundiger Anleitung kann das Didgeridoo diesen Menschen helfen. Didgeridoo spielen zu können, ist ein Erlebnis, das sich von den üblichen (krankhaften) Atemerfahrungen abhebt. Hier kann der Patient nicht nur trotz seines Problems verbessert atmen, er erzeugt auch noch Wohlklang. Eine nicht zu unterschätzende Erfahrung. In den letzten Jahren habe ich sicher ein Dutzend Asthmatiker getroffen, die durch das Didgeridoospiel ihr Problem erheblich besser in den Griff bekommen hatten oder es gar überwinden konnten.

Schnarchen und Apnoe

Es gibt eine nicht unbeträchtliche Zahl Menschen, die beim Schlafen aufs Übelste schnarchen. Dieses Schnarchen kann in seiner ungünstigsten Form dazu führen, das die Betroffenen für Sekunden unter einer Atemverhaltung, der Apnoe, einer durchaus gesundheitsschädlichen bis gefährlichen Variation des Schnarchens leiden. Ganze Laboratorien und Wissenschaftszweige widmen sich diesem weit verbreiteten Leiden und bringen oft nur wenig Hoffnung für die Betroffenen.

Eine einfache und deshalb nicht ernst genommene Lösung in vielen Fällen stellt das Didgeridoo-Spielen dar. Der Schnarchleidende hat häufig bestimmte Muskel- und Bindegewebsbereiche im Hals-Rachenraum, die so weit erschlafft sind, das sie im Atemstrom des Schlafenden hin- und herschnarren oder schlimmstenfalls, bei der Apnoe, den Atemweg verstopfen bis der Schlafende japsend aufwacht.

Didgeridoo-Spiel nun trainiert gerade diese Regionen des Hals-Rachenraumes und schon nach überaus kurzer Zeit, so berichteten mir mehrere schwere Schnarcher, lässt Ihr Schnarchen nach, von der Apnoe mal ganz zu schweigen. Inzwischen gibt es Ärzte, die Kurse für Schnarcher anbieten. Wir Didgeridoo-Lehrer dürfen nur hoffen, dass die medizinische Lobby das Instrument nicht für sich entdeckt. Sonst darf es womöglich nur von Ärzten und Heilpraktikern unterrichtet werden und dann kostet ein Einsteigerkurz ruckzuck tausend Euro. ☺

Sedierung

Nach Auftritten mit dem Didgeridoo wird garantiert aus dem Publikum die Frage gestellt, ob ich nicht hyperventiliere. Dies ist nie der Fall. Es gibt bei extrem schnell gespielten Passagen eher den gegenteiligen Effekt. Bei der Hyperventilation würde zuviel Kohlendioxid in kürzester Zeit vom Blut über die Lungen ausgeschieden, ein erstes Anzeichen wäre Schwindelgefühl. Bei den extrem schnellen Rhythmen aber wird nur die Luft im oberen Teil des Atmungssystems ausgetauscht. Der Spieler muss bei längeren Hochtempopassagen mittels einer besonderen Technik (im Kapitel Fünf beschrieben) die unteren Lungenteile „durchlüften". Er bekommt sonst auf Dauer nicht genügend Sauerstoff.

Hochtempirhythmen sollten von Hypertonikern und Hyperthyreotikern mit Bedacht und Maß gespielt werden. Sie regen unter Umständen die Schilddrüse (durch die Bewegung des Kehlkopfes) an. Auf Dauer könnten sie Überfunktionen begünstigen (auslösen wohl kaum).

Langsam gespielte Zyklen wirken sich positiv auf das vegetative System aus. Die Atemhäufigkeit ist hierbei geringer als in der Normalatmung ohne Didgeridoo. Gleichzeitig ist die Belüftung der Lunge durch das PEEP-Phänomen optimal gewährleistet. Endokrin(Hormon)- und Nervensystem bekommen folgende Information: Ruhiges beständiges Atmen ohne Hektik. Und gleichzeitig ein optimaler Gasaustausch in der Lunge. Das Ergebnis kann nur beruhigend wirken. Jede geübte Didgeridoo-Spielerin wird das bestätigen: Ist sie unruhig und nervös, kann das Spielen des Didgeridoo entspannen. Zu den physiologischen Reaktionen kommt noch der psychische Entspannungseffekt durch den Klang des Didgeridoos.

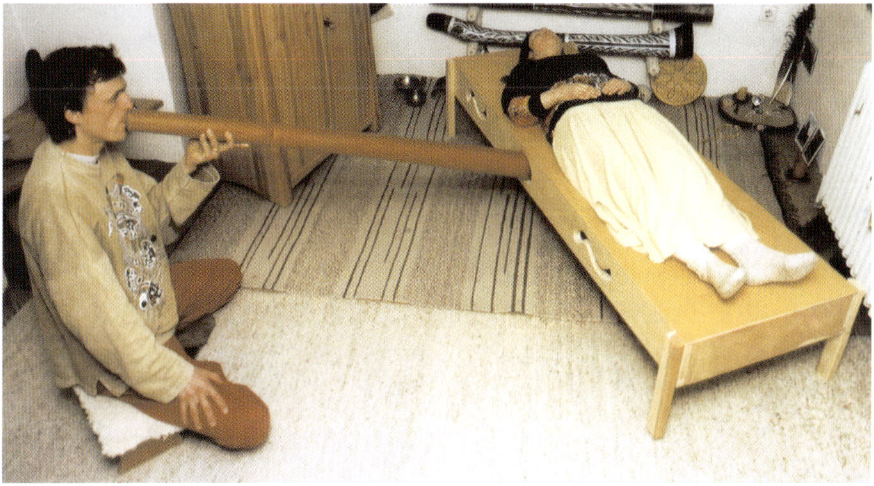

Die Klangliege von Michael Stoeckel im Einsatz

Klangmassagen

Bei der Klangmassage bewegt die Helferin das Didgeridoo während sie spielt mit dem Endstück unmittelbar über dem Körper des Patienten. Neben dem Hören des Klanges „massieren" die Schallwellen die Haut, die Muskulatur, die inneren Organe und Knochen des Patienten. Sie kann dabei intuitiv vorgehen und das Instrument ihrem Gefühl folgend über den Patienten bewegen. Der Patient kann auch sagen, wo er die Schwingungen gerne spüren würde und dort lenkt sie den Klang hin.

Sie kann auch dem Verlauf der Meridiane folgen. Das sind Leitbahnen, durch welche den Organsystemen zugeordnete Energieströme laufen. Sie sind aus der Traditionellen Chinesischen Medizin und dem Shiatsu bekannt.

Die Meridiane können bei einer Klangmassage durch die Schwingungen des Didgeridoo stimuliert werden.

Spielt die Helferin einen Meridian aufwärts, so regt sie die Energie des Systems an, spielt sie abwärts, beruhigt sie die Energie. Es erfordert ein exaktes Wissen über den Verlauf der Leitbahnen. Wie beim Shiatsu ist hier wichtig, dass die Helferin keine Absichten hat. Beim Bespielen sollte sie neutrale oder gute Gedanken in das Spiel legen. Sonst ist es möglich, mit dem Klang negative Inhalte eigener Gedanken auf den Bespielten zu projizieren. Ein Bespielter darf sich nach der Massage auf keinen Fall schlapp oder ausgelaugt füllen.

Chakren

Chakren sind ebenfalls eine Art Energiepunkte. Sie sind aus der Medizin Indiens bekannt. Im Wesentlichen entspricht ihre Lage denen der einzelnen Hormondrüsen im menschlichen Körper. Durch das Bespielen versucht man blockierte Chakren zu öffnen. Sie stellen einen sehr feinstofflichen Aspekt des menschlichen Wesens dar und reagieren intensiv auf Klangschwingungen. Die Entsprechung in der Schulmedizin ist ähnlich: Nur Millionstel Milligramm einer Hormonsubstanz entscheiden mit über die Gesamtbefindlichkeit von Körper, Geist und Seele. Eine Substanz von der Größe eines Millionstel Grammes reagiert selbstverständlich auf einen so starken Impuls wie den Didgeridooklang.

Klangliege

Michael Stoeckel, Didgeridoobauer und -lehrer lud mich zu einer Klangmassage der besonderen Art ein. Er hat eine Liege konstruiert, in die er mit dem Didgeridoo direkt hineinspielen kann. Das Holz verstärkt die Schwingungen des Didgeridoo um ein Vielfaches. Nach einer fünfzehnminütigen Massage hatte ich am gesamten Körper ein nur als extrem zu bezeichnendes Gefühl von Durchblutung und Vibration. Es war, als hätte sich jede Struktur in mir in Schwingung gesungen. Ein transzendentes Erlebnis.

Die Eingeweidemassage

Die Atmung mit der das Didgeridoo gespielt wird, bewegt immer das Zwerchfell sehr stark mit. Bei fortgeschrittenen Spieltechniken wie der Bauchstütze geht der Atemimpuls sogar vom Zwerchfell aus.

Das Zwerchfell ist eine Art Muskelkuppel, die den Bauchraum überspannt und vom Brustraum und der Lunge trennt. Bei der Atmung mit dem Didgeridoo wird das Zwerchfell benutzt, es hebt und senkt sich intensiv. So weitet und engt sich nicht nur der Raum der Lunge nach oben, sondern auch der Bauchraum mit den innen liegenden Organen nach unten.

Durch intensives Didgeridoospiel werden so die inneren Organe stark massiert. Dies fördert die Durchblutung und wirkt auf die Gesamtstoffwechselsituation der Organe und des ganzen Körpers.

Nicht selten haben Didgeridoospieler, die intensiv mit Zwerchfellatmung zu arbeiten beginnen, einige Tage vermehrten bis dünnflüssigen Stuhl. Das sollte nicht beunruhigen. Im Gegenteil: Der Körper scheidet gründlich aus und reinigt sich. Es gibt entsprechende Übungen aus dem Yoga, die eben diese Reaktionen hervorrufen.

„Schmerz ist der Schrei des Gewebes nach fließender Energie"

Wer im Umgang mit ganzheitlichen Gedanken zum Thema Krankheit und Gesundheit vertraut ist, dem erschließt sich die tiefe Weisheit dieses Satzes unmittelbar. Aber auch schulmedizinisch betrachtet, ist Schmerz durch diesen Zustand gekennzeichnet. Wo er empfunden wird, „läuft" die Physiologie des Körpers nicht richtig. Ein verspannter Rücken schmerzt, weil die Muskulatur blockiert, der Fluss der Bewegungen gestört ist. Ein Knochenbruch - klar, so schon das Wort - unterbricht. Nierensteine verursachen heftige Schmerzen. Sie stören den Fluss. Die Leber schmerzt im Stadium einer Zirrhose: Die chemischen Prozesse in ihr können nicht mehr korrekt ablaufen. Bei einem Mensch mit einem Migräneanfall ist der Gedankenfluss auf das Übelste behindert.

Schmerz ist der letzte Warnruf des Körpers. Er möchte Beachtung und Veränderung der inneren und äußeren Haltung.

Wird eine Schmerzzone mit dem Didgeridoo bespielt, so nimmt das Gewebe die Schwingungen des Klanges auf, es beginnt ebenfalls zu schwingen. Jeder kennt die Brachialversion aus der Disko oder von lauten Konzerten: Die Bässe der riesigen Musikanlagen bringen den ganzen Körper zum Beben.

Das Bespielen wirkt wie eine Mikromassage. Feinste Strukturen innerhalb des Körpers nehmen eine Klangschwingung viel intensiver wahr, als wir das mit dem Bewusstsein beobachten können. Bringt man eine Blockade in ihrer kleinsten Struktur, den Zellen durch diese Mikromassage ins Schwingen, so reagieren sie mit einer Veränderung ihres Stoffwechsels. Das kann der Ausgangspunkt sein für eine Veränderung in den größeren Strukturen, zum Beispiel den Muskeln, die verspannt sind.

Jeder kann das testen: Im Bekanntenkreis gibt es sicherlich jemanden, die unter Rückenbeschwerden leidet oder in der Vergangenheit einen Knochenbruch hatte. Bespielt man diese Menschen in einem geeigneten Setting, so zeigt sich in der Mehrzahl der Fälle, dass Rückenbeschwerden in Bewegung geraten, sich vermindern. Bei manch einem wird die Blockade nach dem Bespielen auch einfach nur bewusster. Ein erster Schritt in Richtung Besserung. Menschen mit Knochenbrüchen klagen oft über eine Wiederbelebung der Schmerzen in der Bruchstelle. Hier gerät eine Narbe, eine unterbrochene Stelle in Bewegung, in Fluss. Ich rege zu Versuchen an, heilende Brüche regelmäßig zu bespielen. Nicht nur mit Didges, sondern auch mit Gongs, Klangschalen, Flöten oder Trommeln.

Wichtig ist das Setting, in welcher sich der Bespielter und Spieler intuitiv das geeignete Instrument wählen.

Eine weitere Blockade, die sehr stark auf Didgeridooklänge anspricht ist die Hörstörung, besonders der Tinnitus. Ich kenne so gut wie keinen Live-Künstler, der nicht davon erzählen kann: Nach Konzerten kommen Zuhörer und berichten von einer kurzfristigen oder gar anhaltenden Linderung ihrer Tinnitus-Ohrgeräusche. Hörgestörte erzählen erstaunt, dass sie normalerweise nicht mehr wahrnehmbare Frequenzen hören konnten.

Wenn ein Therapeut einen Patienten bespielt und so Zugang zu traumatischen Erlebnissen der Vergangenheit bekommt, was tut er anderes, als eine Blockade zu lösen? Als den Fluss von Gedanken, Erinnerungen und Gefühlen in Bewegung zu bringen? Und warum ist ein Mensch in therapeutischer Behandlung? Schmerzt seine Seele nicht, weil etwas in seinem Leben nicht im Fluss ist?

Das Didgeridoo ist durch die Möglichkeit, es ohne Unterbrechung zu spielen und durch seine Klangnatur, die ständig sanfte aber sehr tiefgehende Schwingung aussendet, prädestiniert, unterstützend bei unzähligen Beschwerden eingesetzt zu werden. Das es an groß angelegten Versuchen wie der von Jochen Sattler noch mangelt ist eher ein Hinweis darauf, dass mehr geht, als denen, die Forschung bezahlten lieb ist.

Das Didgeridoo wird von Laien beforscht und bis die akademische Wissenschaft es entdeckt, wird es im Westen schon längst seine eigene Legende haben.

Achtung:

Als medizinischer Laie solltest du niemals Menschen mit dem Didgeridoo bespielen, die psychische Erkrankungen haben. Auch solltest du niemals den Kopf eines Menschen direkt bespielen, auch wenn er es ausdrücklich wünscht.

Sei Dir immer bewusst, Dein Didgeridoo kann ein außerordentlich machtvolles Instrument sein. Überschätze nie Deine Fähigkeiten! Unterschätze nie die Möglichkeiten des Didgeridoo! Wenn Du selbst ein sensibles Gemüt hast, rate ich Dir dringend davor ab, das Didgeridoo therapeutisch einzusetzen.

Leider ist es notwendig, dass ich dies hier hervorhebe: Ich übernehme keine Verantwortung für etwaige Schäden, die durch oben beschriebenes Bespielen von Menschen mit dem Didgeridoo entstehen könnten!

Lass es bleiben, mit dem Didgeridoo schamanisch zu arbeiten, wenn Du nicht durch einen fachkundigen Lehrer in den nötigen Techniken ausgebildet wurdest, es kann wirklich gefährlich sein.

2.17. Kauftips

Wenn Du Dir ein Didgeridoo kaufen willst, dann geh zu einem Händler, um Dir eines auszuhören. Jedes Didge klingt anders, sieht anders aus, spielt sich anders an und nicht jeder Sound passt zu Dir. Wenn Du Dich nicht entscheiden kannst, dann geh öfter hin, das gleiche Didge klingt jeden Tag anders.

Ein gutes Einsteiger-Didgeridoo aus australischen Eukalyptus kostet zur Zeit zwischen 140,- und 300,- Euro. Wenn Du es gut pflegst, kann es ewig halten.

Je länger Du ein Didgeridoo spielst, desto besser wird sein Klang. Da lohnt es sich schon, ein wenig Zeit und Mühe auf die Auswahl zu verwenden.

Besuche einen oder mehrere Händler und spiele verschiedenste Didgeridoos an. Wenn Du noch nicht oder nur wenig spielen kannst, dann lass Dir die Instrumente kurz vom Verkäufer anspielen. Achte darauf, das Du nicht nur den Grundton hörst, sondern auch spielerische Variationen wie Bellen, Heulen, Obertöne und einfache Rhythmen.

Das Äußere des Didgeridoos sollte beim Kauf zweitrangig sein. Wenn Du ein Schmuckstück suchst, dann kauf Dir lieber ein Original Aboriginal-Painting, da bekommst Du für 250,- Euro schon sehr beeindruckende Werke.

Wie oben schon einmal gesagt: Es gibt herrlich bemalte Didgeridoos, die wie Strohhalme klingen und Didgeridoos mit geflickten Astlöchern oder Rissen, die einen phantastischen Klang haben. Risse und ausgebesserte Astlöcher sind nicht unbedingt ein qualitätsminderndes Merkmal. Allerdings sollten sie sorgfältig ausgebessert sein. Eine Ausnahme sind Risse im Bereich oder sehr nahe von Mund- oder Endstück, besonders wenn diese sehr dünnwandig sind. Hiervon würde ich die Finger lassen.

Um festzustellen, ob ein Riss oder ein Loch luftdurchlässig ist, lege ich immer meinen Mund über die betreffende Stelle und sauge. Bekomme ich Luft, ist die Stelle undicht. Solch ein Didge kaufe nicht, der Händler soll es zuvor korrekt ausbessern.

Meine letzten drei Didgeridoos hatten allesamt beim Kauf Risse und inzwischen sind es noch viel mehr. Ich muss sie immer mal wieder ausbessern. Sie haben einen tollen Klang, das ist entscheidend.

Bei den Anfänger-Didgeridoos kommen seltener Risse vor, da diese meist dickwandiger sind. Dünnwandige Didges reißen irgendwann alle.

Als Anfänger solltest Du kein teures Didge kaufen. Es ist wirklich sinnvoller ein 150,- Euro- Instrument zum Lernen zu nehmen und dann später ein besseres zu kaufen. Dann weißt Du auch besser, ob es zu Dir passt. Das Wichtigste: Lass Dir Zeit. Das Instrument wird Dich vielleicht ein Leben lang begleiten, wird Dein Partner, Dein Lehrer.

Eile ist hier der falsche Ansatz.

Es ist ebenfalls ökologisch und ethisch wenig fragwürdig, als Einsteiger zum Beispiel ein billiges indonesisches Didgeridoo zu kaufen. Authentizität suggeriert Dir oft nur die Lobby der australischen Händler: Was ist denn groß authentisch daran, ein Didgeridoo von einem weißen Händler zu erwerben, wenn es weder ein Aborigine gebaut noch bemalt hat oder wenn er für die Bemalung nur ein Almosen erhalten hat oder wenn es gar aus Indonesien importiert wurde? Doch Indonesien hin Indonesien her – mein persönliches Empfinden ist einfach, das „Australier“ mehr hermachen. Sowohl von der Ausstrahlung der Bemalung als auch vom Klang her.

Ökologisch gesehen ist der massenhafte und unkontrollierte Einschlag von Eukalyptusbäumen zu Bauzwecken schon längst ein ernstzunehmendes Problem geworden. Ich frage mich inzwischen, ob Australien es so gut verkraftet hätte, wenn die mehreren Millionen nichtaustralischen Didgeridoos, die weltweit gebaut wurden, aus Eukalyptus gewesen wären. Hunderttausende Menschen spielen gerade einmal ein paar Wochen lang Didgeridoo und danach verstaubt das Instrument in irgendeiner Zimmerecke. Was für ein Jammer für ein gutes Instrument aus Australien.

Sobald Du ein gewisses spieltechnisches Niveau erreichst, wirst Du Dich automatisch den australischen Didges zuwenden oder aber Instrumente aus heimischen Hölzern wählen.

Letztendlich findet sich in der Sammlung jedes engagierten Spielers mindestens ein gutes „Original“ aus Australien. Es bleibt ein besonderes Stück erfahr- und spielbare Natur. Der gute Sound ist gewachsen und nur bedingt gebaut. Das macht es in einer Weise einzigartig, wie es kein hand- oder maschinengebautes Didge je sein kann.

2.18. Pflegetips

Glückwunsch! Du hast ein Didgeridoo erworben. Nun gibt es einige Dinge, die Du beachten solltest, um lange Freude an diesem einzigartigen Instrument zu haben.

Den langen Transport von Australien überstehen die meisten Didgeridoos erstaunlich gut, obwohl die klimatischen Schwankungen enorm sind. Von Australiens Wärme in den Frachtraum, wo es auf -20 bis -40 Grad heruntergekühlt, anschließend wartet das Instrument hier im warmen Ladengeschäft auf einen Käufer.

Didgeridoos sind ein echtes Naturprodukt. Sie reagieren auf Temperatur- und Luftfeuchtigkeitsschwankungen indem sich ihre Holzfasern ausdehnen oder zusammenziehen. Je dünnwandiger ein Instrument ist, desto schlechter hält es diese Schwankungen aus, desto eher bekommt es Risse.

Vermeide deshalb zum Beispiel folgende Belastungen: Fahrten im warmen Auto, um dann später längere Zeit durch kalte Winternacht transportieren oder gar draußen zu spielen. Ebenso sollte das Didge nicht in der Nähe eines warmen Heizkörpers gelagert werden oder in einem überheizten Raum mit wenig Luftfeuchtigkeit. Wenn Dein Didgeridoo in einem beheizten Zimmer steht, achte auf genügend Luftfeuchte.

Vermeide starke mechanische Beanspruchung, wie Schläge, Stöße, fallen lassen. Lagere dünnwandige Didges grundsätzlich liegend oder in einem speziellen Ständer. Wenn sie umfallen, können sie zerspringen. Ich hatte einmal ein wundervolles Didge mit ein bis vier Millimeter (!!!) Wandstärke, es bestand fast nur aus geflickten Rissen, hatte aber einen tollen Klang. Es fiel um und zersprang in ein Dutzend Stücke. So was sollte Dir nicht passieren.

Es gibt Empfehlungen, ein neues Didgeridoo langsam einzuspielen, jeden Tag ungefähr fünfzehn Minuten mehr. Ich habe das noch nie durchgehalten. Ein schlechtes Didge kann ewig halten, auch wenn Du gleich tagelang spielst und ein gutes kann nach wenigen Stunden reißen. Das ist eine Sache, die man mit jedem Händler einzeln absprechen sollte.

Manche Spieler wässern ihr Didgeridoo vor dem Spiel. Der Sound perlt dann besser. Schütte hierfür langsam lauwarmes Wasser durch das Mundstück, während Du das schräg aufgestützte Didge langsam drehst. So es wird gleichmäßig feucht und arbeitet auch gleichmäßig. Beim Trockenanspiel wird es nur stellenweise feucht und es gibt starke Dehnungsunterschiede. Es muss aber nicht gewässert werden. Das ist eine Frage des Hörgeschmacks, meistens wässern nur Profis. Vorsichtig mit bemalten Didges, es besteht die Gefahr, dass du die Bemalung mit dem Wasser beschädigst.

Bemalte Didgeridoos sind in der Regel nicht mit einer Schutzlackschicht versehen, sie würde der Malerei die Ausstrahlung nehmen. So unlackiert wird das Didgeridoo allerdings bei längerem Gebrauch sehr schnell Benutzungsspuren erhalten. Ich finde, das gehört dazu. Wer es vermeiden möchte, dass die Malerei Macken bekommt, kann das Didge mit einem lebensmittelechten Klarlack schützen.

Die Innenwände eines Didgeridoo lassen sich mit Wachs, lebensmittelechten Lacken oder Ölen imprägnieren. Wachs und Lack versiegeln die innere Oberfläche des Instrumentes. Hiermit kenne ich mich nicht aus. Versiegeln heißt für mich, es der Lebendigkeit entziehen.

Viele Didge-Profis ölen ihre Didgeridoos, aber auch dies ist eine Geschmackssache. Halte Dein Didgeridoo mit dem Mundstück nach unten in einen großen Topf oder eine Pfanne. In die untere Öffnung schütte langsam reines Leinöl, vermengt mit einigen Tropfen ätherischen Eukalyptus- oder Teebaumöls. Beim Schütten drehe das Didge langsam, genau wie beim Wässern. Das Leinöl fließt so gleichmäßig durchs Innenrohr und tropft unten in das bereitgestellte Gefäß.

Anschließend lege das Instrument mit Mundstück und Soundende auf einen Stapel alter Zeitungen für ein bis zwei Tage ab und drehe es alle paar Stunden ein wenig.

Nach der Ölung erstmal einige Tage nicht spielen. Wenn Du das Didge stehend lagerst, achte auf saugfähige Unterlagen! Es „ölt nach".

Die Holzfasern haben sich jetzt mit Öl voll gesaugt und sind so dauerhaft feucht. Atemkondenz und Speichel können jetzt beim Spiel schlechter in das Holz eindringen.

Du kannst diese Prozedur zweimal im Jahr wiederholen, am besten im Herbst und im Frühjahr zu Anfang und Ende der Heizperiode. Die Ölung bietet einen guten Schutz, jedoch keine Garantie gegen Risse.

Die ersten Tage nach der Ölung klingt das Didge oft etwas schlechter: keine Angst, das gibt sich nach einiger Zeit, wenn das Öl tiefer ins Holz eingezogen ist.

Taucht nach einiger Zeit ein Riss in Deinem Didgeridoo auf: Keine Panik. Du kannst das trockene Didgeridoo mit der Rissstelle unter einem Heißfön auf Temperatur bringen, damit sich das Holz dehnt.

Dann *Uhu Plus 3000* oder einen anderen Bombenkleber in den Riss. Wenn sich das Holz abkühlt, zieht es sich zusammen und bleibt dicht.

Flickst Du mit Wachs besteht bei größeren Rissen die Gefahr, dass sich diese weiter ausdehnen und das ganze Rohr reißt. Du kannst größere Löcher mit Holzkitt ausbessern, im Baumarkt gibt es eine Auswahl in verschiedenen Farbtönen. Einige Didgebauer umwickeln das Didgeridoo zusätzlich mehrere Zentimeter unterhalb und oberhalb des Schadens fest mit einer in Holzleim getränkten Hanfschnur oder ähnlichem. Beim Trocknen zieht sich die Schnur zusammen und ergibt mit dem härtenden Leim eine recht stabile Ummantelung des Didgeridoos.

Jede Didgeridoo-Spielerin hat so ihre Vorlieben: Frage Deine Händlerin, sie sollte Dir die beste Flickmethode empfehlen können oder Dir für ein Obulus Dein Didge reparieren ...

Ein Tip von Stefan Thiel aus Siegen: Beim Imprägnieren des Innenrohres ein altes Tuch mit Leinöl tränken und mittels einer alten Gardinenstange oder ähnliches durch das Didge schieben. Ist etwas langwieriger. Dafür mit weniger Ölverlust verbunden und die Imprägnierung erfolgt gleichmäßiger.

Jan-Ole Haber aus Bremen empfiehlt eher Leinölfirnis zu verwenden, bei reinem Leinöl besteht, je nach Produkt eine gewisse Gefahr, dass es nach einiger Zeit ranzig riechen könnte. Auch weist Jan Ole darauf hin, dass die öligen Lappen in eine Dose sollten, bevor du sie in den Müll entsorgst oder auch wenn Du sie bis zur nächsten “Ölung” aufhebst. Die Öllappen können sich selbst entzünden!

Vorsicht Schimmel!

Didgeridoos besser nicht längere Zeit in Taschen aufbewahren, auf keinen Fall aber in Kunststofftaschen oder Tüten. Im vom Spielen feuchten Innenrohr kann so leicht Schimmel entstehen, der dann unbemerkt beim nächsten Spiel aufgenommen wird. Das kann Gefährlich sein. Transporte in einer Tasche sind zu empfehlen, um das Instrument zu schützen. Aber nicht ewig drin stehen lassen.Auch die inzwischen viel angebotenen und wirklich praktischen Mundstückschoner nur zum Transport der Instrumente verwenden! Ziehst Du diese `Verhüterlis´ nach dem Spiel über das Mundstück sammelt sich im stehenden Didge ein feines Tropenklima unter dem Mundstückschutz.

3

Spielanleitung für Einsteiger

Die CD zum Buch

Auf der CD sind alle Laute zu hören, die ich im Texte beschreibe. Die CD vereinfacht Dir den Zugang zu den Beschreibungen im Buch ungemein und macht die Übungen und Lektionen hör- und somit besser erfahrbar.
Die einzelnen Übungen und Lektionen sind im Buch mit den Anspielnummern (CD 1), (CD 2), (CD 3) bis (CD 34) von der CD versehen (Inhaltsverzeichnis: Letzte Seite des Buches).
Bedenke bitte, dass sich die Effekte, Sounds und Laute, die ich auf der CD spiele, bei jedem Spieler verschieden anhören. Das ist ja auch sehr wünschenswert.
Ich empfehle Dir, nur Laute und Techniken zu spielen, bei denen Du Dich wohl fühlst. Sie müssen Dir gefallen. Spiel nie einen Klang nach, der Unbehagen in Dir wachruft.
Nimm die Übungen nicht zu ernst. Auf der CD wirst Du hier und dort hören, dass ich es auch nicht konnte. Viel Spaß beim Spielen ...

... und beim Hören:

Als Bonus enthält die CD sieben Einspielungen mit abwechslungsreicher Didgeridoo-Musik vom Klangperformance-Projekt „The Ancient Voice“. Meditative, perkussive, melodische und elektronische Musik als weitere Inspiration für Dich. Hier bekommst Du einen schönen Einblick, wie verschieden Didgeridoo-Musik ausfallen kann.

Kein richtig oder falsch

„Binnen kurzer Zeit kann man auf diesem Instrument mit seinem Atem seine Seele durch die Musik sprechen lassen. Da ist kein Lehrer, der mit dem Stock den Takt schlägt. Da ist kein Metronom. das ins Ohr tickt, man muss keine Noten lesen, sich nicht fragen, ob man richtig oder falsch spielt. Es ist reine Entspannung und reines Vergnügen."

John Diamond [12]

3.1. Spielen statt Lernen

Willkommen in der Traumzeit!

Didgeridoo-Spielen kannst Du nicht lernen. Du kannst es nur spielen. Das Zitat von John Diamond beschreibt das Didgeridoospiel etwas einfacher als es für die meisten Menschen am Anfang ist. Der Lehrer, das Metronom, richtig oder falsch sind Denkschemata, die das Verhalten vieler Menschen unserer Kultur beherrschen. Wir müssen doch 'gut' sein, ein 'Ziel' erreichen, eine Leistung 'erbringen'. Es ist schwer, dieses Denken und Fühlen loszuwerden, denn ist eine der Grundlagen unserer Gesellschaftsstruktur.

Gerade deshalb ist das Didgeridoo-Spiel so unendlich wertvoll und schön: Es kann sich nicht erlernen lassen. Jedenfalls nicht, wie Diamond es beschreibt: Die Seele durch die Musik sprechen lassen. Wer den Mut hat, seine Seele sprechen zu lassen, der muss das Didgeridoo von Anfang an spielen, nicht lernen. Wenn Du es zielorientiert übst, begegnest Du ihm auf einer Ebene, auf der die Seele schwerlich Zugang bekommt. Du wirst die Technik vielleicht bald beherrschen, aber nicht das Spiel. Seele und Spiel kennen kein Ziel.

Sie kennen nur hier und jetzt.

Das Didgeridoo macht es uns am Anfang recht einfach: Es verweigert sich dem Neuling, der nun mit allem Ehrgeiz 'lernen' will. Ich höre regelmäßig Menschen scheitern, wenn sie zu sehr wollen. Nichts mag das Didgeridoo weniger.

Und nichts liebt es mehr als Gelassenheit, Freude und Entspannung. Die Physik und die körperliche Anatomie fordern es einfach von Dir:

Wenn Du spielen willst, sei locker. Wenn Deine Seele sprechen will, dann lass ihr Zeit. Wenn Dein Atem klingen soll, dann möchte er von Dir geliebt und nicht gehetzt werden.

Beherzige das.

Lass Dir Zeit beim Spielen. Es ist egal, in welchem Tempo Du Dein Spiel entwickelst. Einzig wichtig ist, zu erkennen, wo Dir das Instrument und sein Klang, der dein Klang ist, gut tut und Spaß macht.

Zur Einleitung noch eine kleine Geschichte, ich habe sie ein wenig umgeschrieben. Den Autor kenne ich leider nicht.

Es gab einmal in einer kleinen Stadt einen virtuosen Didgeridoo-Spieler, der spielte tagein tagaus sein Didgeridoo. Je älter der Didger wurde, umso weniger Töne spielte er. Schließlich gar spielte er nur noch einen Ton, ihn aber mit völliger Hingabe und der ganzen Liebe seines Herzens.

Eines Tages gab eine berühmte Didgeridoo-Gruppe ein Konzert in der kleinen Stadt. Die Frau des Didgers ging hin und hörte sich den Auftritt der Gruppe an.

Aufgeregt kam sie nach Hause und berichtete ihrem Mann: „Die haben unzählige Rhythmen und Töne gespielt, schnell, langsam, rauf, runter. Du kannst doch auch viel mehr. Wieso spielst du immer nur den einen Ton?“

Der Mann sagte nur: „Die suchen den Ton!“

3.2. Die Sitzhaltung

Eine Spielhaltung, die als traditionell für die Aboriginal-Spieler gilt, sieht so aus: Du sitzt auf dem Boden, ein Bein ausgestreckt, das andere angewinkelt. Der Oberkörper ist gerade, das Didge liegt mit der Öffnung auf dem Fuß des ausgestreckten Beines.

Das Bild links zeigt eine Variation der Sitzhaltung mit Anlehnung an eine Yogaübung: für gelenkige Menschen sehr bequem, sie öffnet den Energiefluss im Beckenraum.

Der Vorteil bei dieser Sitzposition ist der Kontakt zum Boden, zur Erde. Das Didgeridoo mit seinem erdenden Sound liebt es, mit Bezug zum Boden gespielt zu werden.

Kurze und sehr lange oder sehr eigenwillig geformte Didgeridoos entziehen sich dieser Sitzhaltung. Ich sah bisher keinen Aborigine, der

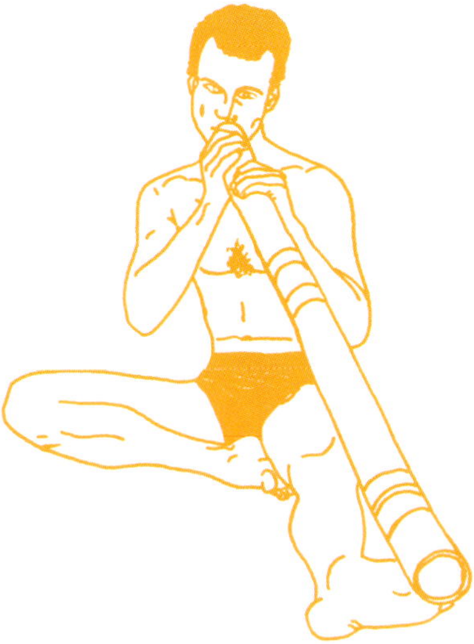

„traditionell“ saß. Sie hockten beim Spielen des Didgeridoo auf dem Boden, saßen auf Stühlen oder standen einfach. Ich nehme an, dass Aborigines grundsätzlich eine bequeme Position bevorzugen und wahrscheinlich nur bei besonderen Ritualen an spezielle Haltungen gebunden sind.

Wir wollen es beim Spielen auf jeden Fall bequem haben.

Wenn Du die volle Kraft des Didgeridoo spüren, längere Zeit an einem Stück oder sehr schnelle Rhythmen spielen möchtest, dann wähle eine Sitzhaltung, bei der Deine Beine unter dem Bauchnabelniveau liegen.

Du kannst Dich auf einen kleinen Hocker, ein festeres Kissen oder einen normalen Stuhl setzen. Wichtig ist, dass Dein Bauchraum frei zum Spielen und Spüren ist. Es versteht sich, dass beengende Kleidung Dein Spiel auf Dauer etwas „quetschen“ kann.

Ist das Didgeridoo lang genug, kannst Du es mit der Soundöffnung auf den Boden stellen, für kürzere Didges verwende besser einen Hocker. Dein Hals sollte nicht zu sehr abwärts geneigt sein, auch das stört den Atemfluss und führt bei längerem Spiel zu Verspannungen im Schulter-Nacken-Bereich.

Es ist auch sehr angenehm im Stehen zu spielen. Viele nichtindigene Didgeridoo-Profis spielen ihre Konzerte stehend. Das untere Ende des Instrumentes legen sie auf einen Stuhl, oder auf eine Box wie es auf dem Foto hier der Musiker Gary Thomas zeigt.

Das Spiel im Stehen hat Vorteile: Dein Körper ist aufrecht, so lässt sich frei atmen und zudem kannst Du die gespielten Klänge gut in Körperbewegung umsetzen. Wiege Dich und schwinge mit dem Didge-Rhythmus. Das vereinfacht den Zugang zum Sound.

Alan Dargin sah ich auf einem Konzert kniend, mit aufgerichtetem Becken und Oberkörper spielen (Siehe Strichmännchen) Wenn man die Bewegung seines Bauches bei den sehr dynamischen Stücken sieht, weiß man, warum er diese Haltung wählt: Er braucht Raum für spezielle Atemtechniken, die hier später noch beschrieben werden.

Also: Keine Regeln. Probiere, was für Dich gut ist.

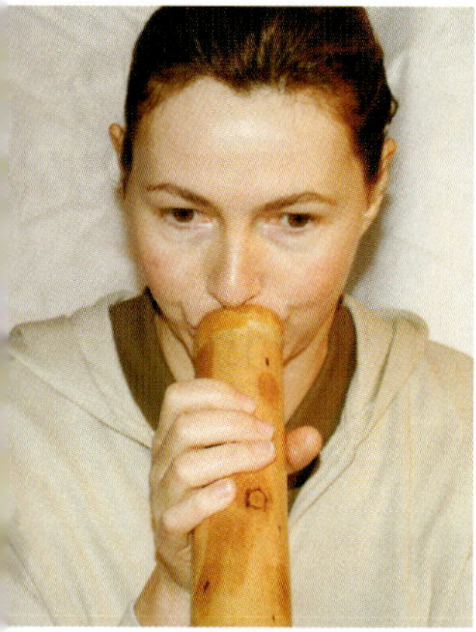

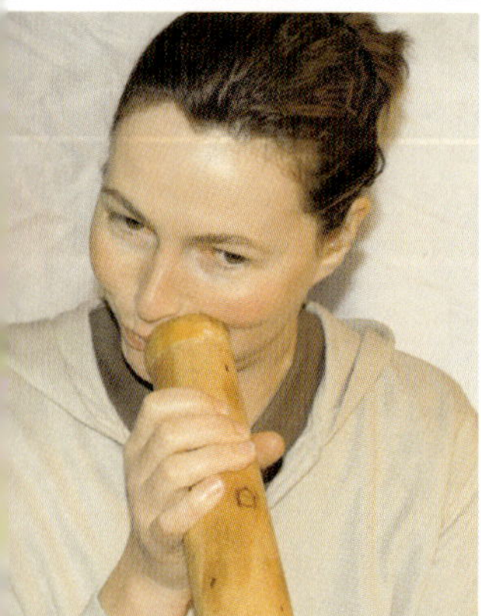

3.3. Der Mundansatz

Grob unterschieden werden zwei Arten des Mundansatzes: Der zentrale und der seitliche Ansatz. Für den Einsteiger gibt es nicht *den* Mundansatz, sondern *seinen* Ansatz. Ob Du das Didgeridoo mit dem Mundstück zentral anspielst, also so, als wäre das Instrument eine Verlängerung Deiner Nase (oben), oder ob Du es seitlich spielst, als Verlängerung des Mundwinkels (unten) ist erst einmal völlig egal. Wichtig ist, dass Du Erfolg und Spaß beim Spiel hast.

Meiner Beobachtung nach wandern die meisten Spieler, die mit dem Seitenansatz begonnen haben (so wie ich auch) mit fortschreitendem Können langsam zum Zentralansatz. Gerade für die sanften Trompetentöne sowie viele Rhythmuseffekte ist der zentrale Ansatz günstiger. Dafür benötigt er mehr Lippenspannung, die der Einsteiger häufig noch nicht hat.

Probiere, wie Du den Grundton am einfachsten

Bilder links: Probiere erst den zentralen Mundansatz (oben). Klappt das gar nicht, kannst Du auch mit dem seitlichen Ansatz beginnen. (unten) findest. Wenn es mit dem zentralen Mundansatz nicht klappt, nimm die seitliche Position. Viele fortgeschrittene Didger spielen seitlich.

Der Zentralansatz hat den Vorteil, dass Dein Atem gerade als Verlängerung Deines Atemweges in das Didgeridoo fließt. Der energetische Unterschied wird klar, wenn Du einfach mal Luft geradeaus durch die Lippen pustest (mit viel Druck) und zum Vergleich einmal seitlich zum Mundwinkel herauspresst: Die Muskulatur wird ungleichmäßig belastet.

Wichtig ist, dass Du Deinen Ton findest.

3.4. Der Grundton (CD-2)

Zu allererst: Entspann Dich! Es nützt nichts, wenn Du jetzt auf Biegen und Brechen zu lernen versuchst. Das Didgeridoo ist wie ein Barometer des Willens: Wenn Du unbedingt etwas willst, wirst Du regelmäßig scheitern. Wenn Du fließen lässt und einfach aus Freude am Tun übst, wird es Dich Dinge lehren, die ich in diesem Buch nie vermitteln könnte.

Das Didgeridoo ist kein Instrument für den Ehrgeiz.
Es ist eine Laute für den Geist.

Ich habe immer mal wieder Schüler in meinen Didgeridoo-Workshops, die dieses Buch gelesen haben und dennoch keinen Grundton spielen können. Sehr häufig besteht meine Aufgabe als Lehrer dann darin, neben diesen Menschen zu sitzen und ihnen beim Anspiel zu zuflüstern: „Weniger Spannung. Nicht so pressen. Ganz ruhig. Kein Druck. Sei gelassen. Nicht zuviel Power“ und so weiter.

Uns bei jeder Gelegenheit sinnlos anzustrengen ist eine typische Angewohnheit. Doch Du wirst schon bald sehen: Die Luft, die Du brauchst, um ein Didgeridoo zum Tönen zu bringen, würde kaum reichen, um eine Kerze auszupusten. So wenig, um so viel Klangwelt zu erzeugen!

Nach einem Konzert sprach mich einmal ein Mann mittleren Alters an und erzählte mir freudestrahlend folgende Geschichte: „Ich habe ja mal so einen Wochenendworkshop gemacht. Ich war mir vorher sicher, dass ich das Didgeridoo-Spiel gleich am ersten Tag lerne. Am Abend des zweiten Tages brachte ich nicht mal den Grundton zustande! Aber es macht irre viel Spaß zu üben ..."

Hky Eichhorn erzählte mir von einer Frau in einem Workshop, die nur den Trompetenton spielen konnte. Dies fand sie aber so schön, dass sie das ganze Wochenende immer wieder zu diesem Ton zurückkehrte und ihn mit leuchtenden Augen spielte.

Jeder hat so sein Tempo beim Spielen. Ich höre im ersten sauberen Ton begeisterter Einsteiger oft mehr Freude, Liebe und Begeisterung als in den ehrgeizigsten Rhythmussalven vieler Bühnenprofis.

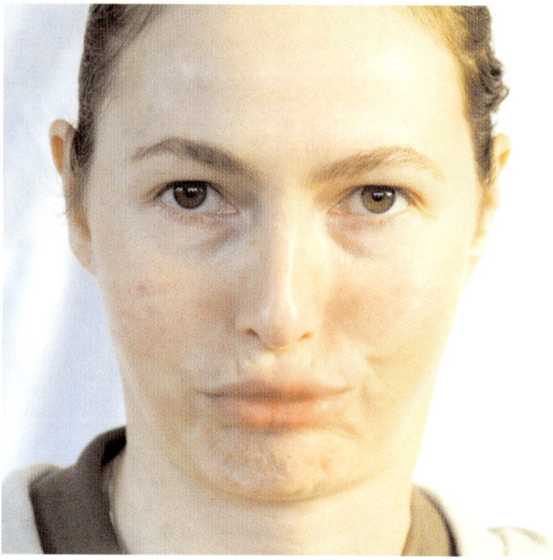

Achte auf die Lippen: Genauso unscharf sollten Deine beim Üben vor dem Spiegel aussehen

Aber nun los:

Entspann Deine Lippen und Deinen Mund. Leg die Lippen locker aufeinander und atme aus, indem Du schnaubst wie ein Pferd. Du kannst auch „Brrrrr„ machen und dabei die Stimme einsetzen. So, als würde ein Kleinkind ein Auto nachmachen. Deine Lippen sollten richtig im Luftstrom flappern.

Jetzt flappere einmal und versuche, während des Flapperns, die Lippen ein ganz klein bisschen zu spitzen. Als wolltest du aus einem *Pwwwuh* ein *Pwwwüh* machen.

Übe dies ruhig eine Weile.

Mit der gleichen Lippenbewegung erzeugst Du nun den Grundton: Setz das Didgeridoo an den Mund. Die Lippen sollten geschlossen aufeinander liegen, jedoch nicht aufeinander gepresst! Ganz locker. Jetzt flappere mit einem P beginnend los.

Es gibt eine tolle Möglichkeit, zu kontrollieren, ob Deine Lippen gut schwingen: schau in einen Spiegel und lass die Lippen schwirren. Eine echte Didger-Lippe sollte sich so schnell bewegen, dass Deine Augen die Bewegung nicht mehr auflösen können und Du Deine Lippen unscharf siehst (das Foto gibt Dir einen Eindruck davon, was ich meine).

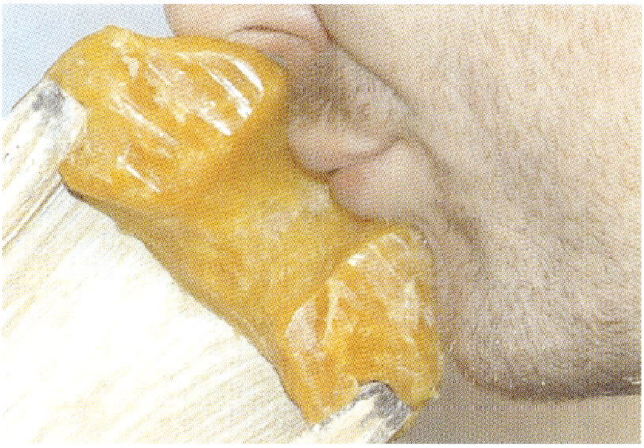

Nun lege Deinen Mund in die Öffnung Deines Didgeridoo. Die Lippen sollten schön in das Didge reinpassen, wie auf dem Querschnitt zu sehen. Tendenziell räume der Oberlippe mehr Platz ein, als der Unterlippe, wenn Dein Mundstück klein ist.

Wenn Du jetzt mit schwirrenden Lippen los bläst, achte auf Folgendes:

- Nicht mit großem Atemdruck anspielen. Je relaxter, desto besser.
- Das Mundstück sollte rund um Deinen Mund herum dicht abschließen. Kann Luft entweichen, wird das den Ton verzerren oder unmöglich machen.
- Und gleichenfalls solltest Du darauf achten, dass Du das Mundstück nicht zu sehr an den Mund presst. Es kann locker anliegen, dass reicht. Nicht anpressen!

Ein häufiger 'Anfängerton' ist ein lautes Hupen. Deine Lippen haben viel zu viel Spannung, wenn er erklingt. Setz das Instrument aber, lass die Lippen ohne Didge schwirren, ganz relaxt! Es ist ganz typisch, dass der Einsteiger ohne Didge entspannt anbläst und kaum hat er das Instrument am Mund, gibt es zuviel Druck hinein. Loslassen!

Probier öfters.

Ein anderer Ton ist ein etwas heiseres Röhren. Da fehlt es entweder an Lippenspannung oder Du bläst mit zuviel Druck und leicht geöffneten Lippen, der Sound klingt gehaucht, undeutlich und schwach. Möglicherweise liegen Deine Lippen nicht nahe genug aufeinander.

Ein etwas eiriges Windgeräusch kann allerdings auch dann entstehen, wenn Dein Instrument einen Riss oder Loch hat, das sollte dann erst mal geflickt werden. Besonders bei Bambusinstrumenten empfiehlt sich ein regelmäßiger Check des Instrumentes auf etwaige neue Risse.

Ein weitere Fehlerquelle: Dein Mund sitzt nicht passend auf dem Didgeridoo. Dann hörst Du neben den Geräuschen im Didge meist ein nebenher pfeifen. Korrigiere Deinen Ansatz. Unter Umständen musst Du auch Dein Mundstück noch ein wenig anpassen.

Bei aller Entspannung sollte der Luftdruck eine gewisse Stärke haben. Spiel kein: *PPPffffimmimimiwimmerwimmerwimmer* und kein: ***PPRROOTRÖTERÖÖHHT***, sondern genau in der Mitte ***Pfuwuwuwupp!***

Der eine schafft es beim ersten Mal und variiert auch gleich, ein anderer muss eine Woche üben. Sei geduldig und habe Spaß. Wo darf man sonst schon so schön rumbrabbeln und fruppern und flappern?

Wenn Du nicht auf Anhieb den typischen Didge-Sound bekommst, dann bleibe nicht ewig mit dem Mund am Rohr haften. Sehr häufig passt des Anfängers Ansatz einfach noch nicht so richtig. Wenn Du ungünstig am Didge klebst, dann kannst Du tausendmal lospusten und es kommen nur halbgare Töne heraus. Du solltest das Didgeridoo immer wieder absetzen, die Lippen entspannen und beim nächsten Versuch die Stellung ein ganz wenig variieren.

Sei kreativ.

Telefonrhythmus

Eine gute Anregung zum Erlernen des Grundtons bekam ich von Matthias Eder. Er verbindet das Üben des Grundtons in seinen Workshops gleich mit dem Üben des Rhythmusgefühls.

Nimm eine entspannte Haltung ein und spiel den Grundton. Sobald er ertönt, setz mit dem Ton und der Ausatmung aus und hol durch die Nase Luft. Spiele den Grundton kurz. Aussetzen. Grundton.

„Wie das Freizeichen beim Telefonieren„, meint Matthias. ***Ton-Pause-Ton-Pause-Ton-****... .*

Dabei hol immer durch die Nase Luft.

Diese Übung schult Deine Fähigkeit, den Grundton zu treffen. Je öfter du übst, desto sauberer wirst Du ***Dröhn-Pause-Dröhn-Pause-Dröhn-*** *spielen können. Gleichzeitig erhöht dieser Rhythmus Dein Gefühl für den Zyklus: Einatmen durch die Nase, ausatmen durch den Mund.*

*Klappt das Freizeichen, probier es mit dem '****Besetztzeichen****'. Dabei spielst Du den Grundton noch kürzer und schneller an und die Pause ist ebenfalls kürzer.*

*Ich finde diese Übung macht Spaß. Wenn Du den Grundton im '****Frei- und Besetztzeichen****' gut triffst, kannst Du schon eigene Rhythmen spielen, wie zum Beispiel* ***lang-lang-kurz-kurz-lang-lang-kurz-lang-lang-****... usw. Wichtig ist die Freude beim Üben. Peil nicht verkrampft das Ziel Zirkulieratmung an, sondern sei mit Deiner ganzen Aufmerksamkeit beim Klang.*

Die äußere Atmung

In der Anatomie werden zwei Atmungssysteme unterschieden: Die äußere und die innere Atmung. Die innere Atmung bezieht sich auf die Atmung der einzelnen Körperzellen, die äußere Atmung auf die eigentliche Lungenatmung. Uns interessiert hier die äußere Atmung.

Beim Didgeridoo-Spiel atmet der Spieler durch die Nase ein. Die Luft geht über die Nasenhöhle durch den Rachen in die Luftröhre. Diese führt in die Lunge wo der Sauerstoff von den Lungenbläschen aufgenommen wird. Ab da beginnt die innere Atmung. Die Ausatmung erfolgt beim Didge-Spiel über den Mund in das Instrument. Deshalb spricht man auch von Zirkulier- bzw. Zirkularatmung: Ein durch die Nase, aus durch den Mund.

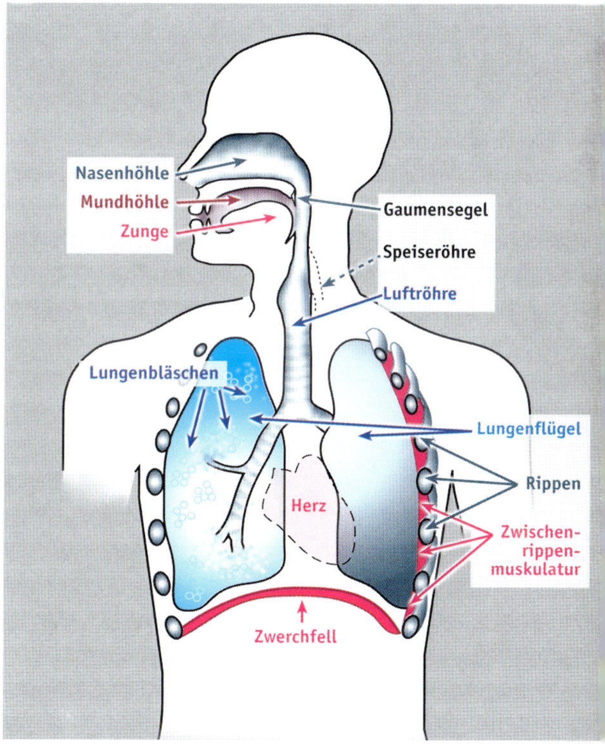

Der Begriff Permanentatmung ist im Grunde nicht sehr glücklich gewählt. Atmung läuft immer permanent, sonst würden wir ja ersticken. Der Ausatemstrom wird bei der Zirkulieratmung jedoch nicht permanent gehalten, sondern der Luftstrom.

Bei der Zirkulieratmung wirst Du - wie in den folgenden Lektionen beschrieben - ein Atemreservoir in der Mundhöhle bewahren während Du durch die Nase einatmest. Mit diesem Reservoir erhältst Du den Ton im Didgeridoo aufrecht.

Bei weit fortgeschrittenen Spielern gibt es sehr verschiedene Arten, Rhythmik, spezielle Sound, Anblas- und Atemeffekte kombiniert zu einer gekonnten Zirkulieratmung einzusetzen. Das vermittelt dem zuhörenden Einsteiger den Eindruck, als handle es sich um eine andere Art der Atmung oder Zirkulieratmung. Es handelt sich jedoch um unterstützende und den Luftstrom lenkende Methoden dieser Zirkulieratmung und nicht um völlig neue Techniken nach dem Motto: Die Luft kommt durch die Ohren ;-) Manch ein Spieler inszeniert gerne seine individuelle Atmung als ominöse Geheimmethode. Lass Dich nicht veräppeln. Mit etwas Lust und Laune und Zeit kannst Du es vielleicht auch bald.

3.5. Zirkulieratmung theoretisch

Das Geheimnis des unendlichen Klangs fasziniert alle Menschen, die das Didgeridoo das erste Mal hören. Dabei ist das Ganze nur ein Trick. Die Spielerin atmet nämlich nicht gleichzeitig ein und aus, wie man vielleicht zuerst vermutet. Sie hält vielmehr ein Luftreservoir in den Wangen und gibt dieses wohldosiert und klingend in das Instrument ab, während sie durch die Nase Luft holt.

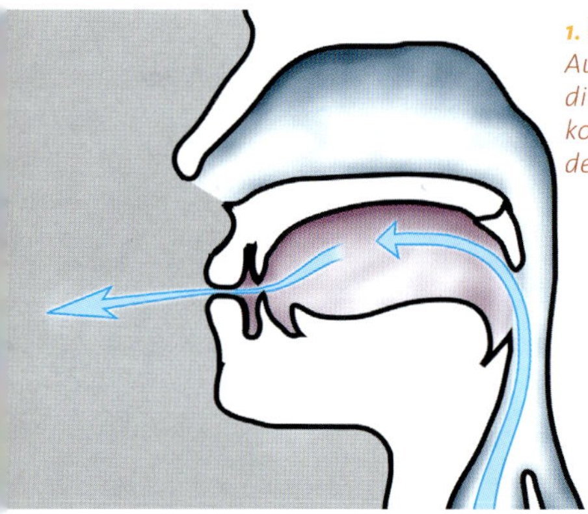

1. Phase: Ausatmung, die Luft kommt aus der Lunge.

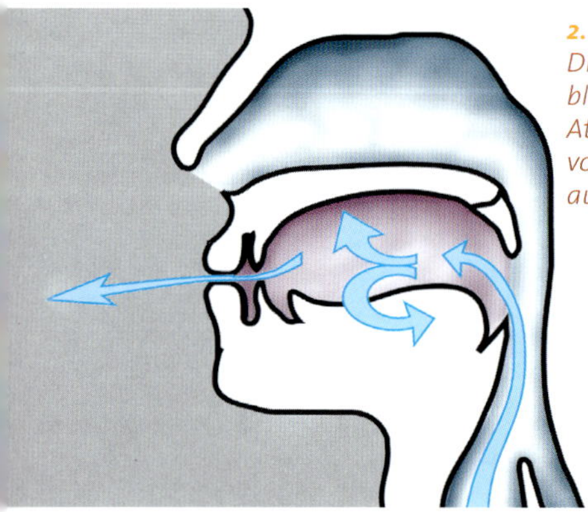

2. Phase: Die Wangen blähen, ein Atemreservoir wird aufgebaut.

Das ist der ganze Trick.

Es ist wichtig, Dir bewusst zu machen, dass es kein gleichzeitiges Ein- und Ausatmen gibt. Es klingt nur so. Der Luftstrom ins Didgeridoo wird permanent gehalten, nicht aber der Atemstrom!

Was während der Zirkulieratmung im Mund- und Rachenraum vor sich geht, lässt sich am besten an einigen Skizzen erläutern.

1.Phase: Die Spielerin atmet aus. Die Atemluft kommt aus der Lunge, der Klang des Didgeridoo wird durch die vibrierenden Lippen und/oder die Stimme erzeugt.

2.Phase: Die Spielerin füllt ihre Wangen mit Luft, sie ‘bläht’ sie auf.

3. Phase: Sofort darauf verschließt die Spielerin reflektorisch den hinteren Mund/Rachenbereich mit der Zungenwurzel und dem Gaumensegel. Sie dichtet den Zugang zur Luftröhre gegen den Mundraum ab. Dieser Vorgang geschieht in der Regel nicht bewusst. Es passiert einfach. Mit dem Luftreservoir in den geblähten Wangen wird der Ton im Didgeridoo weitergespielt. Der Klang wird nur noch durch die Lippen mit der wenigen in den Wangen enthaltenen Luft ins Didgeridoo gespielt. Es bedarf nur eines Augenblickes und...

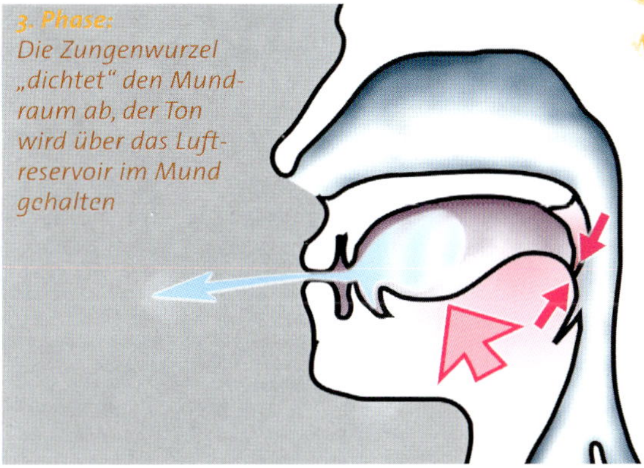

4. Phase: ...während der Klang mit dem Atemreservoir in den Wangen aufrechterhalten wird, kann die Spielerin zügig durch die Nase einatmen und ihre Lungen füllen.

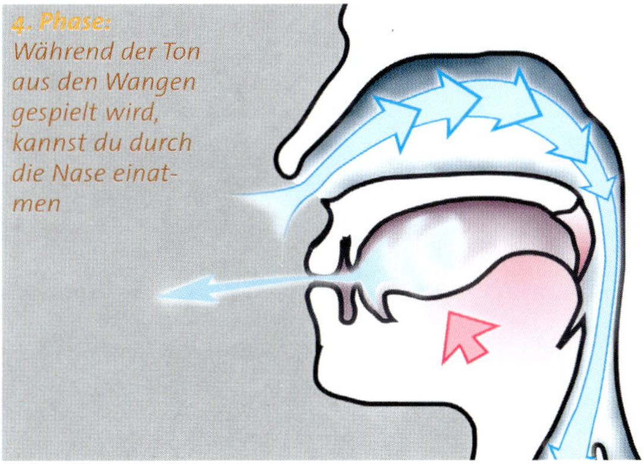

5. Phase: Die Zungenwurzel gibt mit dem Ausatemimpuls aus der Lunge den Rachenbereich wieder automatisch wieder frei. Mit der Luft aus der soeben gefüllten Lunge wird nun der Ton fortgespielt.

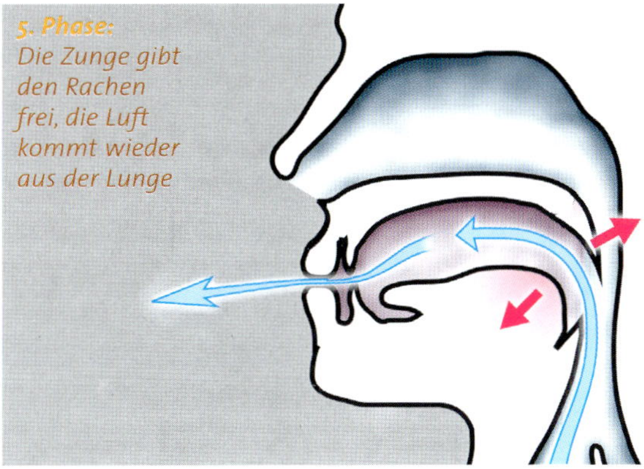

Phase Drei und Vier laufen gleichzeitig ab! Die Luft aus den Wangen wird herausgepresst, die Lunge durch die Nase gefüllt.

Das klingt komplizierter als es ist. Mit dem Kopf, dem bewussten Willen lässt sich das Zirkulieratmen nur schwer verinnerlichen. Der Ablauf muss geübt und trainiert werden bis ihn Dein Unterbewusstsein aufnimmt. Letztendlich funktioniert die Atmung bei einer geübten Spielerin wie ein Reflex. Sie braucht nicht mehr denken: „Wangen füllen, Gaumen abdichten, einatmen und Ton halten". Es geschieht einfach.

Sei Dir bewusst, dass es darum geht eine völlig ungewohnte und neue Koordination von Lippen-, Wangen-, Zungen- und Atemhilfsmuskulatur zu erlernen. Sie muss in Fleisch und Blut übergehen und das dauert halt eine Weile. Der Vorgang ist nicht kompliziert, sondern ungewohnt.

Wenn Du nun mit den Übungen beginnst, beherzige meine Einleitungen am Anfang des Kapitels. Es soll Dir Spaß machen. Wenn du verkrampft oder mit zu großem Ehrgeiz an die Übungen herangehst, wirst Du leicht scheitern.

3.6. Die „Trockenübungen" (CD-4)

Für das Spielen der Zirkulieratmung, wie auch später, für das Spielen und Üben fortgeschrittener Spieltechniken, gilt: Übe sie „trocken", das heißt einfach, indem Du die Mund-, Zungen- und Atembewegungen ohne Didgeridoo machst.

Das ist deshalb sehr sinnvoll, weil es Dir ermöglicht, die Bewegungen und Abläufe klarer und bewusster auszuprobieren. Sie sind so nicht durch das Mundstück des Didgeridoos eingeschränkt. Setz also auch später immer wieder Dein Didgeridoo ab und teste die aktuelle Übung ohne Instrument. Ich mache es auch so, es hilft!

Viele Trockenübungen kann man übrigens mit Wasser machen und es bietet sich an, sie in der Dusche, über der Badewanne oder am besten im Garten zu proben.

Bei allen Übungen, ob mit oder ohne Didgeridoo, gilt immer folgende Regel: Einatmen nur durch die Nase. Ausatmen nur durch den Mund. Dein Atem will kreisen, lass ihn diesen Weg gehen.

Der Weg ist das Ziel

Es ist nicht wichtig, dass Du die Zirkulieratmung lernst.
Wichtig ist, dass Du auf dem Weg dorthin Freude hast, egal, ob Du das Ziel erreichst.
Der Weg ist das Wesentliche, nicht das Ziel.

Mund voller Wasser:

Füll Deinen Mund mit Leitungswasser. Bewege das Wasser hin und her, von Wange zu Wange. Du wirst merken: Du kannst Masse in Deinem Mundraum hin und herbewegen und holst gleichzeitig durch die Nase Luft, atmest ein und aus. Im Grunde ist das schon fast das ganze technische Geheimnis des Spiels.

Bläh die Wangen mal so richtig auf, ohne oder mit Wasser drin. Noch immer kannst Du ganz entspannt atmen. Mit dem Reservoir an Luft, welches Du im Mund hast, wirst du später den Ton halten während Du durch die Nase einatmest. Sei Dir gewiss: Es ist kaum schwerer, als es klingt. Aber gerade die einfachen Dinge brauchen oft viel Übung, um beherrscht zu werden.

Jetzt versuche mal einen feinen Wasserstrahl zu pusten. Du musst Deine Lippen spitzen und Druck mit Deinen geblähten Wangen geben. Wiederhole das einige Male.

Jetzt setz Deine Zeigefinger auf die vollen Wangen. Atme entspannt ein und aus. Presse jetzt mit den Wangenmuskeln einen feinen Wasserstrahl und drück gleichzeitig mit den Fingern Deine Wangen nach innen. Ganz langsam. Gleichzeitig hole durch die Nase Luft.

Wiederhol das einige Male.

Genauso geht es ohne Wasser. Füll Deinen Mund mit Luft, bläh die Wangen weit auf und press mit den Fingern die Luft gegen den Druck der Lippen aus dem Mund. Während dieses Püpsens atme durch die Nase ein und aus *(Klangbeispiel CD-4)*.

Eine weitere Variation:

Füll den Mund mit Wasser. Spritze einen feinen Strahl mit der Druckkraft Deiner Wangen. Du kannst durch die Nase Luft holen.

Wenn ungefähr die Hälfte des Wassers aus Deinem Mund herausgepresst ist, gib mit einem Luftstoß einen Druckimpuls aus Lunge und Bauch in Deinen Mund und pruste das restliche Wasser gegen den Druck Deiner Lippen hinaus. Ein feiner Tropfennebel zischt heraus (siehe Foto). Wenn der Mund leer ist: Durch die Nase Luft holen und ohne Wasser probieren.

Die Wasserübungen sind da, um Dir visuell zu veranschaulichen, dass zwei Prozesse gleichzeitig möglich sind: Luft ein durch die Nase und Wasser raus aus dem Mund.

Es geht natürlich genauso über das Hören. Was Dir mehr hilft – die Übung ohne oder mit Wasser – hängt davon ab, ob Du eher visuell-haptisch oder akustisch-logisch wahrnimmst und denkst.

Wenn Dein Mund leer ist, atme durch die Nase ein, nur ganz kurz. Dann bläh die Wangen gegen den Druck Deiner geschlossenen Lippen weit auf. Nimm wieder Deine Zeigefinger zu Hilfe und mache einen kleinen Püps-Laut. Der entsteht, wenn Du gegen den Druck Deiner Lippen Luft rauspupst. Atme ein (durch die Nase). Fülle die Wangen. Mache *Püps.* Einatmen. Wangen füllen. *Püps.* Einatmen. Wangen füllen. *Püps.* Das ergibt einen schönen Rhythmus und ist schon fast Zirkulieratmung. ***(Klangbeispiel: CD-4)***

Du kannst bei dieser Lautmalerei auch Deinen Kiefer auf und ab bewegen, so als würdest Du die Luft kauen. Beim Einatmen durch die Nase den Kiefer nach unten bewegen, als würdest Du den Mund weit öffnen, die Lippen bleiben jedoch geschlossen. Beim *Püpsen* den Kiefer nach oben bewegen und dabei *püpsen.*

Nie durch den Mund Luft holen!

Der Strohhalmstrahl

Ein Strohhalm kann Dir in vielerlei Hinsicht helfen. Wenn Du zum Beispiel bei der Übung mit dem Wasserstrahl aus dem Mund den Strahl nicht so gut dosieren kannst und nur wild rumspritzt, dann probier es mal mit einem etwas dickeren Strohhalm.

Drück das Wasser in Deinem Mundraum durch den Strohhalm hinaus. Achte darauf, dass der Druck hierfür aus den Wangen kommt und nicht aus dem Bauch oder der Atemhilfsmuskulatur. Während der Strahl so schön gemächlich aus dem Halm läuft, atme entspannt durch die Nase ein und aus.

Übe es eine Weile.

Wende auch hier wieder die Übung mit der Druckumstellung an. Erst kommt der Druck aus den Wangen, bis ungefähr die Hälfte des Wassers Deinen Mund verlassen hat, dann gib den Druckimpuls aus deinen Lungen. Einatmen durch die Nase. Wangendruck. Lungenimpuls. Einatmen.

Blasen im Wasserglas

Nimm den Strohhalm und halte ihn in ein halb gefülltes Glas Wasser. Drück ihn ein wenig mit Deinen Fingern zu. Mit luftvollen Wangen blubbere Wasserblasen ins Glas. Dann lenk Deine Wahrnehmung auf Deine Wangen, nur mit ihnen treibst Du die Blasen ins Glas. Gleichzeitig hol durch die Nase Luft, jetzt gib mit einem *Buuhfff*-Klang Deiner Stimme ein Druckimpuls aus Bauch und Lungen in die Wangen und den Strohhalm. Wenn Du *Buuhfff* sprichst und dabei die Luft über die Lippen zum Strohhalm hinauspresst, machst Du auch fast schon wie-

Das macht Laune: Mit dem Strohhalm im Wasserglas blubbern und die Zirkulieratmung üben

der eine Kaubewegung. Das *fff* beim *Buhfff* schön lang ziehen. Gut!

Wenn Du das lang gezogene *ffff* ins Wasserglas blubberst und dabei die Luft zusätzlich mit dem Kiefer wie oben beschrieben kaust, kannst Du gleichzeitig ganz entspannt durch die Nase Luft holen.

Kau viele *Buuhfffss* hintereinander ins Wasser.

Versuch dabei das Blubbern im Wasserglas nicht abbrechen zu lassen. Du wirst merken, dass erst noch Pausen da sind, aber wenn Du fleißig übst, werden sie immer kürzer, bis das Wasser schließlich beständig brodelt.

„Die Wirklichkeit um uns herum ist ein andauernder rhythmischer Tanz, und unsere Sinne übersetzen einige seiner Vibrationen in Frequenzstrukturen, die vom Gehirn verarbeitet werden können."

Fritjof Capra (6)

3.7. Die Grundlage des Rhythmus

Egal wie oder was Du spielst, egal ob Du es mit der Zirkulieratmung spielst oder ohne, immer bist Du „gezwungen“, zu atmen. Es geht nicht anders.

Deine Atmung ist die Grundlage Deines Spiels.

Es gibt keine Atmung die gleich ist, jede ist individuell wie ein Fingerabdruck. Deshalb kann es auch kein Spiel wie Deines geben. Du kannst anderen Spielern zwar nacheifern, aber ich empfehle es nicht und wenn, dann nur als kurze Übung, als Spielerei. Das ergibt einfach keinen Sinn: Den Atem eines anderen zu lernen.

Spielen aber heißt: Atmen.

Atmung läuft immer rhythmisch ab. Bei dem einen in einem langsamen, bei dem anderen in einem schnelleren, bei einigen in einem gehetzten oder gestörten Rhythmus. Aber Rhythmus bleiben sie vor alledem.

Einatmung. Ausatmung. Pause. Einatmung. Ausatmung. Pause.

Der Rhythmus unseres Atems bestimmt den Rhythmus unseres Herzens und umgekehrt. Beide beeinflussen alle Vorgänge im Körper, so wie diese auf den Herz- und Atemrhythmus zurückwirken. Im Körper gibt es keinen Vorgang der nicht rhythmisch abläuft.

Du hast Hunger und isst etwas. Die Nahrung wird verdaut. Die nicht verwertbaren Anteile werden ausgeschieden, die anderen in Deinen Muskeln und Organen in Energie umgewandelt. Dein Herz schlägt mit dieser Energie, Deine Lunge füllt und leert sich mit ihr. Du spielst Didgeridoo und brauchst dafür nicht nur den Rhythmus der Atmung, sondern auch das Herz. Und diese beiden brauchen den Rhythmus von Nahrungsaufnahme und Ausscheidung. Und den der Energieverbrennung. Jede Zelle hat wieder einen eigenen Rhythmus von Aufnehmen und Abgeben. Was wäre Dein Atem ohne die unzähligen Rhythmen Deiner Zellen? Und was wäre der Rhythmus einer Zelle, wäre er nicht abgestimmt mit den Zyklen und Rhythmen aller anderen Zellen in deinem Körper.

Für alle besteht Rhythmus aus Auf und Ab und Verharren. Oder aus Ein und Aus und Pause. Oder Laut und Gegenlaut und Stille. Das ist keine Esoterik, sondern Biophysik.

Rhythmen begegnen uns, wenn wir im hektischen Alltag einmal innehalten, an so ziemlich jeder Ecke der belebten und unbelebten Welt.

Tag und Nacht sind ein Rhythmus.

Die Jahreszeiten bilden einen Rhythmus von blühen, ernten, vergehen und ruhen.

Die Erde dreht sich. Um sich selbst und um andere Planeten. Das tun alle Planeten, jeder in seinem Rhythmus.

Es gibt neuere Beobachtungen, dass Planeten in sich hin- und herschwingen, zum Teil nur wenige Meter, aber rhythmisch.

Viele Prozesse, die wir bisher für willkürlich hielten, wie die der Atome und der Galaxien, offenbaren uns heute: Sie folgen Rhythmen, die so verwoben oder so schnell oder langsam sind, dass sie sich unserer Beobachtung lange Zeit entzogen haben.

Sie alle folgen einem Rhythmus.

Es gibt kein Phänomen, das wir beobachten, was nicht rhythmisch abläuft. Fritjof Capra geht sogar soweit, zu behaupten, die Hektik unserer Zeit sei nur Ausdruck eines Zyklus, den die Menschheit gerade wieder einmal durchlaufe. Das gibt es nach seiner Theorie in „Wendezeit„ immer, wieder bevor etwas großes Neues entsteht. Das bisherige und nun vergehende Prinzip erhöht immer seine Aktivität, seinen Rhythmus.[6]

Hektik ist Rhythmus in so extrem hoher Frequenz (Folge), dass es lebende Systeme wie den Menschen auf Dauer überfordert. Mit andren Worten: Wenn jemand Herzrhythmusprobleme bekommt oder außer Atem gerät, dann verliert er den Kontakt zu den Rhythmen und Zyklen, die für ihn gut sind.

Unsere Kultur hat sich von viel zu vielen Rhythmen abgekoppelt und eigene Rhythmen hervorgebracht, die niemand auf Dauer aushält. Die Arztpraxen und Psychologenliegen sind voller Menschen, die nicht mehr können. Die Kurse der Esoterik und des New Age sind voller Menschen, die auf der Suche nach einem Rhythmus sind, der zu ihnen passt. In meinem Hauptberuf als Feng Shui-Berater bringe ich eine Art Rhythmus in das Zusammenspiel von Landschaft, Wohnumfeld, Arbeitsplatz und Menschen. Diese sind in unserer Kultur wirklich sehr oft „aus der Ordnung„.

Aber noch einmal in den Kosmos und nahe an den Rhythmusursprung: Vom Vorgang des unsere Universum begründenden „Big Bangs„ haben wir alle in der Schule gelernt. Warum er so nach Knall und Explosion benannt ist, scheint hinterfragenswert. Ich würde ihn eher Urklang oder Urlaut als Urknall nennen. Nur weil etwas groß und mächtig ist, muss ihm doch nicht der Sinn für Musik fehlen.

Also erfahre ich, das Universum drängt auseinander. Und gelernt habe ich auch: Es wird sich in Milliarden Jahren wieder zum Urklumpen zusammenziehen und ruhen. Und dann wird wieder eine noch unbekannte Kraft diesen Urhaufen auseinander treiben. Und so fort. Ein gigantischer Rhythmus von Milliarden und Abermilliarden Jahren. Und in den Atomen unserer Lungen laufen Rhythmen nahe der Lichtgeschwindigkeit ab.

Bemerkenswert.

Lausche einmal, wenn Du Rhythmus spielst und Rhythmen zusammenfügst zu Zyklen.

Du hörst nichts anderes, als das Prinzip Leben. Wenn Du Rhythmus sagst und spielst, meinst Du Leben.

Es geht kein Weg daran vorbei: Didgeridoo heißt Rhythmus.

Rhythmus heißt Leben. Leben heißt Liebe.

Und Liebe? Spiele Dein Didgeridoo mal mit Liebe.

Welchen Rhythmus hörst du dann?

Die Stimme

„Objektivität gibt es hier nicht, kein richtig oder falsch, wie das beim Zusammenfügen von Rhythmen oder Melodien noch eher möglich ist. Die Klänge in der Stimme sind Gefühle, die jedem selbst gehören, auch wenn sie manchmal widersprüchlich erscheinen."

Fritz Hegi (18)

3.8. Die Stimme im Didgeridoo

Bei den folgenden Übungen setzt Du Deine Stimme ein, um verschiedene Laute zu erzeugen. Mittels Lippen, Zunge, Wangen und Deiner Stimmbänder kannst Du versuchen alle erdenklichen Klänge auf dem Didgeridoo hervorzurufen.

Das ist ein sehr beeindruckendes Erlebnis. Was immer Du mit Deinem Mund und Deiner Stimme machst, verwandelt sich in Klang, fast immer in sehr schöne oder zumindest sehr interessante Klänge.

Für viele Menschen ist das eine wundervolle Erfahrung, gerade wenn sie, aus welchen Gründen auch immer, die eigene Stimme nicht mögen. Das Didgeridoo gibt ihnen ein wenig von dem Selbstbewusstsein zurück, das einen mit der eigenen Stimme verbinden sollte. Deine Stimme, dass bist Du. Sie ist ein Lautabdruck Deiner Persönlichkeit. Und wenn du sie jetzt im Didgeridoo benutzt, wird sie verstärkt und mit einem Ton versehen, der viel älter ist als der Mensch. Wir haben im zweiten Kapitel gehört: Im Didgeridoo steckt das Potential eines anderen Bewusstseins, das Wirklichkeit werden kann durch Deine Stimme.

3.9. Fluchen und Schimpfen und Jubeln (CD-5)

Den ersten Laut, den ich meinen Workshopteilnehmern nach Erlernen des Grundtons beibringe, ist sehr emotionaler Natur. Um die Anfangsspannung in der Workshopsituation abzubauen, hat jeder Lehrer seine Methoden. Matthias Eder, Lehrer aus Siegburg, macht mit seinen Schülern Qi-Gong-Bewegungsübungen. Ich lasse meine Schüler fluchen. Es lohnt sich in jeder Hinsicht, verschiedene Workshops zu besuchen.

Ein Didgeridoo verwandelt Gefühlsausbrüche in ziemlich amüsante bis schöne Klangbilder, sogar oder gerade wenn man flucht.

Spiel den Grundton.

Und dann *gröhl, gröhr, röhr, röchel, brähre, fröhte, stöhn* und *dröhn* was Deine Lungen und Deine Stimmbänder hergeben und zwar LAUT! Schrei alles, was Du an Wut im Bauch hast, raus. Keine Angst vor Zuhörern. Es klingt einfach exotisch. Dein Didgeridoo verwandelt Frustschreie in Sound.

Das tut doch gut, oder?

Eine Workshopteilnehmerin berichtete mir einige Wochen nach dem Kurs, sie habe noch gar nicht weiter geübt. Aber sie schreie jeden Abend nach der Arbeit in das Didgeridoo. Ihre Magenschmerzen seien so zurückgegangen.

Ich möchte Dich jedoch bitten, nicht auf bestimmte Menschen zu fluchen. Flüche kommen über kurz oder lang mit vielfacher Kraft zu dem zurück, der sie ausgesendet hat. Verfluchen ist böse.

Manchmal kann es einen wirklich lösen und den Kopf frei machen, ins Didge zu schreien. Auf Dauer ist es aber besser, eine Situation zu verändern, anstatt sie nur zu beschreien.

Natürlich kannst Du genauso gut jubilieren ...

Das Didgeridoo aber, das merkst Du jetzt, macht alles mit. Es hört Deinem Atem zu, Deiner Stimme. Und macht Sound daraus.

Jeder Vokal hat seinen bevorzugten Schwingungsraum...
„Durch ihre verschiedenen Resonanzcharaktere bringen sie die entsprechenden Körperteile zum Schwingen und ergänzen sich so, dass die fünf Vokale zusammen mit dem Atem den ganzen menschlichen Körper mit Klang, also mit dem Atem der Gefühle, versorgen können. Darin liegt die Heilwirkung der Vokale."

Fritz Hegi [18]

3.10. A-E-I-O-U: Der schwingende Spieler (CD-6)

Eine einfache, aber sehr schöne Lautübung. Sprich ein stimmhaftes *AAA* in den vibrierenden Grundton. Dann variiere in jeden neuen Atemzyklus einen neuen Vokal hinein: *EEE*- Atmen- *III*- Atmen- *OOO*- Atmen- *UUU*- Atmen und von vorn.

Übe die Konsonanten einige Male mit übertriebener Mimik ohne Didgeridoo, als wärst Du ein Schauspieler bei Sprechübungen.

Diese Übung jetzt noch einmal, nur ohne, dass Du die Vokale sprichst. Beweg einfach Deinen Mund als würdest Du sie aussprechen, jedoch ohne Stimmeinsatz. Das trainiert Deine Fähigkeit, verschiedene Obertöne zu erzeugen. Du hörst beim *III* ganz andere, höhere Obertöne als zum Beispiel beim *AAA* oder *OOO*.

Diese Übung kannst Du auch gut ohne Zirkulieratmung spielen, nur eben mit Atempausen zwischen den einzelnen Tönen.

Eine schöne Übung für das bewusste Spielen: Leg eine Deiner Hände beim Üben der Vokale auf den Körper. Bei *AAA* auf Dein Brustbein, auf Höhe des Herzens. Bei *EEE* auf Deinen Hals, Kehlkopfbereich. Bei *III* auf den Kopf, auf Deine Schädeldecke. Bei *OOO* und *UUU* im Bereich Deines Bauches, es gibt hier keine exakte Position, finde im Verlauf des Probierens Deinen Ort für *OOO* und *UUU*. Wenn Du jetzt die Vokale spielst, ob mit oder ohne Stimmeinsatz, dann spüre die Vibration in Deiner Hand und den darunter liegenden Bereich Deines Körpers. Versuch den Ton von dort her zu spielen, wo Deine Hand liegt. Stell Dir vor, der Atem für den Ton kommt genau aus der Gegend, wo Deine Hand liegt. Und wenn Du einatmest, dann atme in diesen Bereich hinein.

Mit ein wenig Übung wirst Du feststellen, dass bei den verschiedenen Tönen auch verschiedene Teile Deines Körpers schwingen. Vielleicht hast Du die tibetischen Mönche schon einmal gehört: Sie intonieren das heilige „OM“ und schwingen dabei stark im Bauchbereich. Die christliche Kirche machte daraus das „Amen“, hier schwingt eher der Herzbereich.

Mach die Übung mit dem Handauflegen und den Vokalen ruhig vor jeder Didgeridoo-Sitzung. Sie hilft Dir vorzüglich, Körperbewusstsein zu entwickeln und die verschiedenen Ebenen zu wecken beziehungsweise zu koordinieren.

Du kannst zudem mit *A-E-I-O-U* kleinere Rhythmen „basteln„.
Spiel: *AA- I- AAA- I- AAA- I.*
Oder den Esel: *IA- IA- IA- III- AAA- I- A.*
Deiner Phantasie sind hier keine Grenzen gesetzt.
Nicht in dieser Übung und nirgendwo sonst beim Didgeridoo-Spiel.

3.11. Känguru (CD-7)

Wenn ich diesen Sound höre, sehe ich immer gleich ein Känguru durch die Wüste hüpfen. Stark und eigenwillig, weise und irgendwie auch immer etwas humorvoll. Genauso spiele diesen stimmlosen Sound.

In den Grundton hinein spiele, ohne Stimme, ein *Tua Tua Tua.*

Dann ein *Toin Toin Toin.*

Sprich es doch einfach zehn-, zwanzigmal mit der Stimme und stell Dir dabei ein Känguru vor ...

Gestische Menschen wippen beim Sprechen gerne mit dem Kopf, wenn sie sich das Tier vorstellen: *Toin Toin Toin Toin.* Na, hüpfst Du neben dem Beuteltier her, kraftvoll, mühelos, voller Lebenslust?

Toin Toin Toin ...

Ein Trick beim Spiel ist immer: Stell Dir vor, Du bist das Tier, werde eins mit seinen Bewegungen, seinen Lauten, seinem Wesen, so wie es auf Dich wirkt. Jeder materiellen Wirklichkeit geht die geistige Vorstellung von ihrem Wesen voraus. Alles muss gedacht oder geträumt werden, bevor es in unsere Welt tritt. Anders geht es nicht.

Der Sound, den Du als Spielender hörst, entspricht nicht dem Laut, den ein Zuhörer wahrnimmt. Besonders beim Bellen klingt der von Dir gehörte Sound oft viel jämmerlicher, als der Klang, der tatsächlich unten aus dem Didge kommt.

Also: Nicht frustrieren lassen!

Es gibt zwei Möglichkeiten mehr von dem zu hören, was Du spielst. Zum einen kannst Du in eine Zimmerecke spielen. Dann reflektiert der Sound und Du hörst besser, was unten raus kommt. Zum anderen kannst Du ab und an mal den Übungen einen Finger in eines Deiner Ohren stecken. Wenn Du jetzt einen Laut spielst, dann hörst Du besser, was in Deinem Mundraum und am Anfang des Didgeridoos erklingt.

3.12. Dingo und Hund (CD-8)

Der Dingo, ein kluger australischer Wildhund, den die Bejagung durch weiße Siedler an den Rand der Ausrottung brachte, klingt mit seinem lang gezogenen, heulenden Bellen im Didgeridoo sehr „wild".

Du machst in den Grundton hinein mit der Stimme ein schnelles und explosives: *Hah, Hah, Hah, Haauuuu* .. . Dabei drückst Du die Luft automatisch über die Stimme ins Didgeridoo. Es ist wichtig, dass Du ein Gaumen-*Hah* bellst. Das liegt höher als Dein Brustbein, wo es normalerweise schwingt. Hebe es mit Deiner Stimme einfach so hoch, wie Du kannst. Probier es ohne Didgeridoo. *Hah! Hah! Hah! Haauuuu ...!* Kraftvoll, schnell und explosiv.

Stell Dir das weite und alte australische Land vor. Du sitzt abends am Lagerfeuer und hörst diesen Klang die Abendröte besingen ...

Der deutsche Hund klingt nicht so, als würde er den Himmel besingen. Er kläfft und bellt eher herum. Das ist ein sauberes und akzentuiertes *WAU!*

Versuch es in den Grundton zu sprechen, kurz und mit viel Kraft. Dabei sollte Dein Kiefer ruhig ein wenig auf und abschnappen, wie beim Hund. Du kannst natürlich auch einen liebeskranken Rüden spielen und jaulen: *Wauhuuu!*

Auf das Didgeridoo-Gebell reagieren die meisten Hunde mit erstaunlich viel Respekt bis Verwirrung.

3.13. Bumerang (CD-9)

Stell Dir dieses Jagdwerkzeug vor, wie es ästhetisch durch die heiße Luft sirrt und seine Bahn zieht. Die hier käuflichen Bumerangs kommen zurück, die von den Aborigines benutzten sind schwere und gefährliche Waffen, die nicht zurükkkommen sollen, sondern tödlich treffen.

Gib OHNE Stimme, nur mit den Mundbewegungen in den Grundton ein *Yui Yui Yui Yui* hinein.

Soll Dein Bumerang schneller fliegen, sprich *YoYoYoYoYoYo* ....

3.14. Kookabura (CD-10)

Der in fast ganz Australien verbreitete Vogel Kookabura fehlt mit seiner unverwechselbaren Stimme in keinem Dokumentarfilm über dieses schöne Land. Er hat eine sehr fröhliche Stimme und heißt nicht umsonst auch „Lachender Hans“.

Sprich: „*Kukukukukukuku*“ langsam in den Grundton. Dann erhöhe das Tempo des *Kukuku* und werde immer schneller. Heb gleichzeitig Deine Stimme in die Höhe und lass den Ruf in ein lang gezogenes *kakakaakaaa* münden.

*Kuukuukuu**kukukakakaakaaa*** !

Das erfordert einige Übung stellt aber einen schönen, hebenden Klang dar. Versetz Dich in Deiner Vorstellung in das Wesen dieses Vogels. Wer so ruft, hat Witz und Temperament!

All die hier beschriebenen Übungen praktiziere ich noch nach wie vor. Inzwischen kann ich A-E-I-O-Us spielen, die, würden sie als Klangbeispiel auf der CD sein, den Einsteiger arg deprimieren könnten, so sauber und rein klingen sie. Doch meine Technik ist nicht anders als hier geschildert. Nur eben länger gespielt ...

3.15. Der perfekte Spieler

Dies ist die schwerste Lektion überhaupt.

Nicht viele Menschen in unserem Kulturkreis beherrschen sie. Diese Übung erfordert manchmal Jahre des Trainings. Sie bedarf der Geduld, Kraft, Ausdauer und Liebe.

Viel Liebe.

Sie ist Bestandteil jeder anderen Übung. Sie ist wichtiger als jede Technik sonst. Und ist nicht technisch. Diese Übung zu beherrschen macht Dich zum perfekten Spieler.

was du zuerst tun musst, ist
loslassen
lass deinen willen los, gut zu sein im vergleich
denn nichts ist vergleichbar
und niemand ist vergleichbar mit dir
du bist ein einzigartiger ausdruck des lebens
unverwechselbar
du bist
mit all deinen kleinen oder großen fehlern und macken
perfekt

Schaffst Du es, die letzten sechs Zeilen in der Ich-Form laut zu sprechen? Wie klingt das für Dich? Kannst Du Dir glauben?

wenn du didgeridoo spielst
lass los
versuche nicht willentlich
besser zu sein durch noch so viel üben
das nimmt deinem spiel die luft zum atmen
deiner seele den raum zu lieben

lass einfach alles wollen
los
und betrachte das
was du dann hörst
als ausdruck deiner selbst

welcher laut auch immer entsteht
welchen rhythmus dein atem auch immer geht
betrachte alles was du hörst
mit dem herzen
denn es ist
was du bist
und es wartet darauf
endlich
endlich einmal ohne bedingungen
ohne wenn und aber
einfach nur um seiner selbst willen
geliebt zu werden

übe dies immer wieder
habe freude an dir und deinen möglichkeiten
versuche nicht, den ausgetretenen pfaden anderer zu folgen
nimm dir das recht
zu stolpern, zu fallen und die richtung zu wechseln
im spiel wie im leben

dies ist die schwerste übung überhaupt
es ist der lange weg zu lernen
dich zu lieben
übe es im hören
das didgeridoo wird dein lehrer sein

4

Anregungen für fortgeschrittene Spieler

4.1. Das Wissen liegt im Spiel

Alle Übungen in diesem Buch sind nicht dazu da, um sie sklavisch nachzuspielen. Du solltest sie nur als eine Inspiration verstehen, eine Idee dessen, was möglich ist. Und es ist noch viel mehr möglich, als zehn Lehrbücher fassen können.

Jedes Didgeridoo ist anders, jeder Didger ist anders. Die Unterteilung in Einsteiger, ambitionierte Anfänger und fortgeschrittene Spieler ist fraglich. Es gibt Effekte, die ein Profi nicht kann, aber ein Anfänger am ersten Tag erlernt. Ich zum Beispiel kann gar kein gutes Känguru oder keinen schönen Bumerang spielen. Na und? Ich spiele, was mir Spaß macht, das ist wichtig. Und ich übe soviel und wie es Spaß macht. Solltest Du auch tun. So wirst Du wirklich viel und lange Freude an dieser Musik haben und Dich auch unweigerlich weiterentwickeln.

Das Wissen über das Didgeridoo, über jedes Instrument, liegt nie in theoretischen Hintergründen oder technisch raffinierten Rhythmussalven. Es liegt schlicht und einfach im Tun. In Deinem Spiel. Du kannst von einem einzigen Ton mehr über Musik, Klang und die Welt erfahren, als von tausend technischen Raffinessen. Das ist eine in unserer Kultur sehr unpopuläre Meinung. Macht nichts. Probier für Dich. Lass Dich nicht verwirren. Wenn Du mit dem Spiel des Grundtons zufrieden bist, ist das wunderbar. Wenn Du Dein Spiel erweitern möchtest, tue es nie, um anderen zu imponieren, sondern weil es Dir gut tut.

Das klingt einfacher als es ist.

Selbstverständlich kannst Du auch technisches Können und seelenvolles Spiel kombinieren. Das eine schließt das andere nicht aus. Lesen und lernen macht Spaß und kann inspirieren. Aber das Wissen liegt im Spiel.

Also spiele, spiele, spiele, …

4.2. Mundansatz

Bevor Du den Mund an das Didgeridoo legst, spann die Lippen so weit es Dir möglich ist. Die Mundwinkel ziehen zu den Ohren hin. Leg so das Instrument an. Du kannst sehr gut den Unterschied des Ansatzes mit dem lockerer Lippen vergleichen. Du kannst den ersten Ton viel sauberer spielen und viele der folgenden Übungen gelingen Dir mit

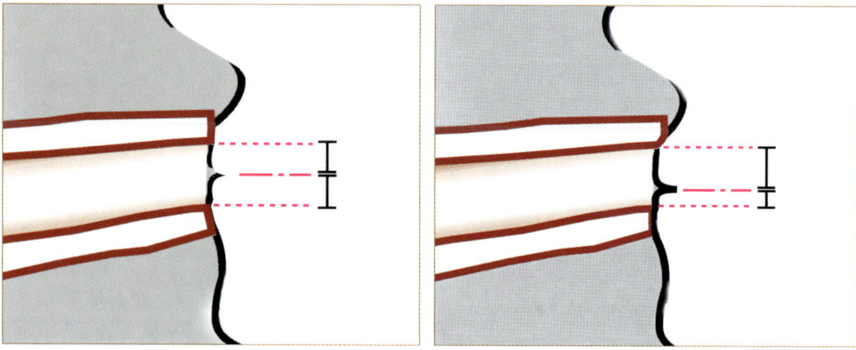

Der Unterschied ist kaum zu sehen, jedoch von großer Wirkung: Beim unteren Bild sitzt der Mund nicht mittig, sondern im unteren Drittel auf der Didge-Öffnung. Damit sind Kinn und Oberlippe beweglicher.

einem akzentuierteren Klang.

Hast Du einen lockeren Lippenansatz, musst Du die Lippen bei einem höheren Ton erst aus dem Mundstück „herausziehen". Das ist zu hören. Beim „gespannten" Ansatz fällt dies weg.

Neben dem zentralen und dem seitlichen Mundansatz gibt es eine kleine Variante innerhalb der zentralen, vorderen Ansatzes: Dabei sollte Dein Mund nicht mittig auf der Öffnung liegen. Das Didge sollte näher unter der Nase ansetzen. So ungefähr zwei Drittel der Öffnung liegen auf der Oberlippe, ein Drittel auf der Unterlippe. Für einige sanfte Trompetentöne eine sehr gute Hilfe.

4.3. Lippenspannungsübungen (CD-11)

Lass Deine Lippen locker im Atem flattern, so als wollest Du Dich mit einem Pferd unterhalten. Nun verändere, während die Lippen schön schnauben, ihre Spannung. Zieh einfach langsam die Mundwinkel Richtung Ohren während Du gleichzeitig versuchst, den Mund zu spitzen. Dabei darf das Lippenflattern nicht unterbrechen. Nur der Ton verändert sich. Aus dem Pferdeschnauben wird ein kleiner nerviger Propeller. Je mehr Du die Spannung in den Lippen erhöhst, desto stärker muss gleichzeitig die Atemluft gegen die Lippen gepresst werden, sonst bricht der Ton ab. Es soll richtig „sirren".

Nun wechsle zwischen den lockeren Lippen mit Flapperton und dem Dir maximal möglichen Spannungszustand immer schneller hin und her. Versuch, immer präziser vom Flapperton zum Sirren zu springen und dabei Spannung und Lockerung zu übertreiben.

Diese Übung machst Du besser, wenn du alleine bist. Sonst halten Dich alle für Meschugge, es klingt auf Dauer nämlich ziemlich nervig. Dafür sind Kleinkinder ganz fasziniert, wenn man als „Großer" so schön brubbeln kann.

Beim Autofahren macht es viiiel Spaß …

"Erwartung und Anspruch sind Feinde des Geschehenlassens."

Fritz Hegi (18)

4.4. Kiefer schieben (CD-12)

Ein weiterer kleiner Sound entsteht, wenn Du beim Spiel Deinen Kiefer seitlich hin- und her schiebst. Das ist nichts Spektakuläres, aber es hilft, wie so viele andere Übungen, Deine Aufmerksamkeit zu lenken. Jede kleine Bewegung hat eine Variation des Atemlaufs und damit des Klangs zur Folge.

4.5. Wange-Wange (CD-13)

Während Du spielst, probier einmal, die Luft nur in die linke Wange zu drücken und mit diesem Reservoir den Ton zu spielen. Dann atmest Du ein und wechselst die Wange.

Du kannst auch während eines Atemzyklus die Luft von Wange zu Wange hin- und herdrücken. Drück die Luft stark in die jeweilige Wange hinein, so dass sie sich weit bläht. Das geht langsam oder sehr schnell.

Die Übung erhöht Dein Gefühl für Luft, für die Bewegungen des Mundes und sie trainiert die Wangen.

Sie erzeugt zudem einen netten *Wawöwawöwawö*-Sound. Bei dieser Übung schiebst Du den Kiefer nun schon automatisch mit.

4.6. Einen Atem lang (CD-14)

Hol normal Luft, ohne den Brustkorb aufzublähen oder die Schultern nach oben zu ziehen. Mit dem Didgeridoo am Mund spielst Du jetzt einen beliebigen Ton. Aber nur diesen, keine Variation, möglichst wenig Schwankung im Sound. Spiel ihn nur so lange, wie du ganz entspannt ausatmen kannst. In dem Moment, wo Du spürst, wie sich die Muskulatur in Deinen Seiten, im Bauch oder im Schulterbereich anspannt, brichst Du den Ton ab.

Das Didgeridoo am Mund, atme langsam und gefühlvoll ein, ohne Dich aufzublasen. Sei ganz entspannt. Jetzt spiel wieder einen Ton, gib ihn ohne jede Spannung in Dein Didgeridoo. Versuch, ihn über die gesamte Ausatemphase zu halten. Folge mit Deiner Aufmerksamkeit dem Atem, wie er Dich langsam füllt, wie er eine Weile in Dir lebt, wie er den Klang ins Didge leitet.

Diese Übung hilft Dir, ein Gefühl dafür zu bekommen, wie lange Du mit einem Atemzug einen Klang erhalten kannst, ohne in körperliche Anspannung zu geraten. Du bekommst einen sanften Umgang mit Deinen Atemkapazitäten, ein Gefühl dafür, wie viel geht, ohne sich anzustrengen.

4.7. Der vorgehörte Ton

Alles, was in der materiellen Realität entsteht, so das Wissen des Alten Volkes, muss aus der geistigen Welt hinüber geträumt werden. Die Neue Physik bestätigt: Keine materielle Wirklichkeit ohne energetisches Muster.

Denke: Ich möchte jetzt einen obertonreichen, hohen Ton spielen. Höre ihn in Deinem inneren Ohr. Jetzt setz Dein Didge an den Mund und versuch, genau diesen Ton zu spielen. Einen Atem lang.

Dann denk Dir einen tiefen Grundton. Spiel ihn. Nur ihn. Einen Atem lang. Wahrscheinlich wirst Du erstmal allerlei Töne herausbringen, selten den, den Du wolltest. Geduld. Es ist noch kein Meister aus dem Didger-Himmel gefallen. Wenn der Ton nicht „passt", dann korrigier ihn innerhalb einer Atmung und merk dir die Lippenstellung.

So. Jetzt ohne Ton durch die Nase einatmen und die Lippen in der gewünschten Stellung halten. Wie war der Ton? Höre ihn in dir. Und jetzt gib ihn in das Didgeridoo.

Genauso kannst Du einen Laut in Dir hören, eine Tierstimme, eine Melodie.

Am Anfang wirst Du einige Zeit üben müssen. Diese Technik hilft Dir ein Gefühl für Impuls und Ergebnis zu bekommen und Deine Spielfähigkeit zu präzisieren.

4.8. Tonwechsel (CD-15)

Du hast Deine Töne gespielt, weißt, sie erst in Dir zu hören und dann im Didge. Jetzt spring von Ton zu Ton innerhalb deiner Atemzyklen. Spiel erst einen tiefen Ton, dann einen hohen. Am Anfang fällt es schwer, Übergänge zu vermeiden. Der Ton gleitet oder holpert mehr oder weniger hin und her.

Spiel ein hohes Brriii, dann denk Dir den tiefsten Ton und pass Deine Lippen, so schnell es Dir möglich ist an und spiel Brrrooo, so tief wie möglich. Wenn es am Anfang noch ein Tongleiten ist, macht nichts, schön weiterüben.

Du kannst den Tonwechsel innerhalb einer Ausatmungsphase spielen oder den Ton mit jeder neuen Ausatemphase wechseln.

Finde DEINEN Weg.

Diese Übung hilft, die Töne akzentuiert nacheinander zu spielen, jeden für sich in der ihm eigenen Brillianz. Das klingt besser, als wenn der Ton gesucht werden muss. Das Spiel wird zackiger und Du schulst Deine Atemökonomie.

4.9. Harley Davidson (CD-16)

„Das hört sich an wie eine Harley in der Ferne",

sagte mir ein motorradbegeisterter Zuhörer, als ich diesen Laut das erste Mal spielte.

Dieser Zungentriller oder besser Zungenroarer kommt wie folgt zustande: Du berührst mit Deiner Zungenspitze während des Spiels sanft Deinen Gaumen im hinteren Bereich. Die Zunge muss soviel Spannung haben, dass ihre Spitze hochragt, aber so entspannt sein, dass sie frei vibrieren kann.

Wenn Du jetzt ein *Thrrrrr* in das Didge gibst, dann schnellt die Zun-

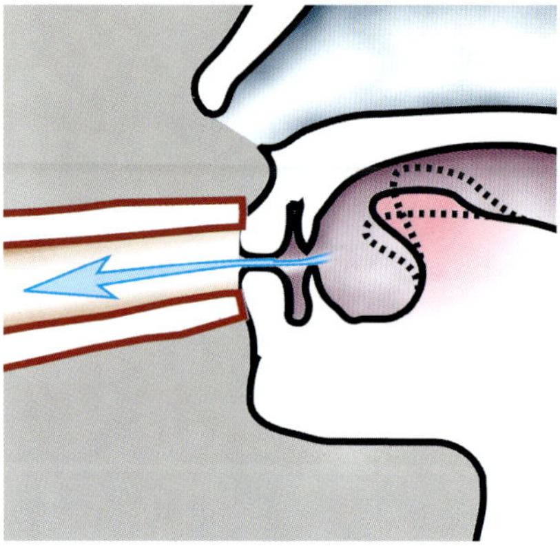

Deine Zunge trrrrrrommelt

genspitze im Luftstrom sehr schnell vor und zurück und verursacht einen perkussiven Schnarrlaut, aber bitte ganz ohne Stimmeinsatz.

Gelingt es Dir mit der Zunge noch nicht so ganz, dann kannst Du auch die Stimme einsetzen. So, als würdest Du versuchen, ein Fremdkörperchen aus dem oberen hinteren Gaumen weg zu bekommen.

Die Stimme macht *Cccchhrrrrr*!

4.10. Ton unterüberauf dem Didge (CD-17)

Jedes Didgeridoo hat einen gesungenen Ton, der exakt zu ihm passt. Du kannst ihn mit folgender Übung finden: Spiel den Grundton. Nun entspann die Lippen soweit es geht, ohne dass der Atem abbricht, und singe aus der Tiefe Deines Bauches ein *UUU* oder *OOO* ins Didge. Stell Dir dabei vor, der Ton kommt von noch viel tiefer, aus der Erde, weit unter Dir und dem Instrument.

Dann bring mehr Spannung in Deine Lippen und erhöhe den Luftdruck. Versuch den Dir höchstmöglichen Ton zu singen oder eher zu sirren und krieschen (nein, nicht kreischen), ein *Hjjjjjiiii* oder ein *Hüüüü*. In Deiner Vorstellung holst Du den Ton von weit oben über Dir und dem Instrument.

Aus der Mitte, genau zwischen diesen Extremen, von Deinem Herzen her kannst Du einen Ton singen, der auf dem Didgeridoo vollendet klingt. Spiele ihn in Deiner Vorstellung wirklich vom Herzen her. Singe alles was an Liebe, Hoffnung und Kraft in Dir lebt in das Didgeridoo. Es ist ein Ton, den Du im Gegensatz zu den UnterÜber-Tönen ohne Anstrengung spielen solltest, voller Gefühl und Einfühlung in das Didge. Die Kehle ist dabei entspannt geöffnet, es gibt nur geringe Rückkopplungen zwischen Lippen, Kehle und der schwingenden Luftsäule im Instrument.

Dieser Ton ist das „Didgeridoobistdu."

4.11. The Drone – Die Toilettenübung

Es muss keine Toilette sein.

Eine Dusche ist auch gut. Oder ein Zimmer mit Holzfußboden. Wichtig ist: Der Raum sollte recht klein sein. Wenn Du und das Didgeridoo hineinpassen, reicht das schon.

Du spielst im Stehen. Das Didgeridoo lehnst Du am besten irgendwo auf, wenn es Dir zu schwer wird. Du stehst locker und entspannt. Gib ein klein wenig in den Knien nach, sie sollten nicht durchgedrückt sein. Ebenso kannst Du Dein Becken leicht nach vorne neigen, so dass unterer Rücken und Becken eine Linie bilden. So kann die Schwingung, die Energie besser Durch Deinen Körper fließen.

Wenn Du magst, schließ die Augen.

Und nun spiel Dein Didgeridoo. Es ist ohne Belang, ob Du die Zirkulieratmung beherrscht. Der Grundton mit Atempause reicht auch.

Wenn Du den passenden Raum gefunden hast, dürfte es um Dich nun ungemein Dröhnen. Die Wände des Raumes werfen die Schallwellen Deines Spiels und auf die gegenüberliegenden Wände und zurück. Der ganze Raum kann zu pulsieren beginnen. Die Schwingungen, von der Wand zurückgeworfen, haben oft eine leicht andere Wellenlänge als die Ausgangsschwingung Deines Instruments. Es kann zu einem echten „Wummern" im Raum kommen, eine Schwebung entsteht.

Wenn Du locker in Knien und Becken stehst, überträgt sich die ungeheure Kraft dieses Klangexperiments auf Deinen ganzen Körper und Deinen Geist. Gib Dich diesem Dröhnen hin, tauch hinein, schwimm in ihm, lass Dich von ihm tragen. Betrachte Deine Gefühle, Gedanken und Assoziationen. Wie empfindest Du den Raum um Dich, wenn Du die Augen eine Weile geschlossen hältst? Versuche, die Zeit zu fühlen. Kannst Du das? Zeit fühlen? Wahrscheinlich nicht. Und wie sehr beeinflusst sie doch unser Leben. Wie fühlt es sich für Dich an?

Ich bekomme bei dieser Übung nach einigen Minuten weiche, vibrierende Knie und Beine. Das ist ein beeindruckendes Erlebnis, so als würde sich der Körper mit Energie aufladen. Das muss bei Dir nicht passieren, aber irgendetwas wird passieren. Du brauchst nur einen Raum der dröhnt und wummert, Zeit, eine entspannte Haltung und ...

... Du solltest die Augen schließen!

4.12. Wort- Rhythmen (CD-18)

Um einfache und komplexe Rhythmen zu spielen, kann man sich der Wortrhythmen bedienen. Bei dieser Spielmethode formst Du mit Lippen, Zunge und dem ganzen Mund, jedoch ohne Stimmeinsatz, verschiedene Worte. Ein häufig verwendeter Wortrhythmus ist „Didgeridoo".

Sprich es in unterschiedlichen Tempi immer wieder hintereinander ins Instrument: *DidgeridooDidgeridooDidgeridoo ...*

Wenn Du jetzt noch die Zirkulieratmung einsetzt, wird der Rhythmus gleich abwechslungsreicher:

Didgeridoo-Atmen-Didgeridoo-Atmen ...

Variiere wie es Dir in den Sinn kommt!

DidgeridooDidgeriDidgeriDidgeridoo-Atmen-DidgeridooDidgeri- ...

Oder nach jedem Wort einen anderen Laut einbauen:

Didgeridoo-AAA-Atmen-Didgeridoo-Wau-Atmen-Didgeridoo- ...

-Sch(t)aketituhum -Dumdadida -Lalilamoar

Wenn Du jetzt noch im Wechsel einmal das Wort oder die Worte nur mit der Bewegung Deines Mundes erzeugst, dann aber, indem Du es auch in das Didgeridoo hineinsprichst oder singst, hast Du unbegrenzte Möglichkeiten einfache und komplexe Rhythmen zu entwickeln.

Es gibt zahllose Sprachrhythmen, probier und kombinier sie. Reine Phantasiewörter sind einsetzbar.

Finde Wörter, die Deine Gefühle wiedergeben.

Finde DEINEN Ausdruck, es gibt keine Limits, keine Grenzen.

Die Rhythmus-Wörter können Dir helfen, bei längeren Stücken immer wieder zu Deinem Grundrhythmus zurück zu finden. Das fällt selbst erfahrenen Spielern nicht immer leicht und da kann ein Wort-Rhythmus als Grundlage des Spiels hilfreich sein.

Rhythmen essen

"Ein Rhythmus muss gegessen und verdaut werden, bis er im Körper steckt, bis der Körper ihn tanzt."

Fritz Hegi (18)

4.13. Der Luftballon

Besorg Dir einen handelsüblichen Luftballon. Blas ihn mit einigen Atemstößen auf. Er soll einen starken Gegendruck in Deinen Mund geben. Halte den Hals des Ballons mit zwei Fingern fest und lass einen Teil der Luft, die im Ballon ist in Deine Wangen zurückdrücken. Sie sollen voll aufgebläht werden. Je stärker der Druck in Deinem Mund ist, desto besser. Probier ein wenig herum, wie viel Luft in den Ballon muss, damit er so richtig schön „zurückdrückt".

Die Wangen müssen weit aufgeblasen sein.

Mit einer Hand solltest du den Ballon vor dem Mund festhalten, sonst fliegt er dir weg...

Jetzt drück mit viel Kraft die Luft aus Deinem Mund in den Ballon und zwar ohne Luft aus den Lungen zu benutzen. Lass sofort die Luft aus dem Ballon wieder zurückschnellen in die Wangen. Jetzt immer hin und her.

Vermeide dabei nach Möglichkeit, dass die Luft aus dem Ballon in Deinen Hals drückt, was sich durch kehlige Unk-, Grunz- und Quicklaute bemerkbar macht. Immer schön: Mund-Ballon-Mund-Ballon- ...

Nach kurzer Zeit dürften Deinen Wangen, ja die ganze Muskulatur um den Mund, ganz schön spannen und bald erlahmen.

Diese Luftballonübung kannst Du später hervorragend mit dem „*Quoken*", dem „*Kieferqunck*", dem „*Saudummen Grinsen*" und anderen Übungen durchführen. Sie trainiert die Kraft und Koordination Deines Mundes, der Lippen und besonders wichtig: Es schafft Raum in den Wangen.

4.14. Das Quoken 1-3 (CD-19)

Das *Quoken* ist ein klarer, akzentuierter Sound, der als Effekt, aber auch rhythmisch genutzt werden kann. Es erfordert einige Übung und etwas Geschwindigkeit in der „Mundarbeit".

Du spielst den Grundton. Mit einem blitzschnellen Zungenschlag unter den Gaumen drückst Du die Luft aus Mundraum ins Didgeridoo, dabei unterbricht der Sound für einen winzigen Augenblick mit einem *Quok! Quok!*

Die Zunge kann sofort wieder zurückgezogen werden oder am Gaumen verharren, während Du weiterspielst. Ziehst Du die Zunge zurück und lässt sie gleich wieder hochschnellen, entsteht ein Rhythmus.

Einen zweiten *Quok*ton kannst Du erzeugen, indem Du nicht nur die Zunge unter den Gaumen schnellst, sondern gleichzeitig noch die geblähten Wangen impulsartig zusammenziehst und damit den Luftstrom mit noch höherer Geschwindigkeit ins Didge *quokst.*

Wechsel ohne Pause zwischen erstem und zweitem *Quok.*

Einen dritten *Quok* kannst Du spielen, wenn Du die ersten etwas geübt hast und schnell genug mit der Zunge arbeiten kannst. Spiel mit etwas gespitztem Mund einen hohen Ton. Press dabei Deine Wangen zusammen, sie sollen keine Luft enthalten. Wie beim ersten *Quok* schnellt nun die Zunge empor aber nur mit ihrem vorderen Drittel. Es erklingt dann eher ein *Wuoink! Woink!* Wie ein angetrunkenes Ferkel. Was für ein Sound!

Quok 1:
Zunge und Kiefer drücken impulsartig die Luft aus dem Mund: Quok!

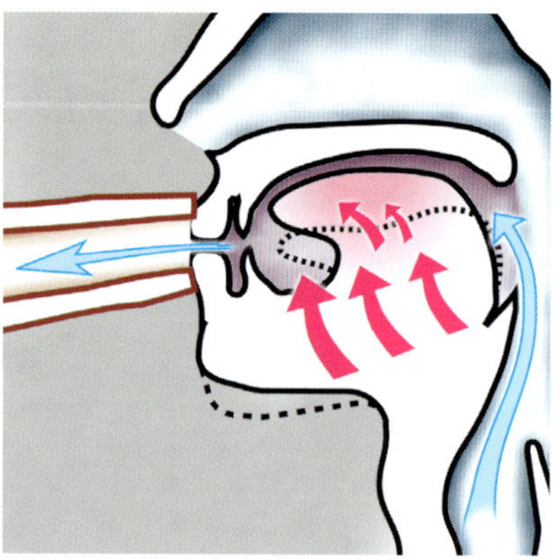

Quok 3:
..hier arbeitet nur der vordere Teil der Zunge: Woink!

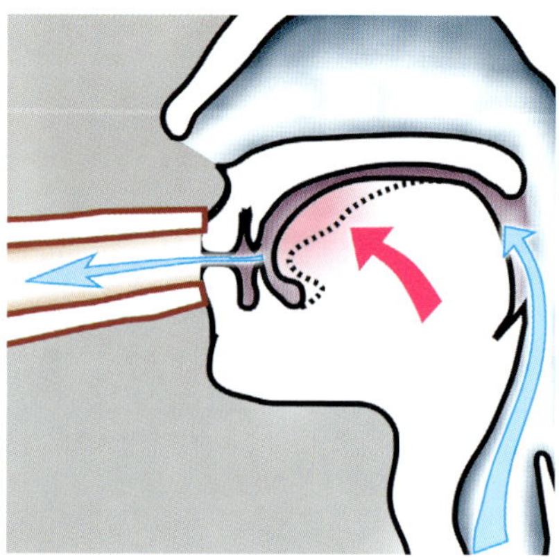

4.15. Schulter-Bauch-Übung

Auffällig bei vielen Didgeridoo-Spielern, die etwas lernen wollen, ist ihre kopforientierte Körperhaltung. Sie drücken mit ihrer Atmung die Schultern so hoch, dass der Hals fast zwischen Körper und Kopf verschwindet. Wenn ich zu sehr lernen will, mache ich das auch schnell. Der Atem fließt so jedoch schlecht und auf Dauer gibt es Verspannungen im Nacken.

Das Wichtigste ist nicht zu wollen. Sei Du. Spiel einfach nur. Keiner beurteilt Dich. Fehler gibt es nicht, es gibt nur Inspirationen, andere Wege zu probieren.

Setz Dich entspannt hin. Atme tief ein und hebe die Schultern so hoch es geht. Atme ganz oben in die Lunge, unter die hochgezogenen Schultern. In dieser Haltung atme und spiel Dein Didgeridoo. Ohne dabei die Schultern zu senken. Klingt der Sound Deines Didges nicht ein wenig quengelig und verkrampft? Und wie fühlst Du Dich?

Leg das Didgeridoo beiseite. Nun atme tief ein, heb dabei die Schultern wieder so weit es geht. Dann lass die Luft mit einem Mal aus Dir heraus und gleichzeitig die Schultern fallen. Wenn Dir danach ist, mache einen Ton dabei, ein Stöhnen, ein Aaaah! Die Haltung die Du jetzt nach dem Aaaah! hast, ist ein guter Einstieg für die Bauchhaltung.

Lass Deine Schulten entspannt hängen und atme in die unteren und mittleren Teile Deiner Lunge. Deine Flanken und Dein Bauch sollen sich sanft weiten.

Leg die Hände auf Deinen Bauch oder die Seiten. Achtung: Schön die Schultern entspannt lassen.

Atme jetzt in Deine Hände hinein, ruhig und entspannt. Wenn Du mit Deiner Wahrnehmung zwischen Deinen Händen und dem Bauch bist, was hörst Du da? Fühlst Du Dich da nicht wohl? Ist es nicht schön warm? Bist Du da nicht mehr in dir, als wenn Du in die Schultern atmest?

Von Deinem Bauch aus atme in Dein Instrument.

Wenn Du beim Üben merkst, wie Deine Schultern sich nach oben gezogen haben, setz Dein Didgeridoo ab und mach dreimal die Aaaah!-Übung: Lass die Schultern die volle Spannung fühlen und gleite mit einem Laut des Wohlbefindens in die Entspannung.

Das Leben bringt genug Spannungen mit sich. Beim Didgeridoo-Spiel solltest Du nur die Lippenspannung trainieren und Dich sonst gut fühlen.

Sonst ist es ja kein Spiel mehr.

Schnupfen

Wenn Du mal verschnupft bist, kann Dein Didge Dir helfen. Spiel es ohne Zirkulieratmung und lenke den Ton in Deinen Kopf, besonders die Nase und Nebenhöhlen. Versuch in Deinen Gedanken in den verschnupften Bereich zu spielen. Teste einige hohe und tiefe Töne. Nach einer Weile wird der „dichte" Bereich in Schwingung geraten und vielleicht fließt Dein Schnupfen ab.

Eine andere Möglichkeit: Löse Meersalz (aus dem Bioladen) in lauwarmem Wasser auf, in einer ganz leicht salzigen Konzentration, weniger salzig als der Geschmack Deiner Tränen. Mit diesem Salzwasser „dusche" Deine Nase: Wasser durch die Nase einziehen, mit Gefühl bitte. Dabei den Mund weit offen, als würdest Du laut gähnen. So kann Dir kein Wasser in den Hals laufen. Es kommt stattdessen auf der anderen Nasenseite heraus.

Diese Methode kommt aus dem Yoga und hilft wunderbar gegen Schnupfen und reinigt die oberen Atemwege. Es gibt auch nicht allzu teure „Nasenduschen" in jeder guten Apotheke. Die erleichtern diesen Vorgang sehr.

4.16. No meaning! Good sound! (CD-20)

Gary Thomas spielt oft einen Sound, der mich sehr beeindruckt, ein weit hinten liegendes, unheimlich klingendes, hohes *Huuiiii Huuiiii.* Ich fragte, was dieser Sound bedeute, ob es ein Tier darstelle oder einen Geist. Er sagte nur: „No meaning! Good sound!" Dann erläuterte er mir die Anspieltechnik. Begeistert meinte ich: „Es klingt mystisch." Gary nickte mit einem lang gezogenen „Yeah, it does!"

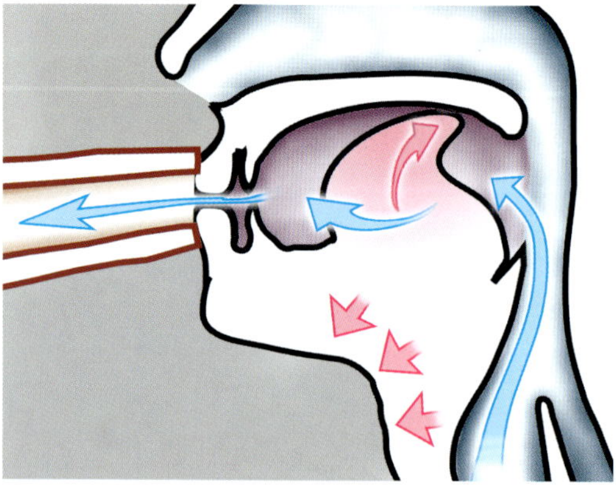

Um diesen Klang zu erzeugen legst Du die Zungenspitze weit nach hinten in den Gaumen, dabei drückt die Muskulatur automatisch den Raum zwischen Kinn und Kehlkopf nach vorne. Wenn Du die Hand dort hinlegst, kannst Du spüren, wie sich die Haut vorwölbt.

In diesen nach vorne gedrückten Bereich singe oder jaule ein *Hüü-üü* oder ein *Hiiiii* so hoch und

lang gezogen es nur geht. Trainiere es. Es kann ruhig ganz leise und zart klingen.
Das bedarf einiger Übung.
Der Sound klingt als käme er weder aus dem Didgeridoo, noch aus Dir. Unheimlich. Mystisch.
Diese Zungenstellung ist Grundlage vieler Kehlsounds im fortgeschrittenen Spiel.

4.17. Untertöne (CD-21)

Hierbei handelt es sich nicht um Unttertöne im musikalischen oder physikalischen Sinne. Ich nenne sie so, weil sie klingen, als kämen sie von unter dem Didgeridoo ...

Spiel den Grundton, dann einen schönen hohen Oberton indem Du die Lippen anspannst und den Lungendruck erhöhst.
Jetzt lass mit einem Mal die Spannung fast völlig aus Deinen Lippen, öffne dabei den Mund so weit es geht. Der Ton droht abzubrechen, als würde er abstürzen. Die Lippen flattern nur noch ganz wenig. Der Ton ist tief und röhrend, ein saugendes *Hwööö.*
Wenn Du von diesem Ton wieder in einen hohen Ton wechselst, so ist der maximale Effekt erreicht. Du kannst ihn sehr gut in langsame Rhythmen einbinden oder wieder mit mehr Luftdruck spielen, er klingt dann akzentuierter.

4.18. Gute Gedanken spielen

Diese Übung eignet sich sehr gut, um sie anderen Menschen vorzuspielen. Du kannst sie aber genauso gut für Dich oder für einen Baum spielen. Oder wenn du ein spiritueller Mensch bist, für Deinen Schöpfer.
Spiele Dein Didgeridoo. Schließe die Augen. Für wen immer du nun spielst, denke mit Gefühlen größter Liebe und Wärme an sie, ihn oder es. Deine Stimme ist immer ein unmittelbarer Ausdruck Deiner Gefühle und Deines Denkens. Das Didgeridoo verstärkt Deine Stimme, also auch ihren Ausdruck.
Deine Stimme im Didgeridoo, das ist etwas sehr Intimes.
Versuch alles was an Kraft, Licht und Hoffnung in Dir lebt, alles, was Du Dir wünschst und träumst, in Deine Stimme zu legen. Wer immer Dir zuhört, gib ihm Deinen Segen, Deine Lobpreisung. Wünsche Glück und Gesundheit.
Es fällt oft schwer, Menschen dies von Angesicht zu Angesicht zu sagen. Ihnen mitzuteilen, dass man sie liebt. Das Didgeridoo macht es möglich. Du kannst Dich nicht blamieren.
Was immer Du in Dein Didgeridoo gibst, verwandelt dieses aus seiner Klangnatur heraus in Ur-Klang. Wenn Du Deine Botschaft in diesen Ur-Klang hineinlegst, wird es ankommen.
Es gibt umfassende Untersuchungen und die Erfahrungen unzähliger Musikerinnen und Therapeuten, die belegen, dass die Botschaft, die Du mit Deinem Denken und Fühlen in die Klänge legst, beim Hörer ankommt. Besonders stark reagieren Tiere, Kleinkinder und geistig Behinderte auf diese Botschaft.
Es ist ein Unterschied, ob Du beim Spielen denkst: „Seht hier bin ICH der Didgeridoo-Crack!" oder gar „Ich finde Euch alle blöd" oder ob Du spielst, um den Menschen oder einem Baum oder allem was Dich umgibt, etwas Gutes zu tun. Dann denkst Du nicht „ICH", sondern „wir".
Wir, das heißt „DerKlangdurchmichfürDich".
Nicht alle Menschen sind immer in der Lage diese Botschaft zu empfangen. Und nicht alle, die diese hier lesen, halten es für realistisch, dass so was funktioniert. Interessanterweise probieren es die Zweifler in der Regel gar nie einmal mit ganzem Herzen aus. Kritik ja, die eigene Welt erweitern? Lieber nicht … Mach Dir nichts daraus. Einer meiner Lehrer sagte mir einmal: Wenn ich für hundert Menschen spiele und nur einer von ihnen geht mit mehr Kraft und Liebe und Hoffnung aus dem Konzert hervor, dann bin ich ein glücklicher Mensch.

4.19. Hören statt atmen

Bei Anfängern und auch bei vielen weit fortgeschrittenen Didgeridoo-Spielern höre ich häufig ein lautes Atemgeräusch in der Phase der Einatmung. Die schnell durch die Nase eingezogene Luft macht ein hörbares Schniefen, wenn sie durch die Nasenhöhlen reibt. Dieses Geräusch entsteht, wenn man willentlich und bewusst einatmet. Wenn ich denke „ich muss einatmen".

Ich habe eine Möglichkeit gefunden, die mir sehr geholfen hat, das laute Schniefen loszuwerden. Beim Schniefen ist das Bewusstsein in der Lunge, der Atemhilfsmuskulatur, dem Kehlkopf und der Nase: Das hört man. Die Atmung fühlt sich beobachtet, es ist wie bei einer Prüfung: Einatmen „müssen" erzeugt Spannung.
Ein Weg zum lautlosen Atem ist die Verlagerung der Wahrnehmung weg vom Atemprozess, hin zum Klang des Didgeridoo, zum Hören.
Kümmere Dich nicht um Deine Atmung. Hör einfach nur dem Klang Deines Spiels zu. Gib Dich ganz in den Sound und seine Dynamik hinein. Spiel ihn kraftvoll, leite Druck und Energie in Dein Spiel. Höre und sei mit Deiner ganzen Aufmerksamkeit an der unteren Öffnung des Didgeridoos. Spiel lang gezogene oder kurze Rhythmen und gib Dich dem Klang hin.

Mit einiger Übung wird es Dir gelingen, Deine Wahrnehmung auf das Spiel zu lenken und Deinen Atem fast unhörbar zu machen.
Das Wissen liegt im Spiel, nicht im darüber nachdenken. Höre den Sound, vertraue Dir. Dein Atem wird sich holen, was er braucht.

4.20. Wind (CD-22)

Mit der kurzen Einleitung: „Nun, das Didgeridoo ist ein Windinstrument. Machen wir Wind ..." und dem Folgenden fesselte Gary Thomas auf einem Atelierkonzert gut hundertzwanzig Menschen, die sich eigentlich mehr für Kunst als für Didgeridoo interessierten und dann doch von Gary verzaubert wurden.
Er machte Windgeräusche im Didgeridoo. Es heulte, brauste und pfiff durch den Konzertraum. Die Hörer waren fasziniert, einigen fröstelte gar.

Gary tat nichts anderes, als seinen Atemstrom hörbar durch den Mund zu schleifen, und das Didgeridoo verstärkte diesen Sound und gab ihm Raumklang.
Probier einmal die Atemluft ohne Didge zu Wind machen: Spitz die Lippen, führe den Luftstrom zwischen der leicht gehobenen Zunge und dem Gaumen durch. Mit Veränderung der Lippen und der Zunge variiert der Klang. Kinder machen das so, wenn sie Wind nachahmen, der um die Häuserecken pfeift.
Nun leg das Didgeridoo ganz sanft an Deinen Mund, auf keinen Fall anpressen. Die Lippen brauchen viel Spielraum. Du kannst auch einfach versuchen, im Didgeridoo zu pfeifen. Meist gelingt dies nicht und es entsteht: Wind.

4.21. Improvisieren in der Gruppe

Traditionell wird - wie ich bereits erwähnt habe - immer nur ein Didgeridoo gespielt. Warum das so ist, bleibt eines der vielen Geheimnisse der Aboriginal-Kultur.
Ich habe oft mit zwei oder drei Didgeridoo-Spielern gleichzeitig improvisiert: In den allermeisten Fällen war es ein wundervolles Erlebnis. Wenn zwei Didgeridoos, die von der Stimmung her zueinander passen, miteinander erklingen, passiert etwas Unglaubliches: Die Klangwirkung verdoppelt sich nicht etwa - sie potenziert sich. Zwei geübte Spieler erzeugen ein Klangmysterium. Andere Worte finde ich nicht für meine Hörempfindungen. Es ist ein besonderes Erlebnis zwei Didger zu hören, die in innerer Harmonie miteinander ein Lied erschaffen. Es ist wie ein Orgasmus für die Ohren. Ich habe noch keine CD gefunden, die diese Kraft einfangen konnte.
Spielst Du alleine, so klingt Dein Didgeridoo immer von Dir fort. Wenn Du mit einem weiteren Didger improvisierst, hat das den Riesenvorteil, dass Du selbst voll in den Genuss des Didgesounds kommst.
Optimal ist die Wirkung, wenn Ihr euch gegenüber sitzt und das Bell-End des einen jeweils neben dem anderen Spieler liegt.
Meiner Beobachtung nach neigen Frauen und Männer dazu, ganz andere Improvisationen zu spielen als Männer und Männer miteinander. Männer spielen eher Rhythmen, gerne temporeich, gerne wird versucht schneller und schneller zu spielen. Frauen und Männer kommunizieren mehr miteinander, lassen häufiger die Stimmen durch die Did-

Wenn drei Cracks, wie hier Kay, Frank und Johannes gemeinsam spielen, dann gibt es "good vibrations"

ges miteinander sprechen, schaffen Sphären und Harmonien.
Das ist meine Beobachtung und ich fände es erfreulich, wenn du andere machst. Die Konkurrenz sollte keinen Platz haben in der Musik. Miteinander ist es viel schöner als Gegeneinander.

Ein Geheimnis der Improvisation in der Gruppe liegt in der Selbstaufgabe. Du darfst nicht auf Dein Didge hören. Achte das Spiel Deines Partners. Versuche, es zu lieben mit Deinem Hören. Versuche, es zu streicheln mit Deinen Klängen. Versuche nichts anderes, als die Power Deines Partners zu verstärken durch Dein Zutun.
Diese Beschreibungen sind nicht etwa ein poetischer Höhenflug, sondern eine klare Anweisung: Im Improvisationsspiel kann ein Wunder geschehen.
Vielleicht hast du schon einmal vom Begriff 'Synchronizität' gehört. Im Bereich der Improvisation beschreibt er die absolute Gleichzeitigkeit von nicht geprobten, nicht abgesprochenen oder per Zeichen abgestimmten spielerischen Elementen. Mit guten Herzspielern, aber auch technisch professionellen Musikern erlebe ich es immer wieder: Ich spiele mit geschlossenen Augen einen beständigen Rhythmus, zum Beispiel zu einem Saxophon. Irgendwann entscheide ich mich absolut

spontan, einen Akzent zu setzen und genau im gleichen Augenblick setzt auch der Partner einen Akzent auf seinem Saxophon.
Zuhörer glauben einem danach in der Regel nicht, dass es sich um ein einmaliges, vorher nicht geprobtes Spiel handelt.

Erwarte dieses Phänomen aber nicht beim ersten Zusammenspiel. Es erfordert Können und Hingabe. Der Lohn aber ist unvergleichlich. Als Maler liebe ich das Licht der Farben, als Poet die Lust der Worte. Was mir die Musik mit anderen Menschen aber schenkt, das trotzt jedem Vergleich.

Finger im Ohr

Um den Klang Deines Didgeridoos selbst besser zu hören, kannst Du dir einfach Deinen Finger ins Ohr stekken. Besonders die Klangerzeugung im Mundraum wird so nachvollziehbarer.
Übrigens auch ein guter Tip, wenn es beim Spielen laut um dich herum ist.

5

Anregungen für weit fortgeschrittene Spieler

5.1. Die Bauchstütze

Vorübung zur Wahrnehmung der Atemräume

Such Dir eine bequeme Sitzhaltung, die Beine unter dem Bauchnabelniveau. Leg eine Hand mit der Innenfläche auf Deinen Bauch, ungefähr in der Höhe des Bauchnabels. Atme jetzt tief ein und aus, ohne jedoch in Anspannung zu geraten. Die Schultern sollen unten bleiben. Atme in Deinen Bauch.

Jetzt spiel Dein Didgeridoo in einem langsamen Zyklus. Nimm Dir viel Zeit für das Einatmen. Atme in Deinen Bauch. Spüre in Deiner Hand nach, lenke in Deinen Gedanken den Atemstrom in Deine Hand.

Versuch, mit jedem Atemzug tiefer in Deinen Bauch zu atmen und gib mit jeder Ausatmung die Luft aus der Tiefe Deines Bauches in das Didgeridoo. Das tiefe und langsame Didgeridoo-Atmen ist sehr wohltuend und wirkt sich harmonisierend auf Dein vegetatives System aus.

Übung ohne Didgeridoo

Leg wieder eine Hand auf Deinen Bauch. Atme tief und impulsartig in Deinen Bauch. So, als wolltest Du Deine Hand wegdrücken. Dann atme blitzschnell aus und zieh dabei Deinen Bauch ein. Du kannst ein wenig mit der Hand nachhelfen. Zieh die Bauchmuskulatur impulsartig ein und dann Stoss sie impulsartig nach vorne gegen Deine Hand.

Gleichzeitig mit dem Impuls Deiner Bauchmuskeln nach außen bei der Einatmung flacht Dein Zwerchfell unwillkürlich ab. Drückst Du die Luft heraus, wölbt es sich unwillkürlich ein Stückchen nach oben. Dieser Stoß setzt sich über die Lunge fort in die Atmung. Unterstütz diesen Impuls und gibt einen Luftstoß zum Mund heraus.

Übe das ganze jetzt mit Zirkulieratmung ohne Didgeridoo. Atme tief in Deinen Bauch ein, besser noch direkt in die Hand auf Deinem Bauch und atme impulsartig aus, indem Du gleichzeitig Deine Bauchmuskeln nach innen ziehst. Ganz schnell und mit Kraft, mehrmals hintereinander.

Hier ist ein wenig Theorie angebracht (Siehe Grafik): Das Zwerchfell ist eine dünne Muskelplatte, die den Bauchraum von der Lunge trennt. Sie ist wie eine Kuppel über die inneren Organe gespannt. Wenn Du die Bauchmuskeln einmal ganz stark nach Innen ziehst, einen `hohlen Bauch machst´, dann merkst du, wie automatisch auch Luft aus Deiner Lunge `herausgedrückt´ wird. Das Zwerchfell wird dabei in den Lungenraum hinein nach oben gewölbt.

Atme einmal tief aus - so weit es geht. Spann Deine Bauchmuskulatur an, um auch das letzte bisschen Luft aus der Lunge zu drücken. Du wirst spüren, dass auch die Muskeln rund um Deinen Brustkorb automatisch mit anspannen, je weniger Luft noch in den Lungen ist. Da spürst Du einen Teil Deiner Atemhilfsmuskulatur. Danach NICHT wieder Einatmen: Halt den Atem an. Jetzt drück Deinen Bauch richtig weit raus. Wahrscheinlich merkst Du einen enormen Sog in Deiner Lunge und Deinem Hals – Du bringst Deine Muskulatur in die *Einatemstellung*, ohne Luft rein zu lassen. Wenn Du nämlich den Bauch 'rausstreckst', flacht sich Dein Zwerchfell ab und vergrößert so den Raum in Deinem Brustkorb, sprich: Deiner Lunge.

Bei der Bauchstütze machst Du nichts anderes, als die Stellung Deines Zwerchfells (und der unterstützenden Hilfsmuskulaturen) in dieser nach unten abgeflachten Bewegung zu halten, aber natürlich bei mit Luft gefüllter Lunge.

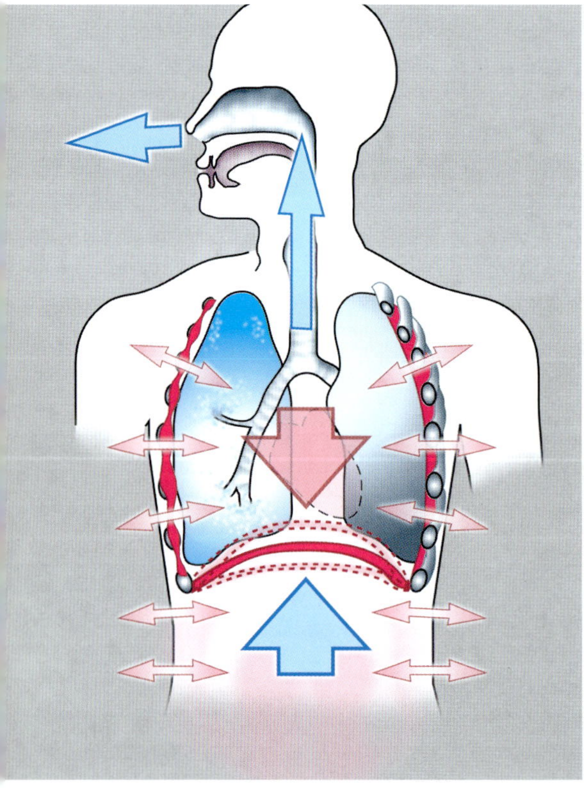

Dein Brustkorb bewegt sich bei der Bauchstütze nicht wie bei der normalen Atmung hin und her sondern „verharrt" gewissermaßen in einer Art Einatemstellung. Dieser Vorgang lässt sich auf einem Didgeridoo viel leichter inszenieren als meinetwegen auf einer Flöte. Denn der Druck, den Du beim Spielen mit Deinen Lippen in der Lunge erzeugst, dehnt den Brustraum fast von alleine auf. Mit der Bauch- und Atemhilfsmuskulatur sowie einer bewussten Nutzung des Zwerchfells unterstützt Du diese „Aufdehnung". Es ist eine vorgegebene Bewegung, bei der Du nur noch nachhelfen musst. (siehe hierzu auch die Lippenpresse PEEP im Kapitel 2.16)

Es spielt sich entschieden energiesparender mit einer Bauchstütze, als mit der üblichen, zu sehr lungen- oder gar schulterorientierten Atmung. Viele fortgeschrittene Spieler machen das schon unbewusst von selbst. Bei mir war es so. Eine Profiflötistin sprach mich ganz begeistert nach einem Konzert an, wo ich denn die Bauchstütze so gut gelernt hätte?

Von meinem Didgeridoo ...

Je entspannter Du beim Spielen bist, desto freier ist die Verbindung zwischen Bauchdecke, Lunge, Luftröhre, Mundraum und Didgeridoo. Nicht das „Beherrschen“ der Bauchatmung, sondern ihr „Geschehen“ macht sie zu einem guten Hilfsmittel für eine ausgeglichene Atemtechnik. Sie ist die Voraussetzung für das „Ton atmen“ und ein Tor zu superschnellen Rhythmen.

Die Bauchatmung mit Hilfe der Bauchstütze ist das A und O in der Atmung eines fortgeschrittenen Didgeridoo-Spielers. Sie ermöglicht Dir, lange Zeiträume nahezu stress- und ermüdungsfrei zu spielen.

Die Bauchstütze kommt aus Deiner Mitte, dem Bauch. Diese Atmungsvariante ist sehr vorteilhaft für das gesundheitliche Gesamtbefinden, stellt sie doch eine spielerische Variante einiger Yogaübungen dar. Wundere Dich nicht über eine beschleunigte Verdauung in den ersten Wochen, wenn Du mit der Bauchstütze spielst: Sie walkt Deine Eingeweide sehr schön durch.

5.2. Das Didge im Eimer (CD-23)

Eine hervorragende Übung für fortgeschrittene Spieler! Nimm für diese Übung auf keinen Fall ein teures, dünnwandiges oder bemaltes Didgeridoo, die Gefahr der Beschädigung ist hier zu groß. Optimal sind die Einsteiger-Didgeridoos mit recht dicker Wandstärke.

Such Dir einen tiefen Eimer oder ein Fass, zur Not geht es auch in der Badewanne, da wäre es aus ökonomischen Gründen jedoch günstig, es mit einem Bad zu verbinden.

Also: Eimer, Fass oder Wanne mit Wasser füllen, so zwanzig bis vierzig Zentimeter hoch sind optimal. Didgeridoo ins Wasser rein und losspielen ...

Geht nicht? Und ob! Du musst sehr kraftvoll mit großem Druck auf

Wangen- und Lippenmuskulatur blasen. Wenn Du es schaffst, ertönt ein hohes feines Sirren und Quicken durch das Blubbern des Wassers. Schon sehr bald dürften Dein Mund und Deine Atemhilfsmuskulatur ordentlich „ziehen".

Gary Thomas empfahl mir, diese Übung zwanzig bis dreißig Minuten durchzuhalten: „Wenn Du das Didge dann aus dem Wasser nimmst und es spielst, wirst Du Dich wundern. Es wird sehr kraftvoll und laut. Du denkst, es spielt sich von allein."

Eine halbe Stunde habe ich noch nicht durchgehalten. Gut drei Minuten und mir schmerzten Mund und die Muskeln im Bauchraum und den Seiten.

Eine sehr gute Übung, um mehr Kraft ins Spiel zu bekommen. Es trainiert die Muskulatur. Über die Gleichmäßigkeit des Sounds und der Blasen im Eimer kann die Kontinuität und Stabilität des Atemstromes geschult werden.

5.3. Tu-HuhmAtmen (CD-24)

Diese Rhythmus- und Atemkombination ist im Grunde sehr einfach, dabei toll im Klang und leicht zu variieren:

1. Spiel den Grundton.

2. Spiel ein *TuTuTu* indem Du Deine Zunge in den Luftstrom schnellen lässt und mit ihrer Spitze impulsartig an den Übergang von Schneidezähnen und Zahnfleisch tickst. Die Zunge gleich wieder zurückziehen. Durch den Zungen*tu* unterbricht der Luftstrom kurz, es erklingt ein *Toouh Toouh*.

3. Nach dem *Toouh* spielst Du ein stimmloses mimisch sehr überspitztes Huhm, wobei Du die Luft mit Unterkiefer und Zunge, die sich nach oben bewegen, ins Didgeridoo drückst. Die Wangen bleiben dabei voll gebläht. Übe dies ruhig erstmal ganz langsam: *Tu Huuhmm Tu Huuuhmm.* Bei *Tu* zeichnen Deine Lippen einen Kreis. Bei *Huhm* pressen sie sich langsam zusammen, während Dein Kiefer von unten nach oben drückt. Wenn Du die Wangen schön gebläht hast und die *Huhm*-Bewegung ruhig und gleichmäßig ausführst, dann kannst Du gleichzeitig in aller Ruhe über die Nase einatmen.

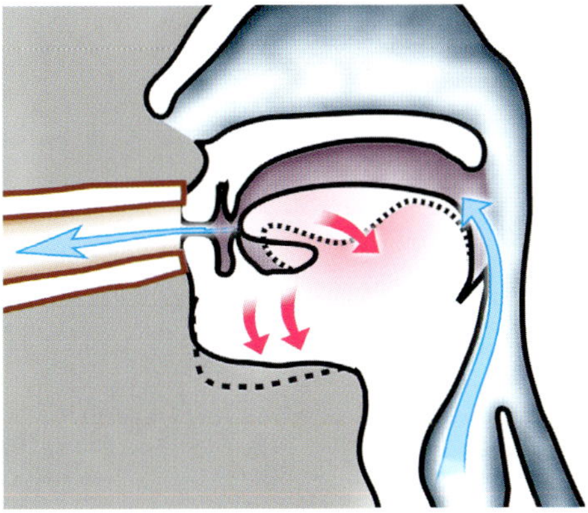

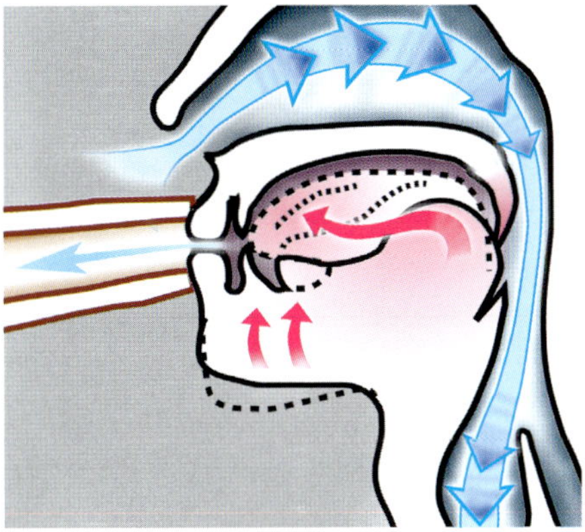

Tu- **-HuhmAtmen**

Mit etwas Übung erzeugt diese Technik – nicht nur nebenbei – sehr schöne Obertöne

5. Mit dem nächsten tu beginnt der Zyklus von neuem.
   *Tu-Huhm*Atmen-*Tu-Huhm*Atmen-*Tu-Huhm*Atmen ...

Zu Anfang wird es wohl etwas hackelig klingen und der Atem wird gleichzeitig mit einem klaren Klang im Didgeridoo hörbar. Mit einiger Übung gehen die Phasen aber ineinander über und Du bestimmst, wo die rhythmischen Impulse und Akzente hörbar werden sollen.

Übe diese Lektion ruhig ohne Didgeridoo: Geblähte Wangen und gespitzte Lippen beim Ausatmen. *Tu*: Die Zunge im Atemstrom. *Huhm*: Zunge und Kiefer drücken nach oben und pressen mit Hilfe der Wangen die Luft aus dem Mund während Du einatmest.

Übrigens: Wenn Deine Atemökonomie schon gut eingespielt ist, wirst Du einige *tu-huhm*'s hintereinander spielen können, bevor Du auf *huhm* einatmen musst.

5.4. Tu-Wie-HuhmAtmen (CD-25)

Eine exzellente Variante der vorhergehenden Übung. Manchem mag sie einfacher erscheinen. Je nach Temperament und Gefühl:

Nach dem *Tu* forme ein *Wie* mit Mund und Lippen und erst dann das *Huhm*Atmen. Das *Wie* erzeugt einen obertonreichen Sound und akzentuiert den Rhythmus.

5.5. Spielen für die Erde

Wenn es Dir möglich ist, dann geh für diese Übung in die Natur. Vielleicht hast Du einen Garten oder Du kennst eine Stelle im Wald, wo Du Dich sehr wohl fühlst.

Suche Dir eine Spielhaltung, bei der Du das Gefühl hast, mit der Erde in innigem Kontakt zu stehen. Das kann im Stehen sein, im Sitzen oder mit dem Rücken an einen Baum gelehnt.

schließe deine augen
lausche
höre was dich an klängen umgibt
was in dir klingt
atme frei und gelassen
fühle die erde unter deinen füssen
sie trägt dich
sie ist es
die dir nahrung schenkt
sie läßt bäume wachsen
sie sorgt
damit du leben kannst
du bist aus ihr hervorgegangen
und wirst einst wieder
teil von ihr
spüre sie
fühle ihre kraft und ihre liebe
sie ist deine mutter

nun nimm dein didgeridoo
ohne die augen zu öffnen
das ist wichtig
und spiele für die erde
stell dir die erde vor
wie sie im weltall schwebt
der blaue planet
wunderschöner anblick vollkommener poesie
und du lebst auf ihr
von ihr

lasse ihre kraft aus dem boden
durch deine füße
deine beine und deinen bauch
deine lungen füllen und spiele
für die erde
laß deine gedanken kommen und gehen
und finde immer wieder
zu dem bild der erde zurück
der erde im weltall
sei dir bewußt
du bist ein teil von ihr
und sie von dir
sie hat dich hervorgebracht
und
dein didgeridoo

wenn du für sie spielst
gibt es keine zweifel
sie wird dich hören
voller freude
sie liebt es
wenn menschen auf ihr
singen
wenn du für sie spielst
wirst du sie besser spüren
denn je zuvor
es tut gut zu geben

vertraue
wenn du für die erde spielst
wirst du dich reich fühlen
reich an kraft
in deinem herzen

5.6. Zungentungh und Kieferqunck (CD-26)

Ich gebe zu, das klingt exotisch. Aber Sprache ist Bewegung. Didgeridoos gibt es noch nicht so lange in Deutschland und es wird Zeit für ein neues „Fachvokabular“. Nichts hindert Dich, eigene Ausdrücke für die Übungen zu finden.

Der Zungentungh ist im Grund die gleiche Bewegung wie das Tu beim Tu-HuhmAtmen. Nur tunghst Du mit der vorschnellenden Zunge diesmal nicht knapp über die oberen Schneidezähne, sondern ein kleines Stück weiter hoch an den Gaumen und gibst gleichzeitig einen sehr starken Luftstoß aus der Lunge. Das gibt im Vergleich zu *Touu* bei Übung 5.3. ein klares *Tungh*!

Nach dem Tungh! dann wieder ein Huhm, nur diesmal schnellt der Kiefer impulsartig nach oben und auch die Zunge drückt mit aller Kraft diese Bewegung unterstützend die Luft aus dem Mund. Das ist wiederum klarer und akzentuierter im Sound.

Diese beiden Bewegungen lassen, wie auch beim *Tu-Huhm*-Atmen, viel Spielraum für Variationen. Erstmal gibt´s vom vielen Üben Muskelkater, später dann verbrauchen diese Techniken aber weniger Kraft und Luft und verhelfen Dir zu flüssigen Rhythmen und ermüdungsfreiem Spiel.

Wenn Du die Bewegungen geübt hast, kannst Du probieren auf dem *Kieferqunck* blitzschnell Luft zu holen. Die Bewegung schließt den Mundraum zum Rachen ab und Du kannst einatmen. Aber bitte: Entspannt! Es ist sehr schwer …

*Versuche, beim **Qunck** einzuatmen. Dann steht dem Temporeichen Spiel bald nichts mehr im wege!*

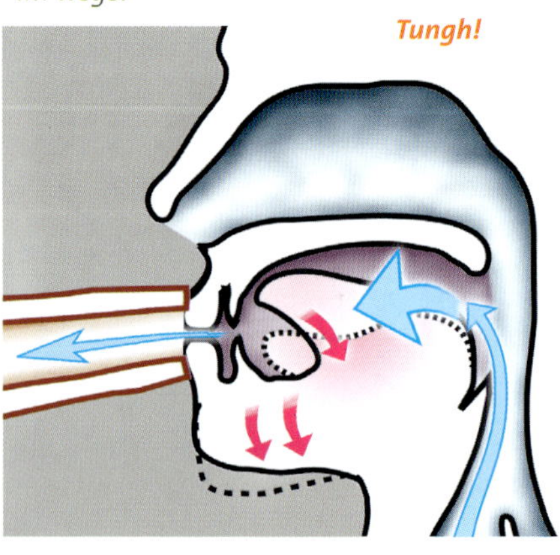

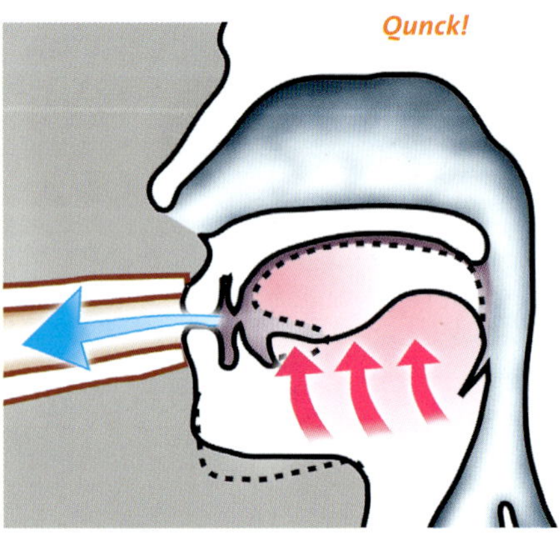

5.7. Saudummes Grinsen (CD-27)

Ein anderer Name ist mir bei dem Anblick (siehe Foto) für diese Übung nicht eingefallen ...

Hast Du inzwischen den Mundansatz aus Lektion 4.2. geübt? Gut, denn er ist Voraussetzung für diese Übung und die ist superleicht: Grinse wieder ohne Didge so breit es geht, Lippen gespannt, Mundwinkel zu den Ohren. Mit diesem Ansatz spiel Dein Didgeridoo. Du startest automatisch mit einem präzisen Ton. Jetzt entspann Deine Lippen und grinse gleich wieder saudumm und das in schnellster Folge. Schon hast Du einen Rhythmus ohne Stimme ohne Atem variieren zu müssen. Und schon nach einem oder zwei Dutzend saudummen Grinsern werden Dir wahrscheinlich richtig schön die Wangen und Lippenmuskeln ziehen. Gut so! Weiterüben. Das Grinsen ist ein Schlüssel zu den Schnellrhythmen.

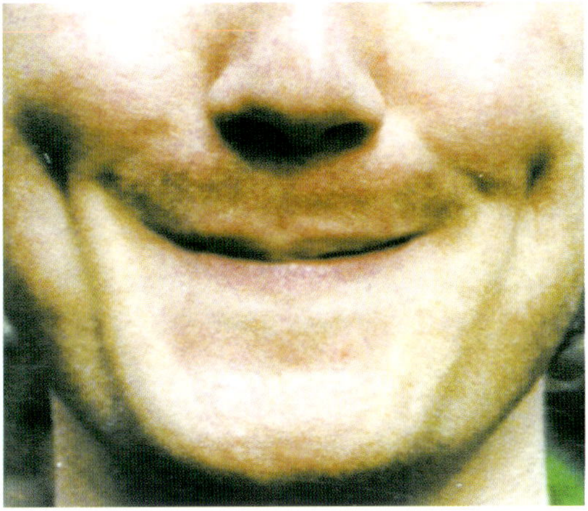

Wichtig ist aber, dass Du saudumm grinst.

5.8. Tu-saudummes Grinsen und Kieferqunck (CD-28)

(auch Tu-Grins-Qunck genannt)

Jetzt wird es kompliziert. Besser Du übst die vorhergehenden Lektionen ausgiebigst, bevor Du hier weitermachst.

Halt! Ausgiebigst habe ich gesagt ... Es macht keinen Sinn, diese Übung zu probieren, wenn Du die Zirkulieratmung nicht beherrscht und die bisher empfohlenen Lektionen nicht trainiert hast. Diese Übung spottet jeder Beschreibung, denn im Grunde finden alle Bewegungen als flüssiges Ganzes statt, eine geht in die andere über. Jeder Spieler finde seinen optimalen Zyklus.

- Spiel ein *Tu* wie beim *Tu-HumAtmen* und dazu den *Kiefer-qunck*:
  Tu-Qunck-Tu-Qunck-Tu-Qunck- ...

- Spiel ein *Tu* und danach einen *Grinser*:
  Tu-Grins-Tu-Grins-Tu-Grins-Tu- ...

Dann probier, hinter den *Grinser* einen *Kieferqunck* zu setzen.
Wenn Du grinst, ist Dein Mund gespannt und geschlossen, die Mundwinkel zu den Ohren hin gezogen. Der *Kieferqunck* erfordert, dass Du den Mund ein wenig öffnest, der Kiefer sich nach unten bewegt (Siehe Übung 5.8.), Um dann mit bewährtem *Qunck*, unterstützt von der Zunge zuzuschnappen.

Die Bewegung vom *Grinser* zu ersten Phase des *Kieferquncks* erzeugt einen vierten Rhythmuslaut.

1. Laut = *Tu*,
2. Laut = *Grinser*,
3. Laut = Kieferbewegung nach unten, Mund öffnet sich ein wenig,
4. Laut = Kieferbewegung nach oben, Zunge drückt Luft mit Kraft aus dem Mund.

Ein Unterschied zwischen dieser Übung und dem *Tu-Wie-Huhm-Atmen*: Die Sounds kommen zackiger. Die Zirkulieratmung läuft hier über den Kiefer, beim *Tu-Wie-HuhmAtmen* mehr über die Wangen. Das heißt, der Hauptanteil der Spielluft sitzt hier im - durch den nach unten

Die richtige Position für Dein Didge

Bell-end auf dem Boden aufstützen, oberes Ende zwischen das Y von Daumen und Zeige-Finger legen. Dein Didge folgt der Schwerkraft und so hast Du bei der Mehrzahl der Instrumente die korrekte Lage fürs Spiel.

gezogenen Kiefer - vergrößerten Mundraum während bei 5.4. das Luftreservoir in den geblähten Wangen sitzt.

Ich gebe Dir hier keine Empfehlung, wo Du einatmen kannst oder solltest. Spiel die Übungen ausgiebigst und spür, wo Du atmen möchtest. Wenn Du die einzelnen Elemente richtig spielen kannst, kümmere Dich darum, Deinen Atem ökonomischer einzusetzen. Die Übung macht den Meister. Ich für meinen Teil werde noch viel viel üben ...

Wenn Du mal professionelle Spieler hörst, sei aufmerksam. Einige spielen diese und sehr ähnliche Techniken mit einer Präzision wie atmende Schlagzeuge. Der helle Wahnsinn!

5.9. ABC (CD-29)

Diese Spielvariante geht wie die *A-E-I-O-U*-Übung, nur dass Du diesmal das gesamte ABC in das Didgeridoo sprichst und zwar wieder in zweifacher Weise: Das erste Mal unter Einsatz von Lippen, Zunge und Stimme.

Probier erst ohne Didge. Mach die Bewegungen Deines Mundes übertrieben wie eine Pantomime, langsam und gedehnt. So fühlst Du die Aussprache einmal ganz deutlich.

Das wiederhole jetzt mit dem Didgeridoo mit maximal möglicher Mimik, ohne dass der Ton abbricht.

Jetzt noch einmal, nur ohne Stimme. Gib stimmlos das ABC ins Didge, versuch auch die Zunge möglichst ruhig zu halten (ganz geht dies eh´ nicht).

Variier bei der Übung das Tempo: *ABC* - Atmen - *DEF* - Atmen-*GHI* -....

Oder: *A* - Atmen - *B* - Atmen - *C* - Atmen-...

Oder: Zwischen den einzelnen Buchstaben Rhythmuselemente einfügen, spiel zum Beispiel *A* - *Tu* - *Huhm*Atmen - *B* - *Tu* - *Huhm*Atmen-*C* - *Tu* -*Huhm* ... usw.

Die Übung trainiert die Lippenmuskulatur und die Koordination der Gesichtsmuskeln. Wiederhole sie regelmäßig. Du wirst dadurch auch verschiedene Sounds akzentuieren lernen.

Unterschätz diese Übung nicht. Die letzte Variation öffnet einen fast monotonen Grundrhythmus, der durch das ABC minimalistisch erweitert wird. Hörer wie Spieler fühlen sich von der Stimmung gewogen, von der minimalen Variation in Bewegung gehalten.

5.10. Herzton-Didge (CD-30)

Eine Übung die eine Menge Konzentration, Einfühlung und gleichzeitig die Fähigkeit loszulassen erfordert und fördert.

Es eignen sich am besten längere Instrumente von 130-140 Zentimetern und mehr.

Spiel ganz sanft und leise den Grundton ins Didgeridoo und halte den Ton so genau wie möglich. Spiel so langsam und leise die Luft aus Deiner Lunge. Wenn Du kaum noch Luft hast und der Ton leiser wird und zu versiegen droht, kannst Du, bei genauem Hinhören, Schwankungen im Rhythmus wahrnehmen, ein zartes und rhythmisches auf und ab.

Dein Herz liegt mitten zwischen den Lungenflügel und gibt seinen Schlag indenAtemstromindenKlangindasDidgeridooindieWelt.

Eins.

Es erfordert etwas Geduld. Probier sanftes Anblasen und lass den Ton gleiten, gib langsam all Deine Luft aus Deinen Lungen ins Instrument und Dein Herzschlag wird Klang.

Jedes Didge reagiert hier anders. Probier es auch einmal mit einem Oberton, den Du über die ganze Atemlänge spielst.

Sei sanft und geduldig. Es ist ein schönes Gefühl sein Herz zu hören. Es anderen Menschen vorzuspielen ist ein Geschenk.

5.11. Die Trompetentöne (CD-31)

Ein Trompetenton (*Tt*) gelingt den meisten Anfängern noch vor dem Grundton: Sie haben zuviel Spannung in den Lippen und pusten die Luft mit zu großem Druck in das Didgeridoo. Ein harter klarer und meist lauter Hupton erschallt. Umstehende Laien jubeln erkennend: Das klingt wie ein Alphorn!

Wenn der Didge-Spieler dann den Grundton beherrscht, viele Laute und einige Rhythmen spielen kann, möchte er den Trompetenton flüssig in sein Spiel einbauen und - scheitert meist mit Halbgrunzern, Pust-Hupern oder abgewürgtem Grundton.

Der Trompetenton oder auch „Overblow“, ist schwer in das Spiel zu integrieren, da er die schwingende Luftsäule und damit den Grundton kurz und hart unterbricht. Für den *Tt* brauchen die Lippen Spannung, für den Grundton müssen sie entspannt flattern. Es gibt viele gute und schnelle Spieler, die keinen *Tt* flüssig einbringen können. Professionelle Spieler dagegen spielen *Tt* in allerlei Variationen in einem Höllentempo. Aber ganz ruhig bleiben, wenn es nicht klappen will. Diese Leute haben schon ein Weilchen geübt!

Nicht jedes Didgeridoo spricht auf *Tt* gleich gut an und manche der von mir dargestellten Varianten gelingen mir nur auf bestimmten Didgeridoos. Mein persönliches Empfinden ist, dass lange und sehr gerade Didgeridoos *Tt* leichter nehmen. Hier liegt der erste *Tt* oft sofort neben dem Grundton.

Bei einigen Clans der Aborigines steht der *Tt* für „Emu“ und kann einen Rhythmus- oder Themenwechsel beim Spiel ankündigen. Oft wird ein *TuTu* an das Ende eines Stückes gesetzt.

Es ist übrigens für die Trompetentöne sehr vorteilhaft mit zentralem Mundansatz zu spielen.

Trompetenton der Erste:

... und einfachste. Erhöhe beim Spielen impulsartig den Luftdruck aus Deiner Lunge und damit die Luftgeschwindigkeit. Die Wangen straffen sich automatisch, dies strafft wiederum die Lippen, der Ton hupt. Du musst aber richtig Druck geben, schnell und viel.

Trompetenton der Zweite:

Spiel den Grundton. Dann lässt Du impulsartig Deine Zungenspitze nach vorne schnellen und zwar gegen Deine Oberlippe. Als versuchtest Du, ein Haar oder einen Staubfussel von der vordersten Zungenspitze zu spucken (wie auf der Graphik). Mach das erst einmal ohne Didgeridoo.

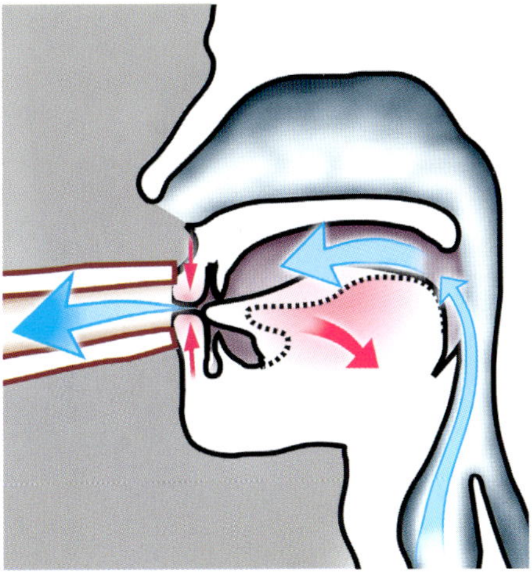

Mehr Luft brauchst Du nicht für diesen *Tt*. Du spuckst ein sanftes *Thuph* ins Didge und hast einen feinen *Tt*, der sich sogar nett variieren lässt.

Trompetenton der Dritte:

Der „typische“ *Tt.* Er lässt entschieden mehr Variationen zu als die ersten beiden, kann besser dosiert und oft hintereinander gespielt werden. Zudem klingt er sanfter als der zweite Ton, der eher perkussiv anmutet.

Spiel den Grundton mit weit geblähten Wangen. Jetzt erhöhe wie bei Tt Eins den Luftdruck aus den Lungen (die Bauchstütze ist hier sehr hilfreich), gib den Druck jedoch nicht so sehr in die Wangen als vielmehr auf die Mitte Deines Mundes, wieder so, als wolltest Du einen kleinen Fussel loswerden. Gleichzeitig mit dem Luftimpuls spitzt und spannst Du Deine Lippen zur Mitte hin. Wichtig ist, dass Du in Deinem inneren Hören den Luftstrom auf die Lippen lenkst und nicht in den Mundraum und die Wangen. Bei letzterem erklingt nämlich eher ein unsauberes Pfhupps, anstatt des gewünschten klaren Hub!

Trompetenton der Vierte:

Spiel mit dem in 4.2. empfohlenen Mundansatz, das Didge-Mundstück zu mindestens zwei Dritteln auf der Oberlippe. Während Du spielst ziehst Du schnell, aber mit viel Gefühl, Deinen Unterkiefer ein wenig runter und damit auch die Unterlippe (Siehe Bilder unten). Erhöhe gleichzeitig den Luftimpuls und lenke den Luftstrom über den Rand Deiner Unterlippe ins Didge (Siehe auch Bild: Kinn nach unten und zurück, Luft über die untere Lippe blasen …)

Nach einiger Übung schaffst Du so sehr sanfte Trompetentöne ohne viel Energieaufwand und Luftverbrauch.

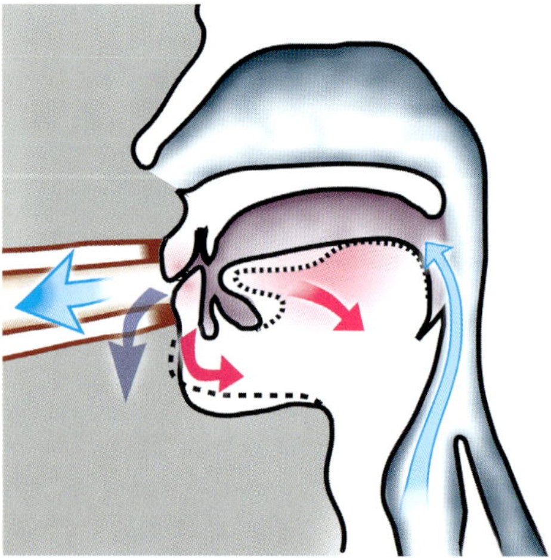

Tt 4:
Du bläst in Richtung Deines Kinns. der Unterkiefer geht nach hinten/unten, die Lippen legen sich übereinander.

Sanft und wunderbar leicht!

Hast Du die Trompetentöne eingeübt, kannst Du auch Variationen spielen:

Mehrere verschiedene Trompetentöne:

Spuck *Puuh*, den Ton in das Rohr. Erster Ton. Den dritten Ton findest Du, wenn Du mit höchstem Druck ein *Piih* hineinbläst oder eben spuckst. Der zweite Ton liegt dazwischen und klingt wie ein *Peeh* oder *Pueh*. Einfacher gesagt als getan, aber eine gute Möglichkeit. *Puuh! Pueeh! Piih!*

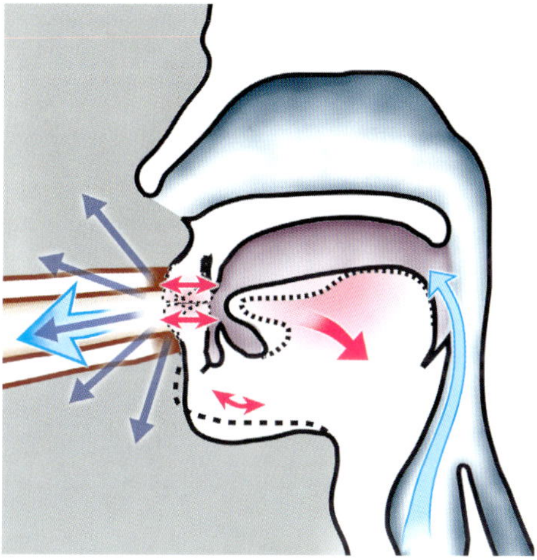

Wenn Du schon etwas geübt bist, kannst Du den Trompetenton nicht nur als Impuls oder Akzent, sondern einen Atem lang als Dauerton spielen. Wenn Dir dies gelingt, dann versuch folgendes: Lenk den Atemstrom gegen den unteren Teil des Innenrohres und führe ihn dann schnell oder langsam über die Mitte des Rohres gegen die obere Innenwand. Zuerst bläst Du also über die Unterlippe, dann mittig und schließlich eher über die Oberlippe. So findest Du, je nach Didgeridoo den tieferen und den hohen *Tt*.

Inzwischen hast Du ein Gefühl für die Zirkulieratmung entwickelt. Dann kannst Du den *Tt* auch mit Zirkulieratmung spielen, er klingt dann rhythmisch.

Weitere Variationen: Alle Sounds und Laute wie Heulen, Quoken, Sprechen und leichte Rhythmen lassen sich als Variation in den *Tt* einbauen. Du brauchst dazu eine recht schnelle und vor allem kräftige Zirkularatmung.

Die große Kunst bei den Trompetentönen ist übrigens nicht eine enorme Lautstärke oder superschnelle *HubHubHubs!* zu spielen, sondern der leise und sanft geblasene Ton, der wenig Luft verbraucht und sich klanglich angenehm ins Spiel einfügt.

5.12. Den Ton atmen *(CD-32)*

Diese Technik führt dazu, dass man ein wenig Luft aus dem Didge in den Mund bekommt, ich habe sie hier „*den Ton atmen*" genannt.

Leider kann ich diese Technik nur schwer in Worten beschreiben.

Beachte folgendes:

Du atmest sehr impulsartig in das Didgeridoo ein.

Du gibst einen sehr schnellen impulsartigen Luftstoß in das Didge, ähnlich wie beim Trompetenton. Du öffnest aber gleichzeitig ein wenig die Lippen, als würdest ein schnelles, ruckartiges *Fuff*! sprechen, wobei beim *u* der Kiefer deutlich nach unten zieht (Im Gegensatz zum *Tt*, wo Du eine hohe Lippenspannung hast). Beim *Tt* hältst Du den starken Atemimpuls länger aufrecht, beim Ton atmen unterbrichst Du den Atemstrom sofort nach dem ersten Impuls, fast noch bevor der Ton hörbar wurde.

Mechanisch gesehen dürfte beim *Ton atmen* am ehesten folgendes geschehen: Durch den sehr starken und impulsartigen Luftstoß, den Du ins Didge bläst, gibst Du der stehenden Luftsäule im Didgeridoo eine Art 'Stoß'. Dieser Stoß geht nicht komplett unten aus dem Didgeridoo heraus, sondern kommt zu einem kleinen Teil zurück und zwar ähnlich schnell und stark wie der Impuls, den Du ins Didge hineingetragen hast. Hierbei, und auch das drängt durchaus metaphysische Aspekte auf, bekommst Du einen Teil der Schwingung in den Mund zurückgestoßen.

Wenn Du den Mund weiter öffnest, gibt es eine Art *Fuffupp*- oder *Fuffump*-Ton. Beherrscht Du die Übung, kannst Du dieses *Fupp* als Rhythmuselement einbauen.

Atmest Du nun gleich nach dem Luftstoß blitzschnell durch die Nase ein, so klingt es, als würdest Du gleichzeitig aus- und einatmen.

Bei dieser Spielanregung hilft das Hören des Klangbeispiels auf der CD und ...

... viel viel Üben.

Übe die Bewegung!

"Es gibt eine ganz einfache Art, dem Üben seinen bitteren Geschmack des technischen Aneignens zu nehmen: Übe die Bewegung anstatt der Noten!"

Fritz Hegi *(18)*

Tiere und Didgeridoos

Viele Tiere lieben den Klang des Didgeridoo und suchen die Nähe der Schwingung. Hunde sind beim ersten Hörkontakt oft sehr verwirrt, bei den meisten wandelt sich das aber nach einiger Zeit in Gleichgültigkeit oder Wohlwollen. Mit Katzen und Pferden habe ich die Erfahrung gemacht, dass sie sehr stark auf den Spieler reagieren: Wenn Du entspannt bist, suchen sie das Didge und entspannen ebenfalls oft in unmittelbarem Kontakt zum Instrument. Bist Du innerlich nervös, so lassen sie Dich mit Deinem Didge alleine.

5.13. Luft abatmen (CD-33)

Bei sehr schnell gespielten Rhythmen, die über längere Zeiträume gespielt werden, holt so manche Didgerin häufig sehr kurz und schnell Luft. Nur ein Teil der Lunge wird dabei mit Frischluft versorgt. Über kurz oder lang führt das zu Atemnot.

Wenn das Spiel nicht unterbrochen werden soll, muss man die verbrauchte Luft aus den tieferen Lungenteilen abatmen. Durch das klingende Instrument wirst Du nicht genug Luft los. Du kannst aber beim Spielen gleichzeitig durch die Nase Ausatmen, während Du den Ton hältst.

Das ist schwerer als Zirkularatmen. Dieses Ausatmen ist oft laut zu hören, auch bei Profis.

Übe es erst bei gemächlichem und langsamen Spiel: Halte den Grundton mit dem Luftvolumen in Deinen weit geblähten Wangen.

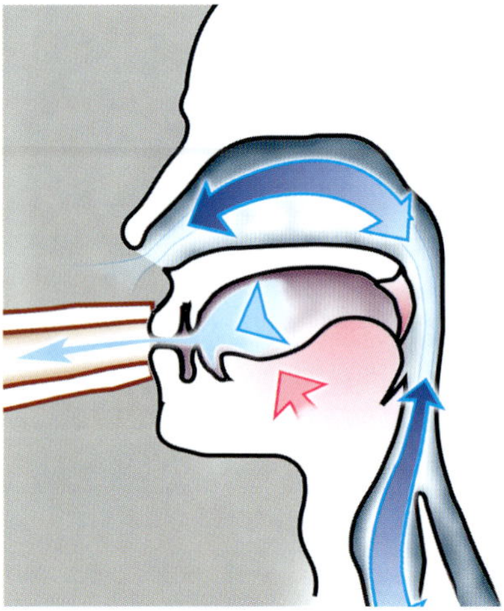

Gleichzeitig atme tief und schnell durch die Nase ein und aus. Dabei musst Du die Zirkularatmung mit viel Gefühl schnell bewegen. Das klingt schwierig.

Ist es am Anfang auch.

Wenn Du diese Technik beherrscht, kannst Du Deine Gesamtspieldauer so schrittweise erhöhen. Du musst halt nur alle paar Minuten die Lungen „durchpusten“.

Wenn Du etwas Routine bekommen hast, kannst Du beim abatmen sogar Deine Stimme mitklingen lassen! Das klingt seltsam bis sehr lustig, und sogar die Aborigines benutzen diese Technik manchmal, um Vögel zu imitieren, oder einfach, um die Zuschauer zum Lachen zu bringen...

„Spiele nur so schnell, wie es der augenblicklichen Verfassung entspricht, dass heißt so schnell, dass die Wiederholung oder der Grundpuls regelmäßig werden. Strebe nicht Tempo an, sondern Zuverlässigkeit.“

„Spiele nur so schwierig, wie das Tempo dies zulässt, das heißt so schwierig, komplex, anspruchsvoll und so fort, dass der Ablauf überschaubar wird und dadurch eine Wiederholung möglich ist. Nicht Schwierigkeit ist wichtig, sondern Überschaubarkeit. Strebe nicht Komplexität an, sondern Klarheit.“

Fritz Hegi (18)

5.14. Rhythmus, Rhythmus, Rhythmus (CD-34)

Die Grundlage des Didgeridoo-Spiels ist Dein Atem. Und die Grundlage Deines Atems ist der Rhythmus. Es ist überhaupt nicht notwendig, das zu glauben, es passiert einfach. Probier einmal unrhythmisch Didgeridoo zu spielen. Es gelingt nur mit Anstrengung.

Ein Rhythmus muss nicht einem Takt folgen, wie ihn ein Metronom vorgibt. Es genügt vollauf, wenn Du einfach spielst, spielst, spielst. Je mehr Du Dein Didgeridoo spielst, desto deutlicher werden Dir im Hören wie im Spielen die Rhythmen.

Ein Rhythmus muss nicht *Tumta-Tumta* gehen. Er kann sich auch in der Wiederholung langer Zyklen zeigen. Oder einfach nur in der Atmung. Alles kann zu einem Rhythmus verarbeitet werden. Jede Mund- und Lippenstellung, jedes Wort, jede Atemtechnik.

Einige komplexere Wortrhythmen sind:

Ditta Mooar Ditta Mooar
Ditta Ditta Ditta Mooar
Ditta Mooar Ditta Mooar
Tuta Tuta Tuta Mooar
Während Du das *Mooar* ins Didgeridoo sprichst, kannst Du durch die Nase einatmen. Das *Tuta* ist ein kurzer Trompetenton, am besten nach meiner ersten oder letzten *Tt*-Variante.

Di La Lor La
Li La Lor La
Einatmung auf Lor.

Ein weiterer Wortrhythmus, der sehr perkussiv klingt:

Jaketi Jaketi
Jaketaketaketi
Jaketi Jaketi
Jaketaketake Tuu
Einatmung auf Tuu.

Du siehst, der Phantasie sind keine Grenzen gesetzt. Wenn Du eine Weile experimentierst, kannst Du Rhythmen und Zyklen entwerfen, die Deinem Gefühl und damit Deiner Persönlichkeit entsprechen.

Rhythmische Muster

„Nach meiner Erfahrung sind die Muster, die beim Spielen auftreten, jedes Mal neu und einzig in ihrer Art. Sie bleiben vielleicht für eine Minute, oder auch für fünf oder zehn Minuten, und dann kommen sie selten oder nie wieder zurück. Im Gehirn scheinen rhythmische Muster vorhanden zu sein, die nach dieser Ausdrucksform verlangen. Sobald sie geäußert sind, stellt sich ein Gefühl der Erleichterung und Entspannung ein.“

John Diamond (12)

5.15. Einen Zyklus wachsen lassen

Spiel Dein Didgeridoo in einem gleichmäßigen Zyklus ohne besondere rhythmische Modulation. Nur das Ein- und Ausatmen verändert den Klang im Rhythmus Deines Atems.

Schließ die Augen und spiel immer weiter, ohne besondere Variation. Versenk Dich in Deinen Zyklus des Atmens und Klingens. Versuch, ganz konzentriert zu sein, mit allen Sinnen in dir. Im Hier und Jetzt.

Irgendwann wird Dir etwas begegnen: Ein besonderer Gedanke vielleicht. Du hörst etwas Auffälliges. Irgendein Impuls, der herausragt aus den anderen Gefühlen, Wahrnehmungen und Gedanken.

Setz diesen Impuls in ein einzelnes Klangelement um. Ein Bellen, ein Zischen, ein Singen, ein Quoken oder was immer Du als stimmig empfindest.

Dies webe in Deinen Spielzyklus ein, wo es Dir gefällt. Wiederhol es an immer der gleichen Stelle. Das kann nach jeder Einatmung sein, oder nach jeder fünften Ausatmung.

Spiel es weiter. Überlass Dich der neuen Variation und gib Dich ihr erneut hin. Sei offen. Lausche.

Irgendwann wird ein neuer Impuls auftreten. Flechte auch diesen in Dein Spiel ein und wiederhole ihn beständig.

So fährst du nun fort. Du spielst und hörst und denkst und fühlst und wieder und wieder wird Dein Zyklus ein neues Element aufnehmen.

Wenn der Ton einmal abbricht, ist das nicht schlimm. Setz genau an der Stelle ein, wo Du ihn verloren hast und spiele weiter.

Es wird der Zeitpunkt kommen, wo Du das Empfinden hast, dass Du und Dein Spiel 'gesättigt' sind. Dann spiel Dein gewachsenes Spiel noch zwei drei Zyklen und schau, was Dir begegnet ist auf dieser Reise.

Dein Zyklus erzählt von dem, was Du in den letzten Minuten erlebt und gefühlt hast. Im Innen wie im Außen. Mach Dir bewusst, dass Du etwas Einmaliges hörst und spielst. So wird es nie wieder geschehen.

Epilog

Ein Treffen mit dem Didgeridu-Meister David Blanasi

Vor gar nicht allzu langer Zeit, da kam ein alter Mann zu uns nach Deutschland.
Er kam, um den Menschen hier vom Reichtum seiner Kultur im fernen Australier zu berichten.
Er kam, uns zu lehren, als Meister seines Instrumentes.
Ich erinnere mich genau. Fast dreißig Menschen saßen in einem großen Indianerzelt, jeder mit einem Didgeridoo. Jeder voll Wissbegier und Achtung vor dem Meister.
Der alte Mann erzählte in wortkarger Weise knapper Sätze nur wenig über das Didgeridoo.
Doch viel war zwischen den Worten zu vernehmen von diesem Pionier der Völkerverständigung.
Und er lehrte uns einige traditionelle Rhythmen seiner Kunst.
*Immer wieder wurde er gefragt: „Ist das Didgeridoo mehr als ein Instrument" und er sagte: „***Nein, nur hohles Stück Holz***".*
„Hat das Didgeridoo eine besondere Kraft?" und er sagte:
„Das Didgeridoo ist nur zum Spielen"
Doch schon einen Augenblick später berichtete er von Gesetzen, Tabus und Verbindlichkeiten, die rund um das Didgeridoo und seinen Gebrauch im traditionellen Kontext ergaben.

Nach dem Seminar, die Teilnehmer hatten das Zelt verlassen, trat ich zum Meister und bat, eine Frage stellen zu dürfen. Er nickte matt, er war müde von dem ganzen Trubel. „Meister," fragte ich „Ihr behauptet, das Didgeridoo sei nur ein hohles Stück Holz. Doch im gleichen Augenblick sagt Ihr, es gebe Rituale und Zeremonien, Gesetze und Verbote, demnach ist Didgeridoo voller Bedeutung. Das finde ich nicht verständlich. Warum sagt Ihr einmal dieses und einmal das?"

Der alte Mann schaute nur kurz zu mir auf und nuschelte in seiner wortkargen Art einen Satz:
"Depends who plays ..."
Ich wollte mich vergewissern ob ich richtig verstanden hatte und hakte nach:
"The meaning of the didgeridu depends from who plays it?"
Er nickte.
*"***Depends who plays***" wiederholte er.*

Es kommt darauf an, wer das Didgeridoo spielt.

Zwei Mitglieder des Gälpu-Clans aus der Familie Gurruwiwi mit zeremonieller Bemalung ihres Volkes.
Foto mit freundlicher Genehmigung von Thomas B. Willie

Anhang

6.1. Quellenverzeichnis

Hier findest Du alle Bücher, die ich für mein Buch zu Rate gezogen habe oder von denen ich mich habe inspirieren lassen. Einen Rat für den Buchkauf: Es gibt Titel, die so tun, als würden Aborigines vorkommen und tatsächlich sind sie nur auf wenigen Seiten bis Zeilen zu finden. Wenn Du ein Buch kaufst, würde ich immer eine Verkäuferin fragen, was drin steht oder mich an Leserempfehlungen orientieren oder im Laden quer lesen. Ich habe hier böse Enttäuschungen erlebt, die Geschäftstüchtigkeit der Verlage kennt keine Skrupel. Es wird hier hemmungslos ausgeschlachtet, vermarktet und verkauft.

Die von mir angegebenen Quellen weisen auf Bücher, die ich im Gegensatz dazu als seriös bezeichnen würde.

1.) *Australische Märchen. Traumzeitmythen der Aborigines.* Hrsg. A. Löffler. Rowohlt 1994.

2.) Berendt, Joachim-Ernst: *Nada Brahma. Die Welt ist Klang.* Rororo. 1992

3.) Berendt, Joachim-Ernst: *Ich höre - also bin ich. Hör-Übungen. Hör-Gedanken.* Goldmann Taschenbuch. 1993

4.) Berendt, Joachim-Ernst: *Das dritte Ohr. Vom Hören der Welt.* Rowohlt. 1996.

5.) Borsboom, Ad: *Mythen und Spiritualität der Aborigines.* Eugen Diedrich Verlag. 1996.

6.) Capra, Fritjof: *Wendezeit. Bausteine für ein neues Weltbild.* Knaur Tb.. 1988. © alle deutschsprachigen Rechte beim Scherz Verlag, Bern, München, Wien.

7.) Capra, Fritjof: *Lebensnetz. Ein neues Verständnis der lebendigen Welt.* Scherz Verlag. 1996. © alle deutschsprachigen Rechte by Scherz Verlag, Bern, München, Wien.

8.) Caruana, Wally: *Die Kunst der Aborigines.* Lichtenberg. 1997. Vergriffen.

9.) Chatwin, Bruce: *Traumpfade (The Songlines).* Roman. Dtv.1995.

10.) Cousto, Hans: *Die Oktave. Das Urgesetz der Harmonie.* Verlag Simon & Leutner. 1987.

11.) Cowan, James G.: *Offenbarungen aus der Traumzeit. Das spirituelle Wissen der Aborigines.* Goldmann. 1997

12.) Diamond, John: *Lebensenergie in der Musik.* Band 1 und 2. VAK Verlag, Kirchzarten bei Freiburg. ISBN 3-924077-62-2 und 3-924077-08-8, 1994 und 1992.

13.) Doyle, Matthew: *Lyrebird.* Booklet der CD. Black Sun Music. 1996.

14.) Garfield, Patricia: *Kreativ träumen.* Ansata. 1993.

15.) Geo- Wissen: *Die Evolution des Menschen.* Gruner und Jahr. September 1998. Kommentar im Kapitel: *Der Ursprung der Aborigines.*

16.) Godwin, Malcom: *Der Traum. Eine Reise durch die Welt des Wachens und Schlafens.* Knesebeck. 1995. Vergriffen

17.) Hart, Mickey (mit Jay Stevens): *Die magische Trommel. Eine Reise durch die Welt des Rhythmus.* Goldmann. 1995.

18.) Hegi, Fritz: *Improvisation und Musiktherapie. Möglichkeiten und Wirkungen von freier Musik.* Junfermann Verlag. 1997. 5. Auflage.

19.) Hegi, Fritz: *Übergänge zwischen Sprache und Musik. Die Wirkungskomponenten der Musiktherapie.* Junfermann Verlag. 1998.

20.) Hobert, Dr.med. Ingfried: *Heilungsgeheimnisse der Aborigines.* Peter Erd Verlag. 1998.

21.) Lambert, Johanna: *Weise Frauen aus der Traumzeit - Das geheime Wissen der Aborigines.* Peter Erd Verlag. 1996.

22.) Neuenfeldt, Karl (Hrsg.): *The Didjeridu: From Arnhem Land to Internet.* Perfect beat publications. 1997.

23.) Noonuccal, Oodgeroo: *Stradbrockes Traumzeit. Geschichten.* Edition Isele.

24.) Lawlor, Robert: Am Anfang war der Traum. Droemer Knaur. Vergriffen

25.) *Literatur der schwarzen Australier: Das Land der goldenen Wolken.* Renate Schenk Verlag. 1995.

26.) Mudrooroo: *Die Welt der Aborigines. Ein Lexikon zur Mythologie der australischen Ureinwohner.* Goldmann Taschenbuch.

27.) Morgan, Marlo: *Traumfänger.* Goldmann. 1998.

28.) Morgan, Sally: *Wanamurraganya- Die Geschichte von Jack McPhee.* Unionsverlag. 1997.

29.) Roberts, Janine: *Nach Völkermord: Landraub und Uranabbau. Die Schwarzaustralier (Aborigines) kämpfen ums Überleben.* Reihe Progrom. 1979.

30.) Sattler, Jochen: *Das Didgeridoo - seine Herkunft, Klangwirkung und mögliche Bedeutung für die rezeptive Musiktherapie.* Diplomarbeit.
31.) Schellberg, Dirk: *Didgeridoo.* Bruno Martin Verlag. 1993.
32.) Strehlow, Wighard: *Wüstentanz- Australien spirituell erleben.* Strehlow Verlag.1996.
33.) Voigt, Anna & Nevill Drury: *Das Vermächtnis der Traumzeit. Leben, Mythen und Traditionen der Aborigines.* Delphi bei Droemer. 1998.
34.) Wegner, Dirk: *Australien. Anders Reisen.* Rowohlt. 1996.
35.) Lenzen, Marc: *Die Entwicklung der Siedlungen der Aborigines in Australien bis zur Gegenwart.* Ibidem-Verlag, 2000. (Diesen Titel habe ich nicht gelesen!
36.) Lindner, David: *Die Neuen Didgeridoos. Das Didgeridoo in Mitteleuropa.* Traumzeit-Verlag, 2001. Limitierte Sammleredition mit Audio-CD
37.) Lindner, David (Hrsg.): *Das Didgeridoo-Phänomen. Von der Urzeit zur Moderne. Geschichte –Entwicklung – Handel – Ökologie – Physik – Bauanleitungen.* Traumzeit-Verlag, 2003.

6.2 Index, Sach-, und Personenregister

Bildnachweis
Bildregister

Alle Fotos in diesem Buch sind von David und Doris Lindner mit Ausnahme von:

S. 27 Bild zur Verfügung gestellt von Ur-Laut, Heidelberg

S. 77 mit freundlicher Unterstützung von Mad Matt´s DidgeridooshopS. 101 oben links, 104 beide unten, 105 links oben, 108 rechts, 114 rechts oben zur Verfügung gestellt von Felice Limacher, Tjapukai Creations

S. 102 rechts unten, 105 rechts unten, 107 Guan Y Lim, Ididj.com

S. 111 abgesetzte Fotos: Barry Hall, Burnt Earth Musical Instruments

S. 113 oben und rechts zur Verfügung gestellt von Eddy Halat

S. 114 unten rechts von Bruce Rogers

S. 115 Mitte Walter Strasser

S. 117 zur Verfügung gestellt von Walter Strasser

S. 118 mit freundlicher Genehmigung von Ur-Laut, Conny Herbold zur Verfügung gestellt

S. 171 Collage - Der Wolf: Copyright 2004 David Lindner und meine Lizenzgeber. Alle Rechte vorbehalten.

Querscnittillustrationen:
Ansgar-Manuel Stein

S. 218 mit freundlicher Unterstützung von Thomas B. Willie,
www.eyedesign-phototeam.com

6.3 Workshoplehrer und Künstler für das Didgeridoo

Das Didgeridoo-Netzwerk auf der Internetseite
www.traumzeit-verlag.de

Workshoplehrer

Kein Buch kann jemals eine Lehrerin ersetzen. Wenn Du noch Fragen oder Probleme hast, mehr oder ganz anderes dazu lernen möchtest, dann findest Du über die Webseite des Traumzeit-Verlages eine bundesweite Auswahl von Adressen mit einem umfangreichen Verzeichnis von Lehrern und Lehrerinnen, die Dir weiterhelfen. Jeder Lehrer hat einen eigenen Stil, hat eigenes Wissen und Tricks weiterzugeben.
Viele Lehrerinnen bieten Workshops nicht nur in ihrem Heimatort an, sondern meistens auch in Gemeinden bis zu 100 km entfernt. Es lohnt sich also, die Dir nächste Lehrerin mal anzurufen und zu fragen, ob sie auch in Deiner Stadt oder im Umkreis einen Workshop anbietet.

In der Gruppe lernen macht Spass. Man erlebt andere, die auch nicht besser vorwärts kommen und lernt nette Leute kennen.

www.traumzeit-verlag.de
unter *Das Didgeridoo-Netzwerk* findest Du weitere Infos

Künstler für Live-Auftritte mit dem Didgeridoo

Wer noch nie ein Didgeridoo live gehört hat, hat noch nie ein Didgeridoo gehört. Wie nur wenige Instrumente entwickelt das Didge seine volle Wirkung durch die körperliche Anwesenheit des Instrumentes. Kleinere und unbekannte Gruppen überraschen oft mit kreativen Arrangements, schönen Melodien und technisch imponierendem Spiel. Einige Solisten und Gruppen treten auch bundesweit auf. Die meisten haben keine Berührungsängste: Sie spielen auf großen Festivals genauso gerne, wie sie für private Feiern oder Firmenfeste zu buchen sind. Eine Anfrage lohnt sich immer.

Hier findest Du weitere Infos:

www.traumzeit-verlag.de
Das Didgeridoo-Netzwerk

6.4 Über den Autor

David Lindner

David Lindner beschäftigte sich mit Studien der Naturheilkunde, Traditioneller Chinesischer Medizin, Neuer Physik, Psychologie und Sprachwissenschaften. Es lebt und arbeitet als freier Künstler und Feng Shui-Berater der renommierten HAGIA CHORA-Schule. Seit einigen Jahren geht er den schamanischen Weg und befindet sich in Ausbildung an der internationalen *Foundation for Shamanic Studies* (FSS). Parallel absolviert er eine Ausbildung zum Baubiologen am *Institut für Baubiologie und Ökologie in Neubeuren* (IBN).

David gründete den *Traumzeit-Verlag* sowie das entsprechende Label. Er ist erfolgreicher Autor mehrerer Sachbuch-Bestseller sowie lyrischer Werke, ist Klangkünstler auf über einem Dutzend CD-Produktionen, sowie CD-Produzent und Verleger. In seinem Verlag veröffentlicht er zunehmend andere Autoren, Forscher und Künstler mit innovativen Projekten.

David versucht als Autor das Bewusstsein für eine differenzierte Wahrnehmung des Didgeridoo-Phänomens zu schärfen. Er dürfte wohl der einzige Autor sein, der zum Thema Didgeridoo sowohl technische und geschichtliche Fakten aufarbeitet und auch gleichzeitig eine spirituell-eigenständige Sicht auf das Didgeridoo eröffnet, die er bewusst und nachdrücklich nicht mit der Kultur der Ureinwohner Australiens assoziiert.

6.5 Weiterführende Titel aus dem Traumzeit-Verlag

Traumzeit

Die Didgeridoo-Lehrvideos von David Lindner auf VHS, je ca. 45 Minuten

Für Einsteiger: Grundton, Zirkulieratmung, Sounds und Effekt
Teil 1 *ISBN -933825-07-5*

Für Fortgeschrittene: Stimmen, Sounds, Effekte, Rhythmen, Atmung, Tipps ...
Teil 2: *ISBN 3-933825-08-1*

Im Set
ISBN 3-933825-09-3

Didgeridoo 88

CD-ROM Samples Lizenzfrei
1600 (!!!) Didgeridoo-Sounds für den Einsatz in der eigenen Musik
Gespielt von Profis für DJs, Computermusiker, Komponisten u.a.m. Samples, Loops, Pattern, Atmos geordnet nach Stimmung der Instrument und Beat per Minute (BPM). Ein Feuerwerk der Sounds
ISBN 3-933825-31-8

Art of Didge

Bisher einmalig in der Geschichte des Didgeridoo: Drei Profis kamen zusammen und spielten das ganze Spektrum des Didgeridoo pur. David Lindner, Mad Matt und York of Janusphere spielen Solos, Duos, Trios. Abwechslungsreich, kreativ und unterhaltsame Didgeridoo-Power.
Ein Muß für Fans
ISBN 3-933825-11-3

Ceremony

Didgeridoo-Weltmusik

Zum Träumen, Entspannen und perfekt für einen Kerzenlichtabend in der Badewanne! Ein melodisches Album mit Didgeridoo voller Herzpower. Ceremony trägt den Geist des Buches „Traumzeit-Das Geheimnis des Didgeridoo“. Didgeridoo und über dreißig Instrumente in einer Reise in die eigene Traumzeit.

ISBN 3-933825 10 5

Gesang der Stille – Das Geheimnis der Klangschalen

Erfahre mehr über die Verwendungsmöglichkeiten Deiner Klangschale im ersten Standardwerk zum Thema Klangschalen:

- *Geschichte*
- *Herstellung (mit spektakulären Fotos aus Indien)*
- *Planetentonschalen*
- *Tibetische Schalen*
- *Indische Schalen*
- *Japanische Rin-Schalen*
- *Tempelglocken*
- *Glasklangschalen*
- *Wasserspringschalen*
- *Spielanleitungen*
- *Klangschalen-Pflege*
- *Klangschalensound sichtbar gemacht von Lauterwasser*
- *Klangschalen und Feng Shui*
- *Klangschalen und Kinder*

Willst Du mehr Sound aus Deiner Klangschale holen? Willst Du wissen, wie vielfältig Du Sie verwenden kannst? Suchst Du eine neue Klangschale für Dich?

Was auch immer Dich mit Klangschalen verbindet, dieses Buch mit CD wird Dich bereichern und Dir helfen mehr Klang zu finden ...

ISBN 3-933825-21-0 inklusive CD mit einer Soundsammlung von über 45 Klangschalen aus aller Welt, Spielanleitung, etc.. Hardcover, viele Fotos, größtenteils in Farbe.

Die neuen Didgeridoos

Limitierte Auflage.
Weltweit nur 3000 Exemplare.

Das Zeitdokument einer musikalischen Identitätsfindung. Inklusive CD!

Das australische Yidaki, Kultinstrument der Ureinwohner Australiens, hat vor nicht einmal 15 Jahren einen Siegeszug um die Welt begonnen. Inzwischen bildet sich, besonders auch hier in Mitteleuropa, eine eigene, neue Didgeridookultur.

David Lindner, Autor des Bestsellers "Traumzeit-Das Geheimnis des Didgeridoo" dokumentiert diese Entwicklung.
Er besucht zehn Didgeridoobaukünstler, beschreibt ihren Weg des Didgeridoo, ihre Instrumente und Methoden.
Er beobachtet die Entwicklung von Spielverhalten, Szenebildungen, Kommerz und Spielfreude und analysiert den Prozess auf unterhaltsame, informative und motivierende Art und Weise.

Die CD:
Auf der CD zum Buch sind zehn Neue Didgeridoos auf zehn Solos zu hören. Außerdem einige beatorientierte Soundcollagen mit Autor und Musiker Harmut E.Höfele. Stillsitzen unmöglich!
Dieses Projekt ist die weltweit erste Dokumentation eines aufregenden Phänomens: Ein uraltes Kultinstrument wird vom Westen nicht imitiert, sondern in neue kreative Formen gewandelt.
Ein Sammlerstück für jeden Didgeridoofreund.

Grossformat, gebunden mit über 90 Farbfotos. *ISBN 3-933825-13-X*

Das Didgeridoo-Phänomen - Von der Urzeit zur Moderne: Didgeridoobau

schildert die Entwicklung des Musikinstrumentes von der Urzeit der Aborigines in Australien in die gegenwärtige Musikkultur überall auf der Welt. Einige der berühmtesten Autoritäten der weltweiten Didgeridoobewegung kommen hier zu Worte und gestatten den Lesern ein tiefen Blick in ihr profundes Wissen: Ökologie, Geschichte, Entwicklung, Handel und Zukunft des Instrumentes werden in vierzehn Kapiteln auf 288 Seiten behandelt. Zudem enthält das Buch detaillierte Bauanleitungen zum Bau eines eigenen Didgeridoos sowie, eine absolute Weltneuheit, zwei Planungsverfahren, wie der Klang eines Didgeridoos schon vor dem Baubeginn klar bestimmt werden kann. So ist dieser Titel für Fans des Instrumentes, wissenschaftlich Interessierte und ganz besonders für Didgeridoobauer die erste Informationsquelle mit wissenschaftlichem Anspruch.

Mit Beiträgen von
Djalu Gurruwiwi - *Ein Gänsehaut-Kapitel! Wunderschön, voller Seele und Information.*
Charlie McMahon - *Über australische Erde, australische Bäume und den Hunger der Termiten*
Bruce Rogers - *Sein Weg zum Didge, seine Art zu Bauen, sein Spirit zu schreiben.*
Alistair Black - *Didgeridoo in der Massenproduktion*
Josh Forner - *Spirit oder Fließband? Ein Vergleich der Methoden*
Adjat - *Didgeridoo-Großproduktion in Bali*
Dr. Lloyd Hollenberg - *Die Physik des Didgeridoo*
Fred Hageneder - *Der Geist der Bäume Die Symbiose von Menschheit und Baum*
David Lindner - *Die Didgeridoo-Evolution*
Kay Reimer - *Derm Wunschklang auf der Spur - wie Du Dein perfektes Didge bauen kannst*
Dr. Frank Geipel - *Computer Aided Didge Design*
Johannes Schildkamp - *Didgeridoobau in Bohrtechnik*
Stefan Thiel - *Didgebau für Einsteiger - Didgeridoos in Sandwichtechnik*

288 Seiten, Hardcover, *ISBN 3-933825-24-5*

Wolfgang Saus

Oberton singen

Dieses Buch lehrt Sie Obertonsingen in der verblüffend einfachen Drei-Stufen-Methode von Wolfgang Saus. Sie erfahren mehr über die faszinierende Welt der Obertöne und Klänge. Auf nachvollziehbare Art verschafft Ihnen der Autor einen neuen und spielerischen Zugang zur Welt der Musik.

Die Methodik von Saus ist überraschend effektiv. Er ist der erste Obertonsänger weltweit, der die Natur und Entstehung des Obertonsingens bewusst aufgeschlüsselt hat. Innerhalb weniger Stunden bringt er mit seinem Wissen und Können, das nun in diesem Buch vorliegt, Lernwilligen das Oberton singen bei.

Mit diesem Buch inklusive Lehr-CD haben nicht nur Sänger und solche, die singen lernen wollen, ein fundiertes und verständliches Lehrwerk an der Hand. Es richtet sich ebenso an alle Menschen (Lehrer, Ausbilder, Moderatoren, Manager, Ärzte und andere mehr) die in der Öffentlichkeit mit einer ausdrucksstarken und tragenden Stimme präsent sein müssen.

Das Buch führt zudem das von Saus entwickelte revolutionäre Prinzip des Obertonsschiebers ein. Dieses einfache wie überaus effektive Instrument wird in Zukunft ihr Wissen über die Welt der Klänge auf spielerische Art und Weise erweitern und vertiefen. Professionelle Musiker und Musiklehrer können den Obertonschieber nutzen, um Musik zu komponieren oder für ihre Schüler logisch erfahrbar zu machen.

120 Seiten inkl. CD, *ISBN 3-933825-36-9*

6.6 Händlerverzeichnis

Hier findest Du eine Reihe von Händlern aus den deutschsprachigen Landen (nach Postleitzahl geordnet), bei denen Du Didgeridoos und Zubehör direkt ausprobieren und aussuchen kannst. Natürlich können weder der Autor noch der Verlag irgendeine Garantie geben, in welcher Qualität bei den verschiedenen Händlern Waren angeboten werden. Vorbeischauen und stöbern lohnt sich sicher allemal.

Ich suche weiterhin Händler für dieses Verzeichnis, damit ich ein immer besseres Netz von Anlaufstellen für die Leser dieses Buch hier verlinken kann. Es wäre ja wünschenswert, wenn Didgeridoo-Interessierte innerhalb von mindestens fünfzig Kilometern einen Händler zur Auswahl hätten …

konzert / performance / event
didjeridus
didjeridu-seminare
-Einsteiger -Fortgeschrittene
kunst- und kultur
der ersten Australier
www.projectpan.de
projectPAN
the didjeridu cooperative
Dreikreuzenstraße 7
30 449 Hannover
0511 - 9 24 53 49
info@projectpan.de

30 000

DIDGERIDOO
Verkauf, Kurse, Auftritte
Schönes, Außergewöhnliches
und Kleidsames aus aller Welt
BOOMERANG
"der andersladen"
Breite Straße 45, 39576 Stendal
Telefon/Fax : 03931-258421
info@andersladen.de
www.andersladen.de

Ausbildung
zum Atempädagogen nach
Dr. med. J. Parow / Scheufele Osenberg
Seminare - Konzerte
Atem-Stimme-Didgeridoo-(Oberton) Gesang
Klangmassagen / Events z.B. in Höhlen
Hilfe bei Asthma / Atemwegserkrankungen
Native & Tribal Instruments
z.B. Hanfdigeridoos - ab 99.- Euro.
Didgeridoos aus Hanf, Wasser & Naturpigmenten.
Kunsthandwerk, Räucherwerk, Geschenkideen ...
M. Iwaszkiewicz, Atempädagoge.
www.Traumkraft.de
Tel. 0234 9789639 - Bochum - Buscheyplatz 3

40 000

EPONA
Didgeridoos & Aboriginal Art
Kommen Sie zum Stöbern
bei einer Tasse Tee
> Keltischer Schmuck
> Kunsthandwerk aus fernen Kulturen
> Exotische Instrumente
Große Auswahl
Zubehör
Auftritte
Workshops & Kurse
www.epona-duisburg.de
EPONA - aboriginal art & more
Friedrich-Wilhelm-Str. 64
47051 Duisburg
Telefon: 0203 / 217 59
Mobil: 0172 / 208 62 66
e-mail: epona.didgeridoos@gmx.de
Öffnungszeiten:
Di 12.00-18.30
Mi-Fr 12.00-19.00
Sa + So 12.00-17.00

40 000

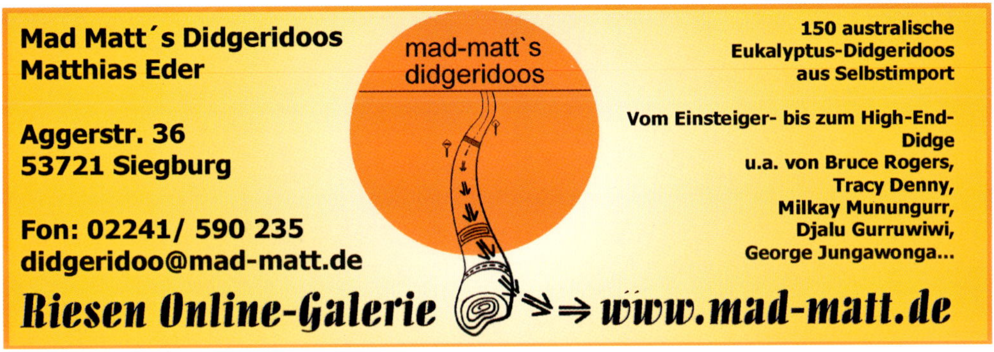

50 000

60 000

70 000

80 000

90 000

Didgeridoos - Djembes - Gongs - Klangschalen - Flöten - Bücher & CDs und mehr
KLANGHAUS
Gandharva Loka
The World Music Store
www.klanghaus.com
Zürich - Wien - Salzburg - Graz - Küssaberg

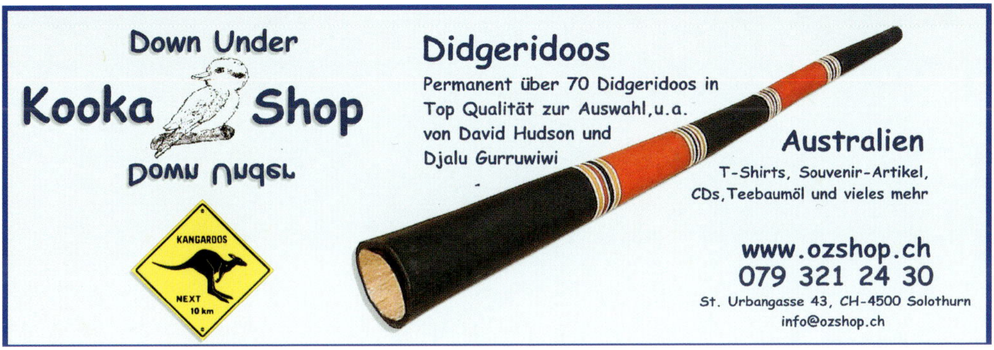
Down Under
Kooka Shop
Down Under
KANGAROOS
NEXT 10 km
Didgeridoos
Permanent über 70 Didgeridoos in Top Qualität zur Auswahl, u.a. von David Hudson und Djalu Gurruwiwi
Australien
T-Shirts, Souvenir-Artikel, CDs, Teebaumöl und vieles mehr
www.ozshop.ch
079 321 24 30
St. Urbangasse 43, CH-4500 Solothurn
info@ozshop.ch

Didgeridoo House
the native sound of australia
www.didgehouse.ch
Qualitätsdidgeridoos !
Faire Preise ! Ab CHF 350.--
Didgeridoo Zubehör !
Didgeridoo Kurse !
Didgeridoo CD's & Bücher
Didgeridoo House | Landstrasse 113 | CH-5430 Wettingen
Fon 056 / 437 40 20 | Fax 056 / 437 40 21 | E-Mail info@didgehouse.ch
www.didgehouse.ch

Tjapukai® creations
...all about Didgeridoos
Felice Limacher
Postfach 172, CH-8808 Pfäffikon SZ
Tel. 055 420 22 33, Fax 055 420 22 34
info@tjapukai.ch, www.tjapukai.ch

Rainbow® ...shop
MAGIC WORLD MUSIC
Schmittengasse 4, CH-8808 Pfäffikon SZ
Tel. 055 420 35 33, Fax 055 420 22 34
rainbow-shop@rainbow-creations.ch, www.rainbow-creations.ch

Traumzeit – Die CD zum Buch - Inhaltsverzeichnis

Intro

1. *Singing Didge*

I.Teil: Klangbeispiele zum Spielteil des Buches

Drittes Kapitel - Spielanleitung für Anfänger

2. 3.4 *Grundton*
3. 3.5 *Zirkulieratmung*
4. 3.6 *Die "Trockenübungen"*
5. 3.9 *Fluchen und Schimpfen und Jubeln*
6. 3.10 *A-E-I-O-U - Der schwingende Spieler*
7. 3.11 *Känguruh*
8. 3.12 *Dingo und Hund*
9. 3.13 *Bumerang*
10. 3.14 *Kookabura*

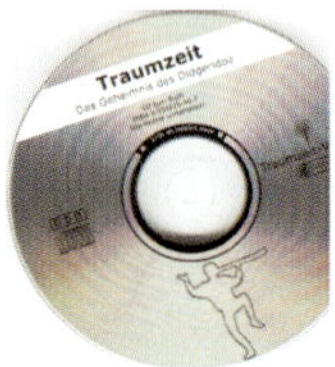

Viertes Kapitel - Spielteil für fortgeschrittene Spieler

11. 4.3 *Lippenspannungsübung*
12. 4.4 *Kiefer schieben*
13. 4.5 *WangeWange*
14. 4.6 *Einen Atem lang*
15. 4.8 *Tonwechsel*
16. 4.9 *Harley Davidson*
17. 4.10 *Ton unterüberauf dem Didge*
18. 4.12 *Wort-Rhythmen*
19. 4.14 *Quoken*
20. 4.16 *No meaning! Good sound!*
21. 4.17 *Untertöne*
22. 4.20 *Wind*

Fünftes Kapitel - Spielanregungen für weit fortgeschrittene Spieler

23. 5.2 *Das Didge im Eimer*
24. 5.3 *Tu-HuhmAtmen*
25. 5.4 *Tu-Wie-HuhmAtmen*
26. 5.6 *Zungentungh und Kieferqunck*
27. 5.7 *Saudummes Grinsen*
28. 5.8 *Tu-Grins-Qunck*
29. 5.9 *ABC*
30. 5.10 *Herzton-Didge*
31. 5.11 *Trompetentöne*
32. 5.12 *Den Ton atmen*
33. 5.13 *Luft abatmen*
34. 5.14 *Rhythmus, Rhythmus, Rhythmus*

II.Teil - Beispiele für Musik mit Didgeridoos

The Ancient Voice - Ein Klangperformance Projekt

35. *Beings*
36. *Unexited - Akustikgitarre und Kalebasse: Dieter Denzer*
37. *Endless Meditation*
38. *Psychodelic Groove - Programming: Stefan Schäfer*
39. *Dinosaur Dance*
40. *Thundersong*
41. *In the Cave*

The Ancient Voice
- Ein Klangperformance Projekt -
waren bei dieser Aufnahme
David Lindner: Didgeridoos, Slidgeridoos, Gongtrommel,
Sparrow Hawk Flute, Paiste Planetengong
Dieter Denzer: Akustik Gitarre, Kalebasse, Soundmix
Stefan Schäfer: Programming
Gemischt und gemastert im Music Base Studio, Wünnenberg-Haaren.